中山大学青年法律评论

第6卷

中山大学法学院　主办

国家级实验教学示范中心（中山大学法学实验教学中心）　协办

《中山大学青年法律评论》编辑部　组编

主编　巢志雄

执行主编　王睿　任昊

法律出版社

LAW PRESS·CHINA

北京

图书在版编目(CIP)数据

中山大学青年法律评论．第6卷／《中山大学青年法律评论》编辑部组编；巢志雄主编．--北京：法律出版社，2022
ISBN 978-7-5197-6634-4

Ⅰ．①中… Ⅱ．①中… ②巢… Ⅲ．①法律-文集 Ⅳ．①D9-53

中国版本图书馆CIP数据核字(2022)第062083号

中山大学青年法律评论(第6卷)
ZHONGSHAN DAXUE QINGNIAN FALÜ PINGLUN (DI 6 JUAN)

《中山大学青年法律评论》编辑部 组编
巢志雄 主编
王 睿 任 昊 执行主编

责任编辑 王 珊
装帧设计 臧晓飞

出版发行 法律出版社
编辑统筹 学术·对外出版分社
责任校对 裴 黎 王语童
责任印制 陶 松
经　　销 新华书店

开本 710毫米×1000毫米 1/16
印张 17 **字数** 294千
版本 2022年7月第1版
印次 2022年7月第1次印刷
印刷 北京新生代彩印制版有限公司

地址:北京市丰台区莲花池西里7号(100073)
网址:www.lawpress.com.cn
投稿邮箱:info@lawpress.com.cn
举报盗版邮箱:jbwq@lawpress.com.cn

销售电话:010-83938349
客服电话:010-83938350
咨询电话:010-63939796

书号:ISBN 978-7-5197-6634-4
定价:69.00元

凡购买本社图书,如有印装错误,我社负责退换。电话:010-83938349

目　录

民法典主题专栏

担保物权物上代位制度之完善

——以《民法典》法律漏洞的填补为视角

冯灼兰* 李昆华**

摘要：

《民法典》关于担保物权物上代位的规整存在法律漏洞，或是欠缺法律规范，或是对代位物的认识有失精准，或是淡化对物上代位的处理。作为全新的法典，其漏洞填补的可行路径为司法填补，包括司法解释填补和指导性案例填补。最高人民法院关于适用《民法典》担保制度的司法解释较好地填补了《民法典》有关担保物权物上代位制度的缺漏，但仍存在不足，故指导性案例仍有弥合立法与司法之间间隙的作用空间。但由于指导性案例的报送和发布具有被动性、单一性，在弥补立法不足的功效上与司法解释不可比拟，因而对于担保物权物上代位制度的不足，未来仍需通过进一步完善司法解释来弥补。

关键词：

担保物权；物上代位；法律漏洞；漏洞填补

引　言

世界银行每年将“获得信贷”(getting credit)指标作为考量某一经济体营商环境的重要指标，其中“合法权利力度指数”(strength of legal rights index)又是衡量“获得信贷”指标的四个二级指标之一。[1] 近年来，在世界银行对全球各经济体有关合法权利力度指数的调查中，有一项调查内容为“根据法律，担保权

---

* 澳门科技大学法学院民商法专业2020级博士研究生。

** 澳门城市大学法学院国际商法专业2020级硕士研究生。

〔1〕 See World Bank Group, *Doing Business* 2020, http://www.goclee.com/viewpoint/details/613, July 16, 2021.

益是否及于原始担保物之上的‘产品、收益或替代品’”[2]？针对该项调查，我国在2018年、2019年及2020年的回答均为“NO”，故在该项指标上连年失分，不无遗憾。有学者认为，根据《中华人民共和国物权法》(以下简称《物权法》)(已失效)第174、197、213条以及最高人民法院《关于适用〈中华人民共和国担保法〉若干问题的解释》(以下简称《担保法解释》)(已失效)第62条的规定，足以支撑我国在该项调查上得分。[3] 然而，对照联合国国际贸易法委员会《担保交易示范法》(以下简称《示范法》)第10条、第11条的相关规定[4]以及世界银行的评估标准，我国原《物权法》以及原《担保法解释》的规定确实存在不足。2021年1月生效的《中华人民共和国民法典》(以下简称《民法典》)及其担保部分司法解释，极大地弥补了相关制度的缺漏与不足，为优化我国营商环境提供了良好的法律支持。然而，这是否意味着我国担保物权物上代位制度已十分完备？《民法典》及其司法解释是否已经能够功成身退？本文试图从担保物权的物上代位理论及其规范领域入手，通过对我国担保物权物上代位的现行规定进行解读，运用法律漏洞的审查与确定方法，对我国担保物权物上代位制度进行检视，并在此基础上提出建议，以期为我国担保物权物上代位制度的全面完善提供理论镜鉴。

一、担保物权物上代位的适用范围

担保物权是为了担保债权的实现，由债务人或者第三人提供特定的物或者权利作为标的物而设定的限定物权。担保物权不以标的物的实体利用为目的，而是注重其交换价值，故担保物权属于“价值权”，权利人享有的是对担保财产

---

[2] 罗培新：《世界银行“获得信贷”指标的法理分析及我国修法建议》，载《环球法律评论》2019年第2期。

[3] 参见罗培新：《世界银行“获得信贷”指标的法理分析及我国修法建议》，载《环球法律评论》2019年第2期。

[4] 联合国国际贸易法委员会《担保交易示范法》第10条规定，设保资产上的担保权延及其可识别收益；第11条规定，混合在混集物中的有形资产上的担保权延及该混集物。转变为制成物的有形资产上的担保权延及该制成物。载联合国国际贸易法委员会官网，https://uncitral.un.org/zh/texts/securityinterests/modellaw/secured_transactions，2021年7月16日最后访问。

交换价值排他性的直接支配的权利。[5] 权利客体价值形态的变化,并不影响担保物权的存续。因此,担保物权具有物上代位性,只要交换价值依然存在,无论担保物的样态与性质发生何种改变,担保物权的效力依然及之。[6]

对于世界银行所调查的"担保权益是否及于原始担保物之上的'产品、收益或替代品'?"的问题,我们需要对产品、收益及替代品本身作出界定。一是产品(product),又译作制成物。根据《示范法》,"制成物"是指某一有形资产因在形体上与另一不同种类的其他一项或多项有形资产连接或结合而丧失其单独特性所产生的一种或多种有形资产,抑或因制造、组装或加工而丧失其单独特性所产生的有形资产。[7] 可见,产品(制成物)的产生方式有连接、结合、加工等,与民法上的添附制度密切相关。二是收益(proceeds)。根据《示范法》,"收益"是指与设保资产有关的一切所得,包括出售或以其他方式转让、租赁、许可或收取设保资产的所得、法定孳息和天然孳息、保险收益抑或因设保资产的瑕疵、损坏或灭失而产生的债权和收益的收益。[8] 三是替代品(replacement)。指因设保资产的毁损、灭失或被征收而产生的赔偿或其他利益。[9]

从上述产品(制成物)、收益与替代品的解释可知,担保权益的延伸是个复杂的问题。这些问题,是否均为担保物权物上代位原理的外延所包含?对此,我们首先需要对"代位"一词的含义进行廓清。经查询《现代汉语词典》,"代位"一词分解为:"代"是代替;"位"指所在或所占的地方,与"位置"的解释相同,[10] 故"代位"应解释为代替位置。结合物上代位,就是指一物代替了另一物的位置,也即原物被变形物、替代物或者其他利益代替了。如果仅仅是原物的从物、孳息或者在原物没有发生毁损、灭失等情况下所产生的收益,则与原物属于主从关系或"母子"关系,缺乏代替之意,应不属于代位物的范畴。

综上,在担保权益延伸的诸问题中,与担保物权物上代位制度相关的,重点有三项:一是担保财产发生毁损、灭失或者被征收的;二是担保财产被转让的;三是担保财产发生添附的。

---

〔5〕 参见孙鹏、肖厚国:《担保法律制度研究》,法律出版社 1998 年版,第 17 页。

〔6〕 参见刘得宽:《民法诸问题与新展望》,中国政法大学出版社 2002 年版,第 405 页。

〔7〕 参见联合国国际贸易法委员会《担保交易示范法》第 2 条(cc)项之规定。

〔8〕 参见联合国国际贸易法委员会《担保交易示范法》第 2 条(bb)项之规定。

〔9〕 参见谢在全:《民法物权论》(下),中国政法大学出版社 2011 年版,第 218 页。

〔10〕 参见中国社会科学院语言研究所:《现代汉语词典》(第 7 版),商务印书馆 2019 年版,第 249、1368 页。

第一,对于担保财产毁损、灭失或者被征收的。我国《民法典》第390条采纳了原《物权法》第174条的规定:“担保期间,担保财产毁损、灭失或者被征收等,担保物权人可以就获得的保险金、赔偿金或者补偿金等优先受偿。被担保债权的履行期未届满的,也可以提存该保险金、赔偿金或者补偿金等。”这是典型的担保物权物上代位性。对该条规定从文义解释,代位物指担保人已经获得的保险金、赔偿金或者补偿金等“现物”。〔11〕有学者认为,若担保财产部分毁损,担保权人可以要求担保人恢复原状或者就价值减少的部分提供新的担保,此为增担保。〔12〕将部分毁损的财产恢复原状,固然不发生物上代位,但就价值减少的部分提供新的担保,相当于新的担保物代替了原来价值减少部分的担保物,仍发生物上代位。此外,若担保财产毁损、灭失或者被征收后,担保人获得的不是保险金、赔偿金或者补偿金,而是其他价值相当的替代物或者权利,如抵押的房屋被征收后,通过产权调换获得的房屋〔13〕,依据我国《民法典》第390条规定的立法精神,担保权人应同样可就其他替代物或权利行使担保权。此亦为担保物权物上代位的典型,只不过此时的替代物由保险金、赔偿金、补偿金等种类物,变更为有形的特定物或无形的权利。若替代物为不动产,根据不动产抵押登记生效主义,抵押权人应及时办理抵押物的变更登记,抵押人应配合协助。值得关注的是,依据《民法典》第433条的规定,在质押财产因不可归责于质权人的事由毁损或者价值明显减少,而出质人又不提供担保时,质权人可以拍卖、变卖质押财产。此时质权人拍卖、变卖质押财产所得的价款在传统民法上被称为“代充质物”,这也是传统民法所承认的担保物“相对灭失”时仍发生物上代位的情形。〔14〕

第二,对于担保财产被转让的。由于质押与留置的标的物一般由质权人

---

〔11〕 参见程啸:《担保物权研究》,中国人民大学出版社2019年版,第143页。

〔12〕 参见刘贵祥:《抵押权物上代位理论与实务问题研评》,载《人民司法》2003年第8期。

〔13〕 所谓产权调换获得的房屋,就是由作出房屋征收决定的市、县级人民政府提供的改建地段或者就近地段的房屋。如果被征收的房屋上有抵押权的,此时调换所得的房屋就是原房屋的代位物。参见程啸:《担保物权人物上代位权实现程序的建构》,载《比较法研究》2015年第2期。

〔14〕 传统民法中发生物上代位的“灭失”,原则上仅指担保财产因事实或法律原因“绝对灭失”,但也有学者将担保物在特定情形下的转让称为“相对灭失”。参见郑冠宇:《民法物权》,台北,新学林出版股份有限公司2017年版,第484页。

或留置权人占有,发生被转让情形的可能性较低,故《民法典》第 406 条仅针对抵押财产被转让的情形作出了规定。其中,第 1 款规定:"……抵押财产转让的,抵押权不受影响",此时抵押财产的权属虽然发生变化,但其本身未发生改变,故不属于抵押权的物上代位,而为抵押权的追及效力,二者不应混淆。其第 2 款规定:"……抵押权人能够证明抵押财产转让可能损害抵押权时,可以请求抵押人将转让所得的价款向抵押权人提前清偿债务或者提存……"理论上,此问题仍属于物上代位原理的规范领域,原来作为抵押标的之财产此时变成了金钱。[15] 但是,本条法律规范的用语却并不含有任何"物上代位"的意蕴,司法解释是否应对此种情形下抵押权的效力性质进一步予以明确?值得研究。

第三,对于担保财产被添附的。原《担保法解释》第 62 条对抵押财产被附合、混合或加工情形下抵押权的效力作了规范,但《民法典》并未将该条规定纳入,使得《民法典》对担保财产被添附后担保物权的效力问题未置一词。最高人民法院《关于适用〈中华人民共和国民法典〉有关担保制度的解释》(以下简称《担保制度解释》)第 41 条对抵押财产被添附后抵押权的效力作出了规范,弥补了《民法典》的规制缺失。由于抵押财产被添附后,其物理形态与价值形态均发生了变化,且添附物的整体价值往往大于原物,故而需考虑添附物的价值及其归属,以及在添附行为的实施人为第三人时,该第三人是善意还是恶意等问题。但不论抵押权人的权利是及于添附财产还是及于基于添附行为而产生的赔偿金或者补偿金等,均属于物上代位原理的适用领域。

综上,凡属担保物物理形态改变或者价值形态转换致使担保人受有经其转化而来的替代物,又不必或者无法通过物权的追及效力对担保物权人进行保护的场合,即为担保物权物上代位的适用领域。

二、《民法典》物上代位的法律漏洞

由于物上代位性极大地强化了担保物权的担保效力,有利于保障债权的实现,故许多国家或地区皆规定了物上代位权制度,但对物上代位权适用范围的规定不尽相同。例如,《德国民法典》第 1123 条以下对抵押物出租、毁损、灭失

---

[15] 参见郑冠宇:《民法物权》,台北,新学林出版股份有限公司 2017 年版,第 669 ~ 670 页。

情形下的物上代位性作了规定;[16]《日本民法典》第304条、第350条及第372条对担保财产灭失、毁损、转让、出租情形下的物上代位性作了规定;[17]我国台湾地区"民法"第868条、第881条、第892条、第899条对抵押物、质物分割、毁损、灭失情形下的物上代位性作了规定。我国《民法典》对担保财产毁损、灭失或者被征收、抵押财产被转让等情形作出了规范,但对担保财产被添附后担保物权的效力问题未予提及。已经规范的是否存在疏漏?未予规制的是否属于立法漏洞?对此,我们需要结合法律漏洞的审查与认定理论进行论证。

(一)法律漏洞的认定标准

有关法律漏洞是否存在的问题,在法学理论发展中一直存有争议。本文认为,法律漏洞客观存在,原因有二:一是概念的固有缺陷以及完美概念体系本身的不可能性;二是因法律的相对静止与社会的动态发展之间的矛盾而产生的法律滞后性。[18] 拉伦茨将法律漏洞定义为"违反制定法计划的不完整性"。[19] 魏德士将法律漏洞定义为"以整个现行法律秩序为标准的法律秩序的违背计划的非完整性"。[20] 我国台湾地区学者黄茂荣将法律漏洞定义为"法律体系上之违反计划的不圆满状态"。[21] 这些定义的表述虽有差异,但不论"不完整性""非完整性"还是"不圆满状态",无疑都体现了法律漏洞两个方面的特征:一是缺乏完整性。魏德士认为,"整体"(Ganze)是衡量非完整性的标准。以该标准衡量的法律中的漏洞,表现为以下几种:(1)规范漏洞:某个规范是不完整的或者不清楚的;(2)法律漏洞:从立法评价看,在某个法律中缺少必要的规则;(3)冲突漏洞:如果某个法律的两条规则可能涵摄同一个事实,并且因此导致相反的法律效果,那么就存在"冲突漏洞";(4)法漏洞或领域漏洞:法律对某一生活领域

---

〔16〕 参见台湾大学法律学院、台大法学基金会编译:《德国民法典》,北京大学出版社2017年版,第910~914页。

〔17〕 参见[日]我妻荣:《新订担保物权法》,申政武、封涛、郑芙蓉译,中国法制出版社2008年版,第13~14页。

〔18〕 参见邹治:《法律漏洞的认定与填补——司法的研究视角》,中国政法大学民商经济法学院2008年博士学位论文,第4页。

〔19〕 参见[德]卡尔·拉伦茨:《法学方法论》,黄家镇译,商务印书馆2020年版,第469页。

〔20〕 参见[德]伯恩·魏德士:《法理学》,丁晓春、吴越译,法律出版社2013年版,第347页。

〔21〕 参见黄茂荣:《法学方法与现代民法》,法律出版社2007年版,第377页。

完全没有作出规定,而这一领域必须在法律上有所规定。[22] 二是违反计划性。并非所有的法律漏洞都是“违反计划的”,有些法律漏洞是立法者有意识地不予规定或者有意识地授权司法和学术研究处理。那么,应如何判断某法律的欠缺系“违反计划性”?本文赞同所谓的违反计划性,是指一个应被法律规范的生活领域根本没有被规范或者未被妥当地加以规范。[23]

认定法律漏洞,是填补法律漏洞的前提。根据前述法律漏洞的概念厘清以及特征概括,对法律漏洞的认定,可以分两步进行:

首先,判断是否缺乏完整性。判断是否缺乏完整性,是在现有的法律体系下,审查某一案件事实是否有可供适用的法律规则或原则。对于一个系争案件,法官需要在审理查明案件事实的基础上,进行法律发现。法律发现的过程就是一个找法的过程。在找法过程中,法官通常会根据案由,去查找相关部门法中的具体法律规则。查找分析某一案件事实是否有可直接适用的法律规则,首先需对法律规则的构成要件进行分析。一个完整的法律规则,由构成要件和法律后果两部分组成。当案件事实能够归属于某一法律规则构成要件所指陈的事实类型时,则该法律规则可以适用于该案件事实。[24] 当某一案件事实不能归属于任一法律规则构成要件的可能语义范围,即无论在该构成要件的“概念核”还是“概念晕”范围,[25]该案件事实都不符合时,则表明该案件事实无可供适用的具体法律规则。当发现案件事实无具体法律规则可供适用时,漏洞证立的第一步即已完成。

其次,判断是否违反计划性。对于某一生活事实是否应受法律规范的问题,从道德、政策等不同视角出发,可能得出不同的判断。就是否违反计划性而言,出于对法律安定性的维护以及对法官依法裁断案件之原则的坚持,论证应当基于法律的内在视角展开。法律未对某一生活事实进行规整,并不足以证立法律存在漏洞。法律并不调整人类社会的所有关系,无法律规则可适用未必意味着法律存在漏洞,也可能是法律不应当或者暂时不适宜对某一生活事实予以规范或调整。菲利普·黑克认为,法律漏洞认定的统一价值标准是“利益的值

---

〔22〕 参见[德]伯恩·魏德士:《法理学》,丁晓春、吴越译,法律出版社 2013 年版,第 351 页。

〔23〕 参见 E. A. Kramer, *Juristische Methodenlehre*, MÜnchen, 1998, p. 143。转引自[德]伯恩·魏德士:《法理学》,丁晓春、吴越译,法律出版社 2013 年版,第 352 页。

〔24〕 参见黄泽敏:《法律漏洞填补的司法论证》,载《法学研究》2020 年第 6 期。

〔25〕 参见[德]卡尔·恩吉施:《法律思维导论》,郑永流译,法律出版社 2004 年版,第 133 页。

得保护性”,即从法律本身来看,对某一个特定的利益冲突,是否欠缺一个清晰的法律规定。[26] 拉伦茨认为,要从制定法自身的立场观点、其赖以为基础的规则意图、追求的目的以及立法者的“计划”出发来判断是否违反计划性。[27] 王泽鉴先生认为,判断对某个案件事实或某项问题应否予以规范的根据,是现行立法的基本思想及内在目的。[28] 学者的观点虽表述不一,但不论何种立法思想及立法目的,都离不开“利益的值得保护性”,即对于应当保护的法益,若欠缺清晰的法律规范,则违反了计划性。

(二)对《民法典》物上代位法律规范的检视

通过前文的分析可知,当某一案件事实不能归属于任一法律规则构成要件的可能语义范围时,则表明该案件事实无可供适用的具体法律规则;如若该案件事实又属于法律应当保护的利益范围时,则表明制定法存在漏洞。德国学者齐佩利乌斯将法律漏洞分为两类:一类是“表述漏洞”,即法律本身没有从字面上提供一项完整的行为指示;另一类是“评价欠缺型漏洞”,即虽然一项法律规范照其字面含义本来无需补充即可适用,然而出于正义的考虑却需要对其加以校正,也即法律规范要么被规定得过于狭窄(需要加以规整的情形没有被考虑进去),要么被规定得过于宽泛(需要从法律规范的适用范围中排除出去的情形也被包含在该法律规范的字面含义中)。[29] 拉伦茨则将个别法律规范本身的不完整性,称为“规范漏洞”;将立法应予规制却未予规制的法律体系脉络上的不完整性,称为“规则体漏洞”。[30]

就担保物权的物上代位而言,首先,《民法典》第390条的规定延续了原《物权法》第174条的规定,采取的是“担保物权延续说”,[31] 即担保物权不是代位

[26] 参见[德]菲利普·黑克:《利益法学》,傅广宇译,商务印书馆2016年版,第39页。

[27] 参见[德]卡尔·拉伦茨:《法学方法论》,黄家镇译,商务印书馆2020年版,第469页。

[28] 参见王泽鉴:《民法学说与判例研究》,北京大学出版社2015年版,第29页。

[29] 参见[德]齐佩利乌斯:《法学方法论》,金振豹译,法律出版社2009年版,第92~93页。

[30] 参见[德]卡尔·拉伦茨:《法学方法论》,黄家镇译,商务印书馆2020年版,第467~468页。

[31] 参见王利明:《物权法研究》(下卷),中国人民大学出版社2013年版,第1144页;尹田:《物权法》,北京大学出版社2013年版,第529页;陈华彬:《民法物权论》,中国法制出版社2010年版,第395页;高圣平:《担保法论》,法律出版社2009年版,第343页;陈明添、谢黎伟:《抵押权的物上代位性》,载《华东政法学院学报》2005年第3期。

在担保人所享有的赔偿金等请求权上，而是代位在担保物的价值替代物上，体现的是担保物权的价值权特性。然而，担保物权作为支配担保财产的交换价值的权利，为不影响该支配权利的实现，担保物权除自动存续于代位物上之外，还应当延续到给付代位物的请求权上。否则，在担保人怠于向给付义务人主张权利时，担保权人的权利仍无法得到完全保障。可见，我国《民法典》将该情形下担保物权物上代位的效力范围限定在保险金、赔偿金等"现物"上，未延及保险金、赔偿金等的给付请求权，无法为担保物权提供完整的保护，存在评价欠缺型漏洞。

其次，如前文所述，在抵押财产转让可能侵害抵押权时，抵押权人得请求抵押人将转让所得价款用于提前清偿债务或者提存，该情形理论上也属于物上代位的适用领域。然而，立法者将法律效果设计的重点放置于"提前清偿"和"提存"上，从法条文字中，我们尚无法得出物上代位的法律效果意思。这种制度设计的问题在于：(1)抵押权人对于抵押财产转让后的所得，究竟享有何种权利？是单纯的债权请求权还是优先受偿权？(2)抵押财产转让后，抵押人获得的可能是等价物、价值相当的财产权利或利益，也可能是现金，而不论是物、权益还是现金，均属于转让抵押财产后所得的收益，因而用"转让所得价款"的表述，相当于排除了等价物、财产权益等收益形式亦可作为代位物的可能，不利于全面保护抵押权人的利益。(3)在转让抵押财产所得的收益为现金时，极易与抵押人的其他资金混淆而难以识别，且在提存协商不成的情况下，也很难保障抵押权人的利益。对于已经设质的权利，经出质人与质权人协商同意转让的，依据《民法典》第443、444、445条的规定，质权人对于转让所得价款的权利也存在同样的问题。可见，对于此类情形下的担保物权是否具有物上代位的效力以及效力范围如何，尚缺乏精准的法律规定。

最后，有关担保财产被添附的情形，原《担保法解释》第62条做了规定，但《民法典》与原《物权法》一样，并未对该情形作出规范。有学者认为，"担保财产因添附而灭失属于因法律原因导致的绝对灭失，理论上完全可以纳入《物权法》第174条"〔32〕。本文认为，担保财产被添附后，物理形态与价值形态均发生重大变化，但其与担保财产绝对灭失的情形并不相同。在绝对灭失情形下，原担保财产的价值丧失，而在添附状态下，原担保财产的价值并未消失，只是融入了新的财产中。因此，添附作为一种重要的法律制度有其独立价值，担保财产

---

〔32〕 邱国威：《论担保物权法定转换制度之入典——对物上代位规范表达路径的探索》，载《北方法学》2019年第1期。

也因被添附导致物权变动从而引发物上代位的问题。《民法典》对担保财产被添附后担保物权的法律效力未作规范,属于规则体漏洞。

由上可见,我国《民法典》将担保物毁损、灭失或者被征收情形下的代位物限定在保险金、赔偿金或补偿金等金钱上,既忽略了实践中的代位物可能为房屋等特定物或者权利等无形资产,也忽略了在保险金、赔偿金或补偿金未获支付情形下,担保权人对给付义务人应享有的给付请求权,对担保权人的法益保护明显存在不足。在抵押财产被转让,且该转让可能对抵押权人的利益造成损害时,抵押权人对于转让所得是否享有代位权,《民法典》亦欠缺清晰的法律规定。此外,对于担保财产被添附的情形,《民法典》则存在立法空白。因此,我国《民法典》对担保物权物上代位的法律规制,既缺乏完整性,也违反了计划性,存在法律漏洞,应通过适当的路径予以填补。

三、对《民法典》物上代位漏洞的填补

不同的法系、不同的国家或地区对法律漏洞的填补方式不尽相同,但总括起来,法律漏洞填补的正式路径主要有两种,即立法填补和司法填补。在大陆法系国家或地区,立法填补是法律漏洞填补最主要的方式,包括新法的制定与旧法的修订、立法解释等基本形式。司法填补即司法机关依照法定职权和程序,对法律进行解释、补充与修改,主要有司法解释和判例法两种基本路径。[33]在英美法系国家,判例法是司法填补的重要路径。法官在审理案件过程中,如果没有法律的明确规定或先验的裁判,法官可以根据习惯(法),也可依据类推、反推、目的性限缩(扩张)或者依循作为法秩序整体基础的法律思想、法律原则和法律价值进行法律续造等对当前案件进行裁判。我国虽然没有判例法,但指导性案例对新类型案件以及疑难、复杂案件的裁判具有普遍的指导意义。

《民法典》系最新出台的具有基础性地位的市场经济基本法,基于法的安定性要求,通过立法填补其漏洞的路径在短期内不可行,故对《民法典》法律漏洞填补的可行方式为司法填补。在我国,司法填补的路径主要为司法解释与指导性案例。当然,一些案件在审判过程中,可能出现既没有法律规则可适用,也没有指导性案例可供参照的情况,此时法官便需要在个案中运用类推、反推等法律漏洞填补的一般方法进行裁判。

---

〔33〕 参见李秀芬:《法律漏洞的特征与填补路径》,载《华东政法大学学报》2019年第6期。

（一）司法解释填补

“司法解释的命运是由立法者的法律供给与司法者的司法需求间的缺口决定的。”[34]《民法典》编纂受前民法典时代立法“宜粗不宜细”指导思想的影响，为司法解释提供了空间。从宏观上看，《民法典》不仅条文数偏少，而且其中还有较多的非裁判规范；从微观上看，《民法典》不仅规定了多条基本原则，而且一些具体规范也较原则，故司法只依据民法典就能作出妥当裁判的期望并不现实。为弥补立法与司法间的缺口，随着《民法典》的正式实施，最高人民法院也相继发布了一系列配套的司法解释，与《民法典》同步生效。其中，《担保制度解释》在正式出台前，最高人民法院还发布了征求意见稿。《担保制度解释》与《民法典》有关担保物权物上代位的相关规定，有较多的不同，下文拟一并探讨。

1. 担保财产毁损、灭失或者被征收的

首先，《担保制度解释》将《民法典》第 390 条规定的“担保财产”限缩为“抵押财产”。原因大抵在于“担保财产”的范围过于宽泛，在质押与留置的场合，担保财产发生毁损、灭失的，应分别适用《民法典》第 432、433、434 条以及第 451 条的规定，故司法解释对《民法典》第 390 条作出了目的性限缩，以更准确地确定适用范围。

其次，关于担保物权物上代位的效力能否及于保险金、赔偿金或者补偿金的给付请求权问题。《担保制度解释》第 42 条第 2 款规定：“给付义务人已经向抵押人给付了保险金、赔偿金或者补偿金，抵押权人请求给付义务人向其给付保险金、赔偿金或者补偿金的，人民法院不予支持，但是给付义务人接到抵押权人要求向其给付的通知后仍然向抵押人给付的除外”，本规定确认了抵押权人对于给付义务人的给付请求权，但是否系确认了抵押权对该给付请求权的物上代位效力？也即是否承认抵押权人享有优先于抵押人的其他债权人行使该给付请求权的效力？按照圆满保护抵押权人权利的立法目的，答案应为肯定。但将抵押权人的权利及于给付赔偿金等请求权上，则抵押权的标的又成了给付请求权，也不符合法律概念逻辑，故抵押权人在此情形下对于保险金等的给付请求权应当具有等同于权利质权的效力。对此，我国台湾地区“民法”在 2007 年修订物权编时，其第 881、899 条规定，在抵押权、质权的标的物毁损、灭失的情形下，抵押权、质权转换为权利质权。如此规定，既保障了担保物权人的优先受偿权，又理顺了抵押权等担保物权与债权请求权之间的关系转换，不得不说是相关规定的一大进步。由是，建议最高人民法院明确将该类情形下抵押权人对

---

〔34〕 黄忠：《论民法典后司法解释之命运》，载《中国法学》2020 年第 6 期。

保险金等的给付请求权确定为权利质权,以统一法律适用,全面保护抵押权人的合法权益。

最后,在请求权的行使方式和程序上,对比《担保制度解释》第42条第2款,原征求意见稿“但书”部分的规定为“但是抵押权人书面通知给付义务人向其给付后,给付义务人仍然向抵押人给付的除外”,可见正式解释在抵押权人通知给付义务人的形式上发生了变化,不再要求作书面通知;同时,在抵押权人请求给付义务人为给付的诉讼中,增加了可以由人民法院通知抵押人作为第三人参加诉讼的程序性规定,既有利于查清担保法律关系,也更有利于保护各方利益。

2. 担保财产被转让的

《美国统一商法典》第9-315条确立了担保物被处置时受担保方的权利及于处置担保物后获得的任何形式的收益;[35] 日本民法典确立了担保财产被出售时,先取特权、抵押权对售得价款的代位效力。[36] 在法政策上,我国《民法典》未选择直接赋予抵押权对抵押财产转让所得的物上代位权,而是赋予抵押权以追及效力,仅在抵押财产转让可能损害抵押权时,抵押权人得请求抵押人将转让所得价款用于提前清偿债务或者提存。

前文已述,此种制度设计存在三个问题。遗憾的是,《担保制度解释》仅对当事人约定禁止或者限制转让抵押财产的效力问题作了进一步的解释与规范,对于抵押财产转让可能损害抵押权时抵押权的效力问题未再作解释。由此,建议未来的司法解释对前文述及的三个问题进行明确:(1)为统一法律理解与适用,在文字表述上,建议明确担保权人对担保财产转让所得的收益享有优先受偿权。(2)建议借鉴《美国统一商法典》第9-315条确立的规则,明确在抵押权人能够证明抵押财产转让可能损害抵押权时,抵押权的效力及于抵押人转让抵押财产所得的收益。对此,我国法中已有收益的概念,《民法典》共有26处使用了“收益”一词。收益的含义不仅限于使用利益,还包括最宽泛意义上的、由于

〔35〕 参见《美国统一商法典》第9-315条,载康奈尔法学院法律信息研究所(LII)官网,http://www.law.cornell.edu/ucc/9/9-315,2021年7月17日最后访问。

〔36〕 参见《日本民法典》第304条第1款规定:“先取特权,对于因其标的物之出卖、出贷、灭失或毁损,债务人应收取之金钱或其他之物,应得行使之。但先取特权人应于其支付或交付前以为扣押。本条规定依第372条规定,于抵押权准用之。”《日本民法典》,王书江译,中国法制出版社2000年版,第57页。

流转而获得的利益。[37] 同时,收益的概念与物上代位物互不冲突。《美国统一商法典》第九编中的收益包括转让价金、物上代位物、孳息等。[38] 因此,在抵押制度中使用的收益的概念与《民法典》中的相关名词无冲突,具备使用收益概念的前提。同样地,对于已经设质的权利,在质权人与出质人协商同意后转让的,质权的效力亦应及于转让设质权利所获得的收益。如此,既明确了此类情形下担保物权的物上代位效力及其范围,也不会牺牲担保人的期限利益,保证了担保权人的优先受偿权,兼顾了双方利益的平衡。(3)针对担保财产转让所得的收益为现金,可能与担保人的其他现金收入相混淆的问题,建议在商事视野下构建现金收益的追踪制度。从现金收益的流向来看,担保人可能将其存入银行账户、用于购置新物或者交换某种权益。当收益被用于购置新物或交换权益时,新物或权益属于现金收益的收益,亦应为担保权的效力所及,担保权人可就新物或权利主张设定新的担保权,并依法公示。若担保人将现金存入银行账户,则需区分两种情形追踪:第一,入账到担保人账户的现金,已无法与其他款项区分,在没有取款的情形下,账户中的钱款增加,增加值便可识别为现金收益;第二,收益与担保人账户中的原有资金混同后,又进行了取款的,此时可以借鉴《美国统一商法典》第九编,采取最低中间余额规则(lowest intermediate balance rule)来解决,[39] 即从账户中所取的款项,先从其他款项中扣除,其他款项金额不足时,再从收益金额中扣除,扣划完毕后如有余额,仍然是收益。

3. 担保财产被添附的

《民法典》对担保财产被添附的情形未作规范,但《担保制度解释》第 41 条对抵押财产被添附后抵押权的物上代位效力作了规定。司法解释从性质上可以区分为程序性规定与实体性规定,而实体性规定可进一步分为解释性规定与创设性规定。区分标准在于该规定能否从既有法律,尤其是从《民法典》中找到依据。与解释性规定不同,创设性规定是对立法的续造,在既有民事法律中并无具体规定可以依靠,而只能从诚信、公平等基本原则,甚至是立法精神中获得依据。[40] 《担保制度解释》中有关抵押财产被添附后抵押权的物上代位效力的

---

〔37〕 参见李莉:《论浮动抵押财产确定制度》,载《环球法律评论》2021 年第 2 期。

〔38〕 参见《美国统一商法典》第 9 - 102 条(a)款(64)项,载康奈尔法学院法律信息研究所(LII)官网,http://www.law.cornell.edu/ucc/9/9-102,2021 年 7 月 17 日最后访问。

〔39〕 See William D. Warren & Steven D. Walt, *Secured Transactions in Personal Property* (ninth edition), California, Foundation Press, 2013, p. 235.

〔40〕 参见黄忠:《论民法典后司法解释之命运》,载《中国法学》2020 年第 6 期。

规定,便属于根据立法精神制定的创设性规定。

添附涵括动产与不动产的附合、动产与动产的附合、动产与动产的混合以及动产与动产的加工。虽然在动产质押与留置的场合,发生添附的可能性不大,但在当事人协商等情形下,仍有发生添附的可能。《德国民法典》第949条规定,"设有负担之物的所有人取得共有权者,该他项权利仍存续于其代位原物之应有部分(第2款)。设有负担之物的所有人,成为单独所有人者,该他项权利及于合成物(第3款)"[41]。然而,我国《担保制度解释》第41条仅对抵押财产被添附的物上代位效力作出规范,对于质押、留置等其他担保情形却未涉及,使得该条规定的效力范围十分有限。同时,《民法典》第322条规定"……因一方当事人的过错或者确定物的归属造成另一方当事人损害的,应当给予赔偿或者补偿",据此,因物的添附发生争议,受损害的一方依法可以请求赔偿或者补偿。然而,《担保制度解释》第41条第1款规定:"抵押权依法设立后,抵押财产被添附,添附物归第三人所有,抵押权人主张抵押权效力及于补偿金的,人民法院应予支持"。该规定将添附后抵押财产的代位物限定为补偿金,而忽略了赔偿金、等价物或其他类型的收益,同时也未赋予担保权人对此类收益的给付请求权。

可见,对于担保财产被添附的,担保制度司法解释虽然对《民法典》作了补充,但仍存在不足,需要进一步细化。为此,建议未来司法解释对抵押财产被添附的物上代位效力作进一步的扩充解释,即将《担保制度解释》第41条规定中涉及的"抵押"修改为"担保";同时,建议将该条第1款修改为"担保权依法设立后,担保财产被添附,添附物归第三人所有,担保权人主张担保权效力及于担保人获得的收益或者收益的给付请求权的,人民法院应予支持"。

(二)指导性案例填补

从满足审判实践的需要来说,大多数普通案件都可以基于法律规范的直接规定而获得相应的裁判结论。相应地,指导性案例更多地侧重于为疑难案件提供法律规则。换言之,多数指导性案例都带有强烈的疑难色彩。造成疑难案件的原因有很多,包括法律模糊、冲突、遗漏和空白等。在这些情况下,法律规范与案件事实并不存在直接对应的关系,法官处理起来比较棘手,很容易出现法律适用不一致的现象。最高人民法院原研究室主任胡云腾指出,"人民法院的指导性案例,从其性质上看是解释法律的一种形式,实际上起到了解释、明确、

[41] 台湾大学法律学院、台大法学基金会编译:《德国民法典》,北京大学出版社2016年版,第820页。

细化相关法律的作用。在此需要明确的是,指导性案例所具有的明确、具体和弥补法律条文原则、模糊乃至疏漏方面的作用,不是造法而是释法的作用”[42]。可见,指导性案例在解释、明确法律的同时,也起到了填补法律漏洞的作用。截至 2021 年 3 月 31 日,最高人民法院共发布了 27 批 156 件指导性案例(2 件已失效),其中与融资担保有关的案例 6 件(指导性案例 53 号、54 号、57 号、95 号、150 号、155 号),但尚未有涉及担保物权物上代位的指导性案例。

指导性案例既可能是法官填补法律漏洞的结果,也可能成为法官填补法律漏洞的依据。面对现行立法与司法解释在担保物权物上代位制度中尚存的疏漏,根据禁止拒绝裁判的原则,法官在处理具体案件的过程中,需要发挥主观能动性,借助类推、目的性扩张等法律漏洞填补的一般方法作出裁判。例如,对于质押或者留置财产被添附的,法律与司法解释虽未作出规范,但结合法律目的与立法精神,法官可以类推适用抵押财产被添附的情形;同样地,对于抵押财产被添附,若抵押人获得的是赔偿金而非补偿金,法官在适用法律的过程中,也应当突破文义,通过目的性扩张,将抵押财产的代位物及于赔偿金。又如,对于抵押权人证明抵押财产转让可能损害抵押权的情形,司法解释虽然没有进一步明确,但法官可以结合案件的具体情况进行判断,比如抵押财产的转让是否增加了抵押物风险、贬损抵押物价值等。法官运用漏洞填补的一般方法在个案裁判中的成功范例,通过法院系统内部的案例报送、审核与发布程序,便能够成为全国性的指导性案例,从而为类似案件的裁判提供参照。

有学者认为,法官自由裁量也是一种填补法律漏洞的路径。[43] 然而,法官在裁判过程中,不能随意进行漏洞填补或者法律续造,必须借助法律原则、立法目的等进行。对于法律或司法解释没有确认的法律规则或原则,法官不得自由创设。例如,对于抵押财产毁损、灭失或者被征收的,法律规定抵押权人可以请求给付义务人为给付,但并没有规定该给付优先于给付义务人的其他债权人,因此在请求给付义务人给付保险金、赔偿金或者补偿金的诉讼中,抵押权人只处于普通债权人的地位。

法官在具体个案中的漏洞填补以及指导性案例的发布,虽然能够为没有具体、明晰的法律规则可供适用的担保物权物上代位案件提供裁判指引或问题解

---

〔42〕 蒋安杰:《最高人民法院研究室主任胡云腾——人民法院案例指导制度的构建》,载《法制资讯》2011 年第 1 期。

〔43〕 参见李秀芬:《法律漏洞的特征与填补路径》,载《华东政法大学学报》2019 年第 6 期。

决途径,但囿于法官的裁判思维能力以及指导性案例遴选机制的局限性,我们不能指望指导性案例或者法官的自由裁量能够完全弥合立法与司法之间的间隙。从现实来看,指导性案例的报送和发布具有被动性和单一性,在弥补立法不足的功效上与司法解释不可比拟。因此,面对担保物权物上代位的立法疏漏,司法解释仍是填补法律漏洞的首要途径。在现行《担保制度解释》仍存不足的情况下,一方面我们需要借助法官的主观能动性以及指导性案例的发布解决实践难题,另一方面我们仍将寄希望于担保制度司法解释的进一步完善,以统一法律适用,提升司法的公信力。

结　语

担保交易法制的现代化与健全化,与国家经济的发展密切相关。世界银行每年将"担保权益是否及于原始担保物之上的产品、收益或替代品"作为评估一国"获得信贷"的指标之一,而根据联合国国际贸易法委员会《示范法》的相关规定以及世界银行的问卷内容可知,该问题与担保物权物上代位制度密切相关。随着我国《民法典》及其担保制度司法解释的出台,担保物权物上代位制度已得到极大完善,但仍存在不足。在修改《民法典》未为可行的当下,建议通过完善司法解释或者发布指导性案例的方式,对担保财产发生毁损、灭失或者被征收、被转让、被添附等情形下代位物的范围、物上代位原理得适用的担保类型、担保权人的权利内容等作出修改、完善与指导,以健全我国担保交易法制,创造最佳的营商环境,推动金融市场蓬勃发展。

论中介合同禁止跳单规则中“利用”的认定标准

王淑琳*

摘要：

《民法典》第965条新增了“禁止跳单”条款，其中“利用”二字是条文的核心。然而，在法解释和法适用中都存在认定“利用”的不同标准：前者包含狭义理解和广义理解，后者包含“独家委托标准”“金额标准”“顺序标准”“行为标准”。为了解决上述困境，可以从中介合同“单务有偿”的典型构造出发，结合德国法经验，将中介合同按照“多人中介”“单人中介”和“报告中介”“媒介中介”的分类两两组合，并通过类型化的证明责任分配方式，最终建构包含四种清晰标准和冲突规则的“利用”认定新模式。

关键词：

中介行为；禁止跳单；利用；认定标准；民法典

引　　言

中介合同中包含了两方主体：中介人和委托人。长期以来，立法对中介人的行为逐步加强规范整治，[1]却鲜有对委托人道德风险的监管措施。直至2011年12月，指导案例1号才首次涉及对委托人“跳单”行为的评价，[2]但此

---

* 浙江大学光华法学院2018级本科生。

〔1〕 2001年，建设部（已撤销）修正了1996年实施的《城市房地产中介服务管理规定》（现已废止）。2011年，部门规章《房地产经纪管理办法》出台，并于2016年被修正。相关部门规范性文件和部门工作文件（建房〔2013〕94号、建房〔2016〕168号等）也在同时期被陆续颁布，进一步加强了对房地产中介行业的规范整治。

〔2〕 最高人民法院指出，“房屋买卖居间合同中关于禁止买方利用中介公司提供的房源信息却绕开该中介公司与卖方签订房屋买卖合同的约定合法有效”。

后近十年的时间里,立法者始终没有以效力等级更高的立法形式将其固定。而《民法典》不仅将“居间合同”改名为“中介合同”,[3]还以指导案例1号的裁判要点为基础,导入了禁止跳单规则——《民法典》第965条:“委托人在接受中介人的服务后,利用中介人提供的交易机会或者媒介服务,绕开中介人直接订立合同的,应当向中介人支付报酬。”

《民法典》第965条的出台被认为是“积极回应实践中广大人民群众高度关注的痛点难点问题,体现时代特征”。[4] 但该被寄予厚望的条款并不意味着所有关于“跳单”疑问的当然终结;相反,该新增法律条文可能引发更激烈的讨论。其中,最难以把握的是对法条里“利用”二字的理解。揆诸各国关于中介合同的立法,[5]学界一般将“利用”定位为中介合同中报酬请求权的因果关系要件。但现有关于中介合同的研究大多缺乏对因果关系的分析,[6]或认为原因力难以量化无法进一步分析。[7] 值得一提的是,周峰和李兴试图从居间方与委托人的举证责任分配角度认定委托人获取缔约性利益与居间信息服务间的因果联系,[8]该视角可供借鉴但建构欠缺一定的精细化努力。汤文平则充分借鉴德国法的判例和学说,深入分析了中介合同中的因果关系要件及其认定标准,[9]笔

[3] 本文将“居间合同”和“中介合同”视同一律,不作区分。

[4] 参见石宏:《合同编的重大发展和创新》,载《中国法学》2020年第4期。

[5] 《德国民法典》第652条规定,“某人就报告订立合同的机会或充当合同的媒介,约定支付居间佣金的,仅在合同因该报告或居间人的媒介而成立时,约定支付居间佣金的人才有义务支付佣金”。《意大利民法典》第1775条第1款规定,“因居间人的介入效力而缔约的,居间人有权得到各方当事人给付的佣金”。

[6] 参见范健:《德国居间商法律制度评析》,载《中外法学》1993年第6期;张宁:《房屋买卖居间合同中规避“跳单”条款的效力和“跳单”行为的认定》,载《法律适用》2010年第8期;隋彭生:《居间合同委托人的任意解除权及“跳单”——以最高人民法院〈指导案例1号〉为例》,载《江淮论坛》2012年第4期;周江洪:《“上海中原物业顾问有限公司诉陶德华居间合同纠纷案”评释》,载《浙江社会科学》2013年第1期。

[7] 参见税兵:《居间合同中的双边道德风险——以“跳单”现象为例》,载《法学》2011年第11期。

[8] 参见周峰、李兴:《房屋买卖居间合同纠纷中“跳中介”现象的法律问题研究——以居间合同的信息匹配属性与复合型构造为视角展开》,载《法律适用》2011年第10期。

[9] 参见汤文平:《从“跳单”违约到居间报酬——“指导案例1号”评释》,载《法学家》2012年第6期;汤文平:《多人居间行为共同原因性研究——从“指导案例1号”切入》,载《政治与法律》2012年第12期。

力入木三分但仍留有和程序法结合的余地。其木提指出指导案例 1 号中“利用”之判断标准实际上采纳的是相当因果关系说,[10]但若增加实证研究则更能锦上添花。

为此,笔者不揣浅陋,将以《民法典》第 965 条为原点,聚焦“利用”二字代表的因果关系要件认定标准。本文将以实证研究为基础方法,首先梳理禁止跳单规则中“利用”认定的实践,总结出四种裁判角度,分别讨论其合理性基础。与此同时,现行法秩序中对“利用”理解混乱、标准不明确和缺乏标准冲突等问题逐步显现。中介合同“单务有偿”的典型构造也暴露出“难以将委托人和中介人的主观活动客观化”的核心难题。针对上述实体法问题,程序法可能是解决的出路——将中介合同按照“多人中介”“单人中介”和“报告中介”“媒介中介”的分类两两组合并分配以不同的证明责任,建构“利用”认定新模式。

一、禁止跳单规则中“利用”认定的实践

为了从实践中把握“利用”的内在含义,笔者围绕“中介行为因果关系的认定标准”在北大法宝上进行了相关案例检索,[11]并粗略整理出四条标准,分别以“独家委托标准”、“金额标准”、“顺序标准”和“行为标准”加以命名和类型化归纳。

(一)“利用”认定的独家委托标准

所谓独家委托标准是指,如果中介人和委托人之间存在有效的独家委托关系,而委托人另行通过他人缔约,则委托人可以构成对该中介信息的“利用”。更为具体地说,实践中的裁判经验可以被总结为以下两点:

第一,如果不存在独家委托,或者独家委托条款无效,则不构成“利用”。前者情形以“济南××房地产经纪有限公司与刘××居间合同纠纷上诉案”为例。法院认为,原房屋所有人出售房屋的信息并非独家代理销售。委托人及其家人分别通过不同的中介公司了解到同一房源信息,其有权选择报价低、服务好的中介公司促成房屋买卖合同成立,并没有利用中介人的信息机

---

〔10〕 参见其木提:《论“跳单”之认定标准——最高人民法院指导案例 1 号评释》,载《交大法学》2016 年第 4 期。

〔11〕 参见北大法宝数据库,https://www.pkulaw.com/case/,2021 年 3 月 31 日最后访问。

会,不构成“跳单”违约。[12] 后者情形以“上海仁×房地产经纪有限公司诉冯×居间合同纠纷案”为例。法院认为,本案居间协议系格式合同,其中关于“仁×公司为冯×独家代理委托的代理人,委托期限自双方签署本合同之日起至仁×公司完成委托事项之日止,冯×承诺,在上述委托期限内将不再自行或另行委托除仁×公司外的任何第三方完成本合同约定的委托事项,否则,冯×应按约定的该房产实际成交价的1%标准向仁×公司承担违约责任”的内容,属于提供格式条款一方免除其责任、排除对方主要权利之情形,属于无效条款,委托人不构成违约。[13]

第二,如果存在有效的独家委托条款,则构成违约,进一步构成“利用”。以“江华瑶族自治县鑫×房地产经纪有限公司、曹××居间合同纠纷案”为例。法院认为,《独家委托销售协议》第6条第2项约定:“甲方保证不与乙方带看的客户及客户的直系亲属私自避开乙方交易,否则按委托销售底价的3%作违约金支付给乙方。”本案中委托人与中介人所带看房客户之子签订了房屋买卖合同,委托人构成违约,应当承担违约责任。[14]

由此可见,独家委托标准旨在以法律外观锁定中介行为之结果。如果委托人已经事先与中介人签订了独家委托条款,意味着中介人相较于其他第三人,是唯一掌握房源信息的人。倘若委托人另行达成交易,则构成“跳单”违约。这种独家委托条款实际缩短了漫长复杂的因果关系推定链条。中介人和委托人均同意预先以意思自治的效力限定房源信息的来源——一旦结果达成便即刻

---

〔12〕 参见山东省济南市中级人民法院(2017)鲁01民终52号民事判决书。同类案例参见浙江省高级人民法院(2018)浙民申3731号民事裁定书、山东省济南市中级人民法院(2017)鲁01民终1747号民事判决书、广东省佛山市中级人民法院(2019)粤06民终6936号民事判决书、浙江省松阳县人民法院(2020)浙1124民初1399号民事判决书等。

〔13〕 参见上海市杨浦区人民法院(2014)杨民四(民)初字第550号民事判决书。同类案例参见江西省吉安市中级人民法院(2020)赣08民终2248号民事判决书、河南省平顶山市卫东区人民法院(2020)豫0403民初3914号民事判决书、山东省德州市陵城区人民法院(2020)鲁1403民初2103号民事判决书、甘肃省定西市中级人民法院(2020)甘11民终780号民事判决书等。

〔14〕 参见湖南省永州市中级人民法院(2020)湘11民终1838号民事判决书。同类案例参见上海市浦东新区人民法院(2012)浦民一(民)初字第29830号民事判决书、北京市第三中级人民法院(2020)京03民终165号民事判决书、浙江省嘉兴市中级人民法院(2020)浙04民终2160号民事判决书、上海市第一中级人民法院(2019)沪01民终15795号民事判决书等。

锁定因果关系。换言之，独家委托标准通过客观的合同条款将因果关系进行预定，使其他中介人的介入失去正当性。

（二）“利用”认定的金额标准

所谓金额标准是指，如果中介人和委托人所约定的本约价金和中介佣金高于委托人最终缔结价格，则委托人可能构成对该中介信息的“利用”。

倘若中介佣金与本约价金更高，则中介人可以主张构成“利用”。以“彭××、梧州市灏××房地产代理有限公司居间合同纠纷案”为例。法院认为，案涉中介提供的房屋价钱与耀×公司提供的房屋价钱均是55万元，委托人也自认因为原告中介人的佣金高（11，000元）、另一中介的佣金低（5000元），而选择通过另一中介完成交易。因此，委托人是为了逃避支付佣金的目的，不正当地利用原告中介的房源信息，其行为已构成违约。[15] 反之，如若案涉中介佣金与本约价金更低，则中介人不能主张构成“利用”。一般而言，委托人都会选择报价更低的中介人完成交易，但不排除实践中有委托人愿意与报价更高的中介签约。以“成都东×房地产营销咨询有限公司与陈×居间合同纠纷上诉案”为例。法院认为，从房屋成交金额上看，委托人与房屋出售人约定的购房价款并未低于其与原告中介约定的购房金额；从居间服务费金额上看，委托人向另一中介支付的居间服务费亦未低于其与原告约定的中介佣金。故就现有证据而言，不能证明委托人存在恶意、不能证明委托人的行为构成违约。[16]

综上两点，金额标准旨在以经济理性判断委托人主观活动。如果委托人在多个报价中最终选择报价更为经济的中介人成交，则意味着委托人在衡量价格时“利用”了另一中介人所提供的信息，构成“跳单”违约。这种标准的合理性基础在于人总是在追求最大经济理性的目标。在一个正常的房屋买卖中，房产缔约价格和中介费用的高低往往是委托人决策的重要影响因素，尤其体现在多人中介的情况下。金额标准通过比较多个中介人给出的报价，结合委托人最终的交易选择，以此推测委托人是否基于“货比三家”的动机以逃避支付报酬。换言之，金额标准通过客观的缔约价格去推测委托人的主观动机，进而推定因果

---

〔15〕 参见广西壮族自治区梧州市中级人民法院（2018）桂04民终881号民事判决书。同类案例参见上海市第一中级人民法院（2013）沪一中民二（民）终字第1790号民事判决书、福建省龙岩市中级人民法院（2020）闽08民终939号民事判决书、广东省广州市中级人民法院（2020）粤01民终972号民事判决书等。

〔16〕 参见成都市温江区人民法院（2013）温江民初字第1188号民事判决书、四川省成都市中级人民法院（2014）成民终字第777号民事判决书。

关系。

(三)"利用"认定的顺序标准

所谓顺序标准是指,如果委托人首次获取房源信息是通过某中介人而非促成最终缔约的中介人,则委托人可以构成对前者中介信息的"利用"。

委托人通过中介人首次获取房源信息,则构成"利用"。以"彭××、梧州市灏××房地产代理有限公司居间合同纠纷案"为例。法院认为,本案中介人及案外人均向委托人提供了涉案房屋信息及订立合同的机会,但从时间先后顺序上看,首先向委托人报告订约机会、提供看房服务的是本案中介人,并非案外人。委托人在本案审理过程中均确认正是经本案中介人介绍该房屋信息后,其再通过案外人与原房主达成交易,故委托人确实利用了本案中介人提供的房源信息。[17] 而"北京远×房地产经纪有限公司与微×有限公司居间合同纠纷案"同样清晰地表明,如果委托人并非通过中介人首次获取房源信息,则不构成"利用"。一审法院认为,在远×公司带委托人考察涉诉房屋之前,委托人亦曾通过宜×公司考察过涉诉房屋所在大厦,并最终通过宜×公司的居间服务与中×公司达成了房屋租赁合同。委托人客观上并没有依赖远×公司提供的信息、机会以及服务与出租方自行交易,主观上也不存在违约的故意,委托人不构成违约。二审法院认为,委托人已举证证明就涉案房产已与宜×公司进行了磋商,且时间早于与远×公司的合作;远×公司对此虽不认可,但未能予以充分抗辩。[18] 由此可知,顺序标准旨在以信息的事先存在推定行为价值。更准确地说,如果委托人系通过中介人首次获取房源信息,则委托人对该中介人所提供的信息构成"利用"。

指导案例1号的原审判决书中曾经以此标准作为裁判理由,但是最后未被写进裁判要点。最高人民法院案例指导工作办公室的刘净曾经撰文写道:"尽管时间先后可以成为考察是否构成利用的一个逻辑上的原因,但即使中原公司是第一家带买方看房的中介公司,也不能充分证明买方一定是利用了中原公司

---

[17] 参见广西壮族自治区梧州市中级人民法院(2018)桂04民终881号民事判决书。同类案件参见青岛市市北区人民法院(2014)北民初字第4974号民事判决书、山东省济南市中级人民法院(2016)鲁01民终4556号民事判决书等。

[18] 参见北京市海淀区人民法院(2019)京0108民初63183号民事判决书、北京市第一中级人民法院(2020)京01民终4791号民事判决书。同类案例参见浙江省杭州市中级人民法院(2017)浙01民终1578号民事判决书、福建省晋江市人民法院(2019)闽0582民初16274号民事判决书、江西省吉安市吉州区人民法院(2019)赣0802民再5号民事判决书等。

的信息，不能简单地理解为只要中介公司提供了信息，买方就构成了‘利用’。”[19] 总而言之，最高人民法院认为顺序标准具有一定偶然性，单独作为判断标准并不充分；实践中也有基层法院持相同观点。[20] 但此处更着重强调，顺序标准的意义在于通过客观上已经存在的事实推定中介行为的效果，进而推定因果关系。

站在比较法的角度，德国称之为“先知抗辩”。“先知”是指委托人对于本约之对方当事人在中介报告之前即已作为潜在意向人知情，通说认为此时报告中介人不得主张原因性。[21] 换言之，先知抗辩是以一事实否定另一事实的存在，而该另一事实正好为对方权利发生所需具备的构成要件。而“先知”这一事实所能否定的仅仅是“中介人所报告的信息与本约的缔结具有因果关系”，因为中介人所报告的信息对主张先知的委托人来讲是无价值的。[22]

(四)“利用”认定的行为标准

所谓行为标准是指，如果中介人在合同期内放弃为中介服务，则委托人可以主张其不构成对该中介信息的“利用”。该标准从中介合同的实际履行出发，通过指出中介人的“可非难性”以实现对中介人报酬请求权的抗辩。但是相较于独家委托标准、金额标准和顺序标准，行为标准在实践中引起不小的争议。

第一，就“解除中介合同后，中介人能否得主张委托人的违约责任”问题，实践中大致有两种观点。持“能够主张委托人违约责任”观点的江苏省南京市鼓楼区人民法院和北京市朝阳区人民法院认为，当事人在中介合同解除后亦应遵循诚实信用原则，根据交易习惯履行相关义务。由于中介人已向第三人及其相关人员推荐了涉案房屋并多次带领看房，委托人在解除与中介人的限时委托出售合同后即与第三人签订了房屋买卖合同，其亦未提供证据证明其他中介公司亦履行了推荐看房等前期行为，应视为委托人违反了限时委托出售合同的约

---

〔19〕 刘净：《〈上海中原物业顾问有限公司诉陶德华居间合同纠纷案〉的理解与参照》，载《人民司法》2014 年第 6 期。

〔20〕 参见北京市第三中级人民法(2016)京 03 民终 6257 号民事判决书、浙江省衢州市中级人民法院(2016)浙 08 民终 851 号民事判决书、湖南省湘潭市中级人民法院(2019)湘 03 民终 1206 号民事判决书等。

〔21〕 参见汤文平：《多人居间行为共同原因性研究——从“指导案例 1 号”切入》，载《政治与法律》2012 年第 12 期。

〔22〕 参见杨洋：《居间行为的原因性研究——从房屋交易市场中的“跳单”现象切入》，中国政法大学民商法学 2014 年硕士学位论文，第 24 页。

定,构成违约。[23] 然而,陕西省西安市中级人民法院和陕西省高级人民法院认为此时不能主张委托人的违约责任。居间合同履行中,各方签订解除协议,解除了已签订的房屋买卖合同、网签合同,中介人退还了已收取的服务费,以实际行为表明不再履行居间合同主要义务,主动放弃其享有的合同主要权利。[24]

第二,就“中介人未能办理资金监管手续也未能打印网签合同,能否取得报酬请求权”的问题,实践中大致有三种观点。广东省深圳市中级人民法院认为能够取得完整报酬请求权。法院主张,在中介人报告房地产买卖合同订立机会以及促成合同成立的情况下,根据法律的规定,其就有权获得中介报酬。[25] 陕西省西安市莲湖区人民法院和陕西省西安市中级人民法院则认为能取得部分报酬请求权。具体而言,中介人未依据合同约定协助委托人办理网签备案、资金监管、贷款面签、过户等手续,故中介人并未完全履行居间合同约定的义务,只能主张部分报酬请求权。[26] 与前两个观点不同的是,陕西省高级人民法院认为,在居间合同关系中,协助买卖双方办理相关买卖合同履行手续仅仅属于附属义务,合同的主要义务仍是居间人报告订立合同机会或提供订立合同媒介服务并促成合同成立。[27] 但陕西省高级人民法院仅从合同义务的主次关系角度进行分析,未明确报酬请求权的问题。

综上,文章不对各个法院的观点进行评价,而是聚焦于行为标准本身的合理性基础——倘如中介人放弃中介行为后仍取得报酬请求权,则中介人构成不当得利,应当返还所得。

二、禁止跳单规则中“利用”认定的困境

在实证分析的基础上,后文将从法解释和法适用两个层面,分别概括目前司法实践中“利用”认定标准所面临的困境。

---

〔23〕 参见江苏省南京市鼓楼区人民法院(2020)苏0106民初4612号民事判决书、北京市朝阳区人民法院(2015)朝民初字第51896号民事判决书。

〔24〕 参见陕西省西安市中级人民法院(2019)陕01民终3462号民事判决书、陕西省高级人民法院(2020)陕民申119号民事裁定书。

〔25〕 参见广东省深圳市中级人民法院(2016)粤03民终19259号民事判决书。

〔26〕 参见西安市莲湖区人民法院(2019)陕0104民初2619号民事判决书、陕西省西安市中级人民法院(2019)陕01民终10549号民事判决书。

〔27〕 参见陕西省高级人民法院(2020)陕民申2592号民事裁定书。

(一)法解释层面:理解混乱

尽管《民法典》新增了第965条,但围绕其展开的各级法解释都存在不少理解混乱之处,具体表现在以下三点:

第一,指导案例1号裁判要旨体现了“利用”的狭义矛盾理解。自2021年1月1日起,《最高人民法院关于部分指导性案例不再参照的通知》(法〔2020〕343号)明确规定9号、20号指导性案例不再参照。这同时也意味着,《民法典》第965条的前身——第1号指导案例“上海中原物业顾问有限公司诉陶×华居间合同纠纷案”仍然有效。根据现行《〈最高人民法院关于案例指导工作的规定〉实施细则》(法〔2015〕130号)第9条的规定,[28]各级人民法院审理与指导案例1号相类似的案件时,仍应当参照其裁判要点[29]作出裁判。仔细分析指导案例1号的裁判思路,可以得出其由一条主线一条副线共同构成。主线由用黑色箭头连接的序号1~5组成,而其中暗含了一条用灰色箭头连接序号1、5、6的三段论副线。如图1所示。

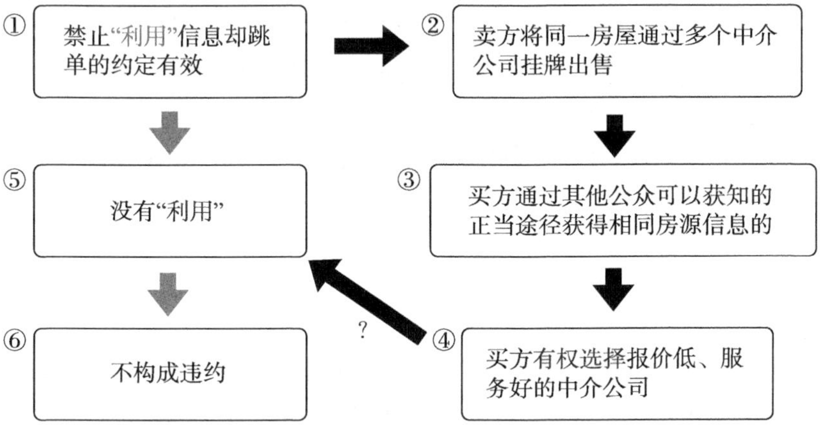

图1　指导案例1号裁判思路

〔28〕《〈最高人民法院关于案例指导工作的规定〉实施细则》第9条:“各级人民法院正在审理的案件,在基本案情和法律适用方面,与最高人民法院发布的指导性案例相类似的,应当参照相关指导性案例的裁判要点作出裁判。”

〔29〕指导案例1号裁判要点:房屋买卖居间合同中关于禁止买方利用中介公司提供的房源信息却绕开该中介公司与卖方签订房屋买卖合同的约定合法有效。但是,当卖方将同一房屋通过多个中介公司挂牌出售时,买方通过其他公众可以获知的正当途径获得相同房源信息的,买方有权选择报价低、服务好的中介公司促成房屋买卖合同成立,其行为并没有利用先前与之签约中介公司的房源信息,故不构成违约。

笔者认为,序号4和序号5之间的逻辑非常牵强——“有没有权利选择”和“有没有构成利用”这两个问题似乎风马牛不相及。基于此,只能将指导案例1号中的“利用”解释为最狭义的含义,即委托人在该中介人提供的房源信息基础上进一步达成最终缔约结果,主要表现为对中介人原定报价的调整等。然而,此种“利用”理解与指导案例1号本身的“多人中介”案件事实不适洽,甚至自相矛盾。

第二,《中华人民共和国民法典合同编理解与适用(四)》中存在对“利用”的双重理解。最高人民法院民法典贯彻实施工作领导小组认为,委托人利用了中介人提供的信息机会或者媒介服务是“跳单”违约的构成要件之一:“多家公司可以掌握同一房源信息,而买方也可以通过多家中介公司了解到同一房屋信息。这就需要我们准确判断委托方与相对方最终达成交易,究竟是利用了哪家中介公司提供的服务。需要注意的是,不能简单地以提供服务的时间先后来判断,还要结合服务的内容等具体情形”。〔30〕显然,和裁判要旨的思路一样,最高人民法院此处也同样将“利用”做狭义理解,割裂了各个中介关系之间的互相作用。然而,其在后文又笔锋一转:“委托人绕开中介人直接订立合同,有三种表现形式:……二是委托人利用中介人提供的信息机会或者媒介服务,通过其他中介人与合同相对方订立合同。比如,委托方通过某一中介公司提供的信息和媒介服务,合同已基本达成。此时,委托人发现其他中介公司的报酬更低,继而通过其他中介公司与合同相对方订立合同,则构成‘跳单’违约……”〔31〕毋庸赘言,此处最高人民法院列举的第二种情形则明显将“利用”置于“多人中介”的语境下考虑,已经构成对“利用”的广义理解。两处文字表达不过相邻一页,但含义却大相径庭。

第三,《中华人民共和国民法典合同编释义》中“利用”的认定标准模糊。就因果关系的判断而言,全国人大常委会法制工作委员会认为:“应当考虑合同能够成立可以归因于中介人进行中介活动付出的努力,以及委托人是否实际利用了中介人提供的订约信息或者媒介服务。这一点也是判断委托人的行为是否构成‘跳单’的关键”。“所谓‘因果关系’,应当构成比较直接或者相当程度

---

〔30〕 参见最高人民法院民法典贯彻实施工作领导小组主编:《中华人民共和国民法典合同编理解与适用(四)》,人民法院出版社2020年版,第2724页。

〔31〕 参见最高人民法院民法典贯彻实施工作领导小组主编:《中华人民共和国民法典合同编理解与适用(四)》,人民法院出版社2020年版,第2725页。

的因果关系,或者说中介人的中介行为对合同订立起到一定程度的作用”。[32]这诚然是从理论角度对中介合同因果关系的抽象概括,但究竟能在多大程度上指引实践呢?即便法工委在后文做了一定程度的细化——“一般认为,只要中介人能证明在委托人与第三人的合同订立之前,提供了相应活动,如向委托人报告了第三人的有关情况,或者经常参与到双方的谈判中,一般就可以认为中介人的这些行为与合同的成立具有因果关系”;[33]但是“何谓相应活动”“中介人的报告程度是否有要求”等问题仍不明确。

(二)法适用层面:标准冲突混乱

首先,标准内容不明确。正如前文所述,顺序标准和行为标准在实践中引发了不小的争议,即使针对近乎相同的案件,各个法院的裁判观点也各不相同。

其次,缺乏标准冲突规则。实践中一些复杂案件同时涉及了多个标准,且各个标准单独适用会导致结果矛盾。

在顺序标准与金额标准冲突时,不同法院观点不一。有法院适用金额标准,以“王××与济南中×房地产经纪有限公司居间合同纠纷案”为例。法院认为,委托人最终决定的购买行为,应是两个中介、两次看房的共同效果,应认定委托人最终达成交易已利用了案涉中介人提供的房源信息。[34] 然而,还有法院选择适用顺序标准。以“上海馨×房地产经纪事务所与叶×居间合同纠纷案”为例。法院认为,在馨×事务所尚未促成委托人与卖方的交易前,委托人已通过其他中介公司了解到同一房源信息,并通过该中介公司促成了房屋买卖合同成立,并未利用馨×事务所提供的房源信息和交易机会,且实际成交价格比馨

---

〔32〕 参见黄薇主编:《中华人民共和国民法典合同编释义》,法律出版社 2020 年版,第 983 页。

〔33〕 参见黄薇主编:《中华人民共和国民法典合同编释义》,法律出版社 2020 年版,第 984 页。

〔34〕 参见山东省济南市中级人民法院(2016)鲁 01 民终 4556 号民事判决书。案情概要如下:委托人于 2014 年 5 月 23 日与百×房地产公司签订中介合同,约定中介费为房屋成交价的 2%;同年 7 月 21 日,委托人与中×房地产公司签订中介合同,约定房屋价格为 99 万元,中介费同样为房屋成交价的 2%;同年 7 月 22 日,委托人在百×房地产公司的中介下促成房屋买卖,成交价为 96 万元。本案中,倘若根据金额标准,委托人最终通过价格更低廉的百×房地产公司促成房屋买卖,可以构成对中×公司信息的“利用”;倘若根据顺序标准,由于百×公司先于中×公司提供房源信息,则委托人可以不构成对中×公司信息的“利用”。法院最后认定委托人构成对中×公司信息的“利用”,可见选择适用了金额标准。

×事务所报价低,委托人的行为并不构成违约。[35]

在顺序标准和独家委托标准冲突时,不同法院的观点又出现了分歧,实践中做法有三。首先,有法院适用独家委托标准,以"江阴市联×房产中介服务部与蔡×居间合同纠纷案"为例。法院认为:第一,房源信息是公开的,委托人可以通过正当途径了解到案涉房源的信息,其并未利用联系中介提供的房源信息、机会,故不构成违约。第二,最高人民法院1号指导案例"上海中原物业顾问有限公司诉陶×华居间合同纠纷案"并未将中介公司带买方看房的顺序作为认定是否利用中介公司提供的房源信息、机会的要素。本案中联×中介虽是首家带蔡×看房的中介公司,但房源信息是公开的,不能简单地理解为只要中介公司提供了信息,买方就构成了"利用"。[36] 其次,还有法院选择适用顺序标准,仍以"上海馨×房地产经纪事务所与叶×居间合同纠纷案"为例。法院认为,委托人与中介人签订的独家委托条款有效。在中介人尚未促成委托人与卖方的交易前,委托人已通过其他中介公司了解到同一房源信息,并未利用中介人所提供的房源信息和交易机会。[37] 最后,还有法院对此避而不谈,仍以"王××与济南中×房地产经纪有限公司居间合同纠纷案"为例。法院在认定事实和裁判理由中明确提及委托人与两个中介公司先后签署了有效的独家委托合同,因此根据独家委托标准可以认定委托人构成"利用";但由于本案委托人王××在中×公司介入前已经了解到房源信息,因此根据顺序标准可以认定委托人不构成"利用"。对此,法院在裁判说理部分进行了回避,并未正面处理二者的冲突关系。[38]

由此可见,在微观层面标准本身内容和适用范围模糊,在宏观层面缺乏冲突标准规范,这些都会导致在司法实践中难以形成统一的裁判方向,并不利于法律的稳定适用。

三、禁止跳单规则中"利用"认定标准的体系化建构

为了厘清法条解释层面误解、消弭争议,同时也为了促进落实法条适用、便于操作,文章将首先回溯中介合同的典型构造,试图发掘核心问题;再引入程序

---

[35] 参见上海市奉贤区人民法院(2016)沪0120民初1932号民事判决书。

[36] 参见江苏省无锡市中级人民法院(2017)苏02民终4950号民事判决书。

[37] 参见上海市奉贤区人民法院(2016)沪0120民初1932号民事判决书。

[38] 参见山东省济南市中级人民法院(2016)鲁01民终4556号民事判决书。

法中的证明责任，试图通过证明责任的再分配对中介合同中的“利用”标准重新建构，得出实务中行之有效的“利用”认定新模式。

(一)回溯中介合同的典型构造

就表面原因来看，中介行为因果关系之所以难以把握和认定，在于报酬请求权成立的结果要件对于中介人而言具有不确定性。德国学者梅迪库斯对此曾经一针见血地指出：“因为委托人最终只能与一人订立合同，而此人可由其他居间人所媒介，故每一个居间人都面临徒劳无获的风险。”[39]

更进一步，中介行为会产生如此不稳定的报酬请求权，关键还是在于中介合同的典型构造为单务有偿合同。对此，张谷认为：“有偿系从居间人方面说的，是指居间人因其报告或者媒介，导致委托人和第三人有效地缔结主合同，其对委托人有佣金请求权。单务则是从委托人方面说的，指只有委托人将来在一定条件下有佣金支付义务；所谓的‘一定条件’指基于居间人的活动(报告缔约机会或者提供媒介服务)而促成主合同的缔结。但是居间人没有必须报告或者媒介之义务，委托人对此也没有请求权。”[40]

诚然报酬请求权具有不确定性，但是这并非天然不利于中介人。中介合同的典型构造揭示了一种建构在不稳定基础上的微妙平衡：站在中介人的角度，一方面其没有必须为中介劳务的义务，另一方面其所享有的报酬请求权也并非可由自己意志支配；站在委托人角度，一方面其无法控制中介人是否勤勉为其报告机会和提供媒介服务，另一方面其对交易结果包括中介人的报酬享有最终决定权。

由此，上文所提及的“行为标准不明确”就可以归因于中介合同中松散的权利义务关系。总而言之，倘若要建构中介合同“利用”的认定标准体系，就必然面临何种规则设计能尽可能“将委托人和中介人的主观活动客观化”的难题。

(二)引入证明责任的理论基础

正如前文所述，实体法已经在禁止跳单规则中“利用”的认定标准问题上陷入了黔驴技穷的泥淖；而站在程序法的视角看，此时的认定困境符合证明责任的适用条件。证明责任是指，争议事实真伪不明时一方当事人的败诉责任。[41]

---

[39] [德]迪特尔·梅迪库斯：《德国债法分论》，杜景林、卢谌译，法律出版社 2007 年版，第 356 页。

[40] 张谷：《民法典合同编若干问题漫谈》，载《法治研究》2019 年第 1 期。

[41] 参见江伟主编：《民事诉讼法》，高等教育出版社 2007 年版，第 185 页。

这意味着假定某个结果合乎正义,是一种不得已的必要妥协。[42] 而在本文的语境下,证明责任的适用要件“争议事实真伪不明”与中介合同中“利用”的判断过程中所遇到的困境相契合:中介合同的报酬请求权由于涉及委托人的主观活动而使得中介人无法完全探析,这种横亘在主观和客观之间的鸿沟很可能使得判断委托人究竟是否“利用”了中介人信息的待证事实陷入“真伪不明”状态。

进而,证明责任强调一种裁判功能。与其试图以纷繁复杂的实体法规则把握难以觉察的委托人的主观活动,不如放弃实体法的进路,转而承认此时待证事实真伪不明,进而从证明责任分配的角度对该问题的解决方式进行重新建构。民商事纠纷的解决,需要民商事实体法与民事程序法的贯通、结合。因此,必须构建实体法和程序法之间的桥梁,在实体法的研究中充分注意其在纠纷解决程序中如何“落地”,在程序法的研究中充分注意其如何作用于实体权利的实现。

此外,证明责任还能发挥激励作用。证明责任的效益功能不仅体现在节约“显性成本”上,而且更深刻地体现在“隐性成本”的节约上,即通过合理的制度激励机制减少本来能够预防的支出(损失)。[43] 在中介合同的民商事活动中,尤其是在“利用”的认定标准上,如果能够预先确定证明责任的要求,则可以为当事人提供事前的引导和对于预防的激励,引导民众树立相关的证据意识和行为预测意识。

最后,证明责任的精细化构造有利于矫正一般原则的缺陷,实现更进一步的公正。尤其当法律关系性质不同、当事人的实际证据能力差异等因素导致风险分配失衡之时,证明责任应当呈现出多元的构造而非单一的标准。

特别值得一提的是,本文希望利用精细化构造的证明责任分配规则,试图通过程序法解决实体法上难以认定的因果关系要件难题。因此,本文中的程序法和实体法是手段和目标的关系,而非同为一个问题的两种解决思路。

(三)“利用”认定的具体模式

1. 新模式的提出

在建构新模式的过程中,首先需要类型化区分中介的不同形态。换言之,只有明确前述四种标准究竟各自适用于何种情形的中介,才能建构出一套实务

---

〔42〕 参见[日]谷口安平:《程序的正义与诉讼》,王亚新、刘荣军译,中国政法大学出版社2002年版,第3页。

〔43〕 参见霍海红:《证明责任:一个“功能”的分析》,载《华东政法学院学报》2003年第5期。

中行之有效的“利用”认定的新模式。如表 1 所示。

表 1　中介合同禁止跳单规则中“利用”的认定标准新模式

类型		中介人举证	委托人举证	备注
单人中介	报告中介	无需举证,因果关系推定	因果关系不存在(顺序标准) 因果关系中断(行为标准)	
	媒介中介	无需举证,因果关系推定	因果关系中断(行为标准)	
	混合中介	适用单人报告中介规则		
多人中介	报告中介	独家委托标准(主) 金额标准(辅) 顺序标准(辅)	因果关系不存在(顺序标准) 因果关系中断(行为标准)	标准冲突规则:独家委托标准 > 金额标准 > 顺序标准
	媒介中介	独家委托标准(主) 金额标准(辅)	因果关系中断(行为标准)	
	混合中介	适用多人报告中介规则		

为此,首先应当区分两组概念:“多人中介”“单人中介”和“报告中介”“媒介中介”。多人中介下的跳单纠纷主要指委托人通过其他中介人与第三人订立合同;单人中介下的跳单纠纷主要指委托人直接与第三人私下订立合同。结合德国法的规定,之所以要区分这两种情形,是因为在多人中介的情况下,中介行为不太可能成为“唯一的”认定原因,其原因性认定标准亦被降低为共同原因性。[44] 这同时也是对前文所述指导案例 1 号对“利用”的狭义理解的纠偏——不能在多人中介的前提下仍然以单人中介的逻辑理解“利用”。

而根据《民法典》第 961 条,报告中介是指中介人向委托人报告订立合同的机会;媒介中介是指中介人向委托人提供订立合同的媒介服务。《中华人民共和国民法典合同编释义》对此作出进一步解释:“报告中介中,与委托人签订合同的第三人是中介人介绍的;而在媒介中介中,中介人参与了委托人和第三人签订合同的谈判和协商,在委托人和第三人之间斡旋,也就是在双方的谈判中

---

〔44〕 参见汤文平:《从“跳单”违约到居间报酬——“指导案例 1 号”评释》,载《法学家》2012 年第 6 期。

起到了一定的辅助、协调作用。”[45] 汤文平根据德国法的经验总结出二者的区别:第一,报告居间更强调“实质性促成”,而媒介居间必须是“有那么一点显眼”;第二,先知抗辩仅适用于报告居间。[46] 笔者赞同其第二点总结,其第一点总结太过抽象笼统;而如下标准可能更清晰、更具有实践操作性:

(1)在多人报告中介的情形下,中介人需以独家委托标准为主、辅之以金额标准和顺序标准主张因果关系成立;委托人得以顺序标准和行为标准分别主张因果关系不存在或者因果关系中断进行抗辩。若双方举证的标准结果冲突,则适用顺位规则“独家委托标准 > 金额标准 > 顺序标准”解决。

(2)在多人媒介中介的情形下,中介人需以独家委托标准为主、辅之以金额标准主张因果关系成立;委托人得以行为标准主张因果关系中断进行抗辩。

(3)在多人混合中介的情形下,适用多人报告中介的规则。

(4)在单人报告中介情形下,中介人无需举证即构成因果关系推定;委托人得以顺序标准和行为标准分别主张因果关系不存在或者因果关系中断进行抗辩。

(5)在单人媒介中介情形下,中介人无需举证即构成因果关系推定;委托人得以行为标准主张因果关系中断进行抗辩。

(6)在单人混合中介情形下,适用单人报告中介规则。

2. 合理性证成

(1)有关“中介人的举证责任”

在多人中介的场合下,仍应以“规范说”的证明责任分配为原则。最高人民法院《关于适用〈中华人民共和国民事诉讼法〉的解释》第91条是关于举证责任分配的一般规则。《最高人民法院民事诉讼法司法解释理解与适用(上)》一书中曾明确表示:“本条司法解释的理论根据是法律要件分类说中的规范说的理论”。规范说认为,原告对权利产生规范的要件事实承担证明责任,被告对权利妨碍规范、权利消灭规范和权利排除规范的要件事实承担证明责任。[47] 由此可见,根据规范说,中介人需要对其报酬请求权产生的要件事实(其中包含“因果

---

[45] 参见黄薇主编:《中华人民共和国民法典合同编译义》,法律出版社2020年版,第983页。

[46] 参见汤文平:《从“跳单”违约到居间报酬——“指导案例1号”评释》,载《法学家》2012年第6期。

[47] 参见[德]莱奥·罗森贝克:《证明责任论》,庄敬华译,中国法制出版社2018年版,第333页。

关系”）承担证明责任。另外值得注意的是，在典型的中介合同范式中，中介人没有必须为中介行为的法定义务。倘若其在多人中介中主张成立因果关系要件，则需以积极的行动外显并达到一定的程度，以此区别于消极不作为的放弃提供中介服务的状态。因此，多人中介场合下要求中介人承担举证责任实则为了再次调整利益天平的指针，有利于督促中介人更为勤勉忠诚地提供高质量服务。

而在单人中介情形下，不论是报告中介还是媒介中介，只要客观上委托人最终与第三人缔约，则构成对“规范说”的突破，对“利用”进行因果关系推定。主要理由有以下两点：第一，立足于单人中介行为的性质。中介合同的法定范式是导致因果关系认定困难的根源，即中介人无法涉足并且直接控制委托人主观的缔约抉择；此时，倘若按照一般的证明责任分配规则，则会使得中介人难以有效举证中介行为是否足以导致委托人作出缔约决策。区别于多人中介，单人中介由于只介入了一个中介人的原因性贡献，采用因果关系推定则更为妥当和经济。第二，着眼于制度的激励机制。现有的证明责任分配规则在一定程度上是对委托人实施跳单行为的纵容和默许；而“推定因果关系成立”则能起到纠偏作用，预防可能给已经提供服务的中介人带来的损失，并抑制委托人道德风险的发生。

（2）有关“委托人的抗辩事由”

前文所提及的因果关系推定，其实质是在“三段论”的证明结构中填补了大前提和小前提之间的逻辑空隙——只要中介人证明了符合上述标准的既知事实（小前提），法律就直接推定符合中介行为的构成要件（小前提和大前提构成弥合），据此推导出报酬请求权成立（结论）。显然，立法者设立该推定的目的在于减轻或者免除当事人的举证困难；但由于推定的事实未必为真，因此在单人中介情形下，允许委托人以特定事由进行抗辩也是当然之理。至于多人中介，委托人和中介人得各自提出有利事实，允许委托人提出抗辩无需赘言。

就委托人抗辩的内容和逻辑层次而言，委托人能够利用“顺序标准”等事由主张因果关系自始不存在；也能够利用“行为标准”等事由主张因果关系中断。进一步回应了前文“行为标准”和“顺序标准”引发的争议。首先，“行为标准”和“顺序标准”都具有各自独特的合理性基础，可以作为委托人抗辩的理由之一。其次，对这两个标准的定位应当采用“菜单式”——并不考虑这两个标准对具体个案因果关系认定的实际论证能力，但在立法时肯定其在裁判时能够成为论证理由，并交由法官在个案中进行裁量。

针对“行为标准”的第一个问题“解除中介合同后，中介人能否得主张委托人的违约责任”,应当持肯定意见。第一,否定意见将大大提高委托人的道德风险;实践中必然会出现大量委托人以“解除”为名行“跳单”之实的案例,构成委托人的权利滥用。第二,肯定意见与前文所述因果关系推定的逻辑相适洽。因果关系推定本身即为法律拟制,并不要求背后拥有法律关系的基础,故“解除中介合同后已经没有报酬请求权”的理由不攻自破。

针对“中介人未能办理资金监管手续、也未能打印网签合同,能否取得报酬请求权”的问题,应当大致赞同中介人能取得部分报酬请求权的观点,但仍需要结合具体案情分析。既然买卖合同交易双方已经进入了办理资金监管手续和打印网签合同的流程,那就意味着中介人已经实质促成交易双方缔约,有权请求报酬;但至于为何未能协助双方办理履行手续,值得法院进一步纳入考量范围。倘若是由于委托人的恶意阻挠而未能办理成功,则可根据《民法典》第159条“视为条件已经成就”,中介人取得完整的报酬请求权。倘若是由于中介人未能积极履约,则应当按照公平原则取得实际付出的劳务所对应的部分报酬。

(3)有关标准冲突规则

由于媒介中介情形不适用“顺序标准”,因此只有在多人报告中介场合,才有可能面临中介人举证“独家委托标准”“金额标准”而委托人举证“顺序标准”的标准冲突问题。对此,可以适用顺位规则“独家委托标准>金额标准>顺序标准”加以解决。仔细分析上述三者,会发现其之所以能够成为度量的标准,分别根源于“具体合同的法律约束力”、“人的普遍经济理性”和“信息客观存在过的事实”。三种来源逐步从具象人格变为抽象经验,约束力也相应减弱。因此,应当赋予三者不同约束强度,并以顺位的形式加以固定,以便在实践中统一适用。

另外,现实生活中的中介合同一般为报告中介和媒介中介的混合体:中介人既报告订立合同的机会,又周旋于委托人和第三人之间力图促成交易达成。针对该混合合同的规则适用问题,应当“就繁不就简”——只有适用较为复杂的报告中介规则,才能应对混合中介里的报告中介因素。

结　语

《民法典》第965条以“利用”二字简要概括了委托人的缔约行为与中介人的中介行为存在因果关系,这种模糊的立法选择在未来必然面临“如何解释”和“如何适用”的问题。然而,现行各级法律规范性文件中包含了对“利用”或狭义或广义的双重矛盾理解;司法实践中也出现了“独家委托标准”、“金额标准”、“顺序标准”和“行为标准”等不同裁判角度。

为了厘清误解和便于操作，可以从中介合同“单务有偿”的典型构造出发，结合德国法经验，重新梳理上述四种标准并进一步明确。“独家委托标准”旨在以法律外观锁定中介行为之结果，重点判断独家委托条款的有效性。“金额标准”旨在以经济理性判断委托人的主观活动，若案涉中介佣金与本约价格高于委托人最终缔约费用，则可能构成“利用”。“顺序标准”旨在以信息的事先存在推定行为价值，着重考虑委托人是否通过中介人首次获取房源信息。“行为标准”旨在给予委托人抗辩的机会，强调若中介人未能按照约定履行合同义务，则只能得到相应的报酬，甚至可能不构成“利用”。而针对标准之间可能造成的冲突问题，可以从各标准的拘束力来源入手，按照从具象到抽象的顺序，设置相关顺位规则。更进一步，中介合同可以按照“多人中介”“单人中介”和“报告中介”“媒介中介”的分类两两组合，并通过类型化的证明责任分配方式，建构“利用”认定新模式。

国际法治

后 TRIPS 时代国际知识产权执法：趋势、法理、应对[*]

李加兰[**]

摘要：

随着国际知识产权保护进入后 TRIPS 时代，知识产权执法体制领域逐渐成为发达国家实现知识产权最大化的修罗场。国际执法标准呈现出执法规范愈加精细化、更加强调对公权资源的占用以及权利救济与程序保障的失衡等一系列特征。量化分析之后发现"TRIPS-plus"趋势不可逆转，但同时也存在向下协调的动向。这一现状是发达国家"统一"修辞下的"最大化"目标、知识产权向上棘轮效应以及国际力量多元化等多种因素共同作用的结果。在此背景之下，中国应当充分发挥大国作用，积极构建知识产权话语联盟，积极参与国际执法规则制定，总结中国执法实践中的有益经验形成适合自身国情发展的执法规则范本，重新定义执法概念。

关键词：

后 TRIPS 时代；国际知识产权执法；国际知识产权条约

引　言

《与贸易有关的知识产权协定》(Agreement on Trade-Related Aspects of Intellectual Property Rights，TRIPS)最引人注目的一点就是首次规定知识产权执法规则的国际最低标准并增加国际争端解决机制，将旧体制下知识产权国际规范的"软法"变为"硬法"。但仍有一些评论员认为"执行条款是作为广泛的法律标准而不是狭义的规则制定的，其固有的模糊性使得争端解决机构或调解人

* 本文受重庆知识产权保护协同创新中心项目(批准号 20IP006)资助。

** 西南政法大学民商法学院知识产权专业 2019 级硕士研究生。

很难认定何种行为属于违反国际法”。[1] 甚至有学者直言 TRIPS 协定中的执法条款是其“致命的弱点”[2]。也正是因为此种论调的存在,加之发达国家在诸多问题上未能达到预期谈判效果,由此催生了执法体制高水准化的需求,“TRIPS-plus”造法运动应运而生并在执法规范领域掀起一场新的腥风血雨。

“TRIPS-plus”是指在后 TRIPS 时代所展现出来的知识产权保护标准的不断提升、执法机制的不断强化以及国际条约实施弹性空间的不断压缩等一系列复合特征。在这一阶段,发达国家将知识产权最大化的修罗场逐渐由知识产权保护标准领域转移至知识产权执法体制领域。然而,知识产权问题不仅是一国内政问题,更关乎知识产权国际秩序的重建与完善,是国际关系问题的重要切入点和着力点。因此,从现有国际立法文本中探索出国际知识产权执法标准的发展趋势,并根据这一趋势提出应对措施是我们当前应当解决的重要课题之一。

一、几大重要国际知识产权条约中的执法规则变化分析

(一)后 TRIPS 时代国际知识产权执法体制形成背景

自 TRIPS 协定签订以降,国际知识产权保护的高标准框架即已形成。虽然美国已经成功将本国知识产权范式推广至世界范围内,但为了持续推进知识产权最大化战略,以美国和欧盟为主体的知识产权最大化支持者采取“场所转移”[3]的

---

[1] See J. H. Reichman and David Lange, *Bargaining Around the TRIPS Agreement: The Case for Ongoing Public-Private Initiatives to Facilitate Worldwide Intellectual Property Transactions*, Duke Journal of Comparative & International Law 9, 1998, p. 24.

[2] See Peter K. Yu, *TRIPS and Its Achilles' Heel*, Journal of Intellectual Property Law 18, 2011, p. 482.

[3] “场所转移”(forum shifting)也称“体制转移”,最早由著名学者 Laurence R. Helfer 教授所提出。国际知识产权保护体制中的“体制转移”是指国家和非国家行为者出于诸多原因将立法倡议从一个国际地点转移到另一个国际场所的国际造法尝试活动,包括由多边向双边转移的“横向体制转移”以及由某一国际组织向另外一个国际组织转移的“纵向体制转移”两种模式。“体制转移”策略的表现形式主要有以下三种:从一个论坛转移至另外一个论坛、抛弃某一劣势论坛或者将某个议题同时放置在几个论坛中。例如,后 TRIPS 时期,以美国为首的发达国家为了推行知识产权最大化战略从 WTO 这一多边场所转移至双边条约、诸边协定或者区域性自贸协定等场域,这种国际活动可称为知识产权国际保护体制的“场所转移”。See Laurence R. Helfer, *Regime Shifting: The TRIPS Agreement and New Dynamics of International Intellectual Property Lawmaking*, Yale Journal of International Law 29, 2004, p. 13 – 14; Susan K. Sell, *Cat And Mouse: Forum-Shifting in the Battle over Intellectual Property Enforcement*, https://ipgovernance.eu/conferences/2009APSAToronto/Sell_APSA2009_Cat_and_Mouse.pdf, June 18, 2021.

方式,形成了由美欧域内法、双边协定及区域性贸易协定以及原本不相关的国际组织等组成的“多点攻取”的执法战略布局,制定了一个多层次的“TRIPS-plus”执法机制进攻策略,不断开发新的国际平台以推动知识产权执法议程的持续向前迈进。

就美欧域内而言,美国以其擅长挥舞的“337 条款”以及“特别 301 条款”这两个“大棒”作为单边制裁的重要手段,并在国内通过《优化知识产权资源和组织法案》(PRO-IP 法案)持续强化国内执法力度;欧盟通过发布《知识产权执法指令》(2004/48/EC 指令)以及《关于针对涉嫌侵犯特定知识产权的海关执法行为及针对侵权货物的处理措施条例》(1383/2003 号条例)这两项重大规范以进一步拔高欧盟内部执法标准。[4]

就国际条约而言,知识产权高标准执法体制则是由知识产权诸边协定以及诸多巨型自贸协定共同构成。《反假冒贸易协定》(Anti-Counterfeiting Trade Agreement,ACTA)的出现标志着国际知识产权制度由静态的立法标准的制定向着动态的执行深度推进。《全面与进步跨太平洋伙伴关系协定》(Comprehensive and Progressive Agreement for Trans-Pacific Partnership,CPTPP)系《跨太平洋伙伴关系协定》(Trans-Pacific Partnership Agreement,TPP)的延续,其关于知识产权执法条款之规定颇具美国化风格。[5]《区域全面经济伙伴关系协定》(Regional Comprehensive Economic Partnership,RCEP)是由东盟与中、日、韩、澳、新西兰所共同构架的一个超大型综合性区域自由贸易协定,这一协定中所规定的知识产权执法规则同样是在经历了漫长的利益博弈后达成的。

此外,发达国家还通过“择地兜售”的方式选择性地将执法议程转移至某些国际组织。例如,为保障缔约国适应 TRIPS 协定中关于边境执法的要求,世界海关组织(WCO)制定了《公正有效执行 TRIPS 边境措施的国内立法示范条例》《关于海关统一知识产权执法的临时标准》(SECURE);世界卫生组织(WHO)成立了国际药品打假工作小组(IMPACT);万国邮政联盟(UPU)出炉了《通过邮政方式发送假冒盗版物品的 40 号决议》;[6]国际刑警组织(ICPO)将假冒商

---

〔4〕 参见廖丽:《国际知识产权新趋势——TRIPS-Plus 知识产权执法研究》,中国社会科学出版社 2015 年版,第 67 ~96 页。

〔5〕 参见丛立先:《〈跨太平洋伙伴关系协议〉知识产权谈判对我国的影响及其应对策略》,载《国际论坛》2014 年第 5 期。

〔6〕 参见李轩、[阿根廷]卡洛斯 · M. 柯莱亚主编:《知识产权实施:国际视角》,李轩、张征等译,知识产权出版社 2009 年版,第 7 ~8 页。

品与资助恐怖主义联系起来。[7] 通过强化对执法规范的多方位部署,发达国家布下了一个全面提升知识产权执法标准的“天罗地网”。

(二)构建量化分析模型及执法发展趋势分析

国际知识产权执法体制是由双边、区域、多边国际条约为基本形式,以政府间国际组织为协调机构,通过对各国国内知识产权法律进行协调而形成的相对统一的国际法律制度。因此,分析执法规则的变化趋势可从多维度进行探索,而本文则主要选取了几个比较有代表性的国际条约,以其文本内容为基础展开对比量化分析,包括充分体现发达国家利益的 ACTA,彰显美国知识产权范式的 CPTPP 以及在某种程度上更能体现利益平衡的 RCEP。

1. 基于文本对比初探国际知识产权条约执法水平指标体系模型构建

国际知识产权执法规范总体变化趋势背后的具体特征则可通过构建一个量化模型进行细化分析。本文拟选取 TRIPS、ACTA、CPTPP 和 RCEP 这几个较为典型的国际条约作为量化研究的素材,[8] 着重对各个执法措施进行对比研究,从中提炼出执法规则变化趋势及具体特征,为后续分析原因以及中国的应对措施奠定基础。

总体而言,量化模型的满分为 6 分,包括 6 项一级指标,每一项一级指标为 1 分。同时一级指标下设二级指标,根据每个一级指标内含要素的不同包含 2~5个二级指标不等。一级指标项下的二级指标的总和为 1 分,每项二级指标的分数为 1/(同一个一级指标项下二级指标个数)。需要注意的是,如果二级指标之后带有括号并标明几个具体内容,则每个括号内的小指标视为三级指标,其分数计算仍是上一级指标的平均分。这样设置的目的在于提高量化分析的精确度。

根据所建立的表格逐一比对相应文本,并统计得分,形成最终的量化得分表。总体而言,量化得分越高,则说明文本所体现的知识产权执法规范愈加严格,执法保护水平越高。

---

[7] 参见薛虹:《十字路口的国际知识产权法》,法律出版社 2012 年版,第 120 页。

[8] 文本来源:TRIPS 协定,载 http://ipr.mofcom.gov.cn/zhuanti/law/conventions/wto/trips.html,2021 年 3 月 17 日最后访问;ACTA 协定:参见朱秋沅:《反假冒贸易协定》,载《上海海关学院学报》2011 年第 1 期;CPTPP,载 http://www.mofcom.gov.cn/article/zwgk/gkbnjg/202101/20210103030014.shtml,2022 年 5 月 25 日最后访问;RCEP,载 http://fta.mofcom.gov.cn/rcep/rceppdf/d11z_cn.pdf,2021 年 3 月 17 日最后访问。

2. 指标变量选取及赋值

本文研究目的在于通过一种可测量化的方式反映后 TRIPS 以来知识产权国际文本中执法规则的变化特征,并以此为基础观测出知识产权国际执法标准的演变趋势。在测量知识产权保护(IPP)水平方面,目前国外运用较为广泛的方式当属 Ginarte-Park 方法[9]。但这种方法存在这样一个问题:第四个要素“执法措施”的下级指标侧重于专利权方面,包括“专利侵权的诉前禁令”“专利侵权的连带责任”“专利侵权人举证责任”三个指标,因此从这一角度而言,Ginarte-Park 方法在“执法措施”指标构建时以专利权执法代替整个执法措施评价的做法具有一定的片面性。而国内关于知识产权保护水平的测量方法包括:韩玉雄—李怀祖测量法[10]、许春明—陈敏测量法[11]以及姚利民—饶艳测量法[12]等,但这些更多是从知识产权实施状况这一动态角度测评的,而本文则期望从国际条约这一静态制度供给角度对比出执法标准的变化趋势。

因此,在统筹包括 TRIPS 在内的四个国际条约中的执法措施以后,本文提炼出关于具体执法措施的最低公分母,同时借鉴了王黎萤等学者的研究方法,将知识产权规则执法深度下分为“一般义务”“民事执法措施”“临时措施”“边境执法措施”“刑事执法措施”“数字环境下的执法措施”这六大类。[13] 其中每一类根据执行措施类型的不同分别形成相应二级指标,由此建立起完整的一级指标和二级指标模型。具体量化指标及得分见表 1、表 2、表 3。

---

[9] Ginarte J. C. and Park W. G., *Determinants of Patent Rights: A Cross-national Study*, Research Policy 1997, p. 285. 文章将知识产权保护水平具象为五个方面:(1)保护的覆盖范围;(2)是否为国际条约的成员;(3)权利丧失的保护;(4)执法措施;(5)保护期限。

[10] 参见韩玉雄、李怀祖:《关于中国知识产权保护水平的定量分析》,载《科学学研究》2005 年第 3 期。

[11] 参见许春明、单晓光:《中国知识产权保护强度指标体系的构建及验证》,载《科学学研究》2008 年第 4 期。

[12] 参见姚利民、饶艳:《中国知识产权保护的水平测量和地区差异》,载《国际贸易问题》2009 年第 1 期。

[13] 参见王黎萤等:《RCEP 知识产权议题:谈判障碍与应对策略——基于自贸协定知识产权规则变革视角的分析》,载《国际经济合作》2019 年第 4 期。

表1 知识产权国际执法标准测量指标

一级指标	二级指标(是否包含及包含几个)
1. 一般义务(1分)	(1)执法信息的公开;(2)版权存续的推定方面提出额外的要求;(3)扩大执法措施的适用范围(0.33分/个)
2. 民事执法措施(1分)	(1)禁令适用扩张至第三人;(2)采取宽泛的计算损害赔偿模式;(3)惩罚性赔偿制度的适用(民事、刑事);(4)销毁侵权商品常态化、模式化(0.25分/个)
3. 临时措施(1分)	(1)要求迅速处理不听取对方当事人陈述的救济请求;(2)删除对侵权人的程序性保障(0.5分/个)
4. 边境执法措施(1分)	(1)增加边境措施的贸易环节(出口、转运);(2)增加可适用边境措施的侵犯知识产权类型;(3)商品侵权判定门槛降低(0.33分/个)
5. 刑事执法措施(1分)	(1)明确界定"商业规模"降低刑事程序适用门槛(规定但不明确分数折半);(2)规定主管机关可以依职权主动发起法律行动;(3)影院偷摄版权影音制品、商业秘密入刑(0.33分/个)
6. 数字环境下的执法措施(1分)	(1)TPMs和RMI保护;(2)民事、刑事执法措施适用于数字环境下商标和版权侵权(未具体规定分数折半)(0.5分/个)

表2 TRIPS、ACTA、CPTPP、RCEP文本中执法水平统计

编号	评价指标、主要文本	TRIPS	ACTA	CPTPP	RCEP
1	一般义务	—	—	—	—
1.1	执法信息的公开	0.33	0.33	0.33	0.33
1.2	版权存续的推定方面提出额外的要求	0	0	0.33	0.33
1.3	扩大执法措施的适用范围	0	0.33	0.33	0.33
—	小计	0.33	0.66	1	1
2	民事执法措施	—	—	—	—
2.1	禁令适用扩张至第三人	0	0.25	0.25	0
2.2	采取宽泛的计算损害赔偿模式	0	0.25	0.25	0.25
2.3	惩罚性赔偿制度的适用(民事、刑事)	0	0.12	0.25	0
2.4	销毁侵权商品常态化、模式化	0	0.25	0.25	0.25
—	小计	0	0.87	1	0.5
3	临时措施	—	—	—	—
3.1	要求迅速处理不听取对方当事人陈述的救济请求	0.5	0.5	0.5	0.5
3.2	删除对侵权人的程序性保障	0	0.5	0.5	0

续表

编号	评价指标、主要文本	TRIPS	ACTA	CPTPP	RCEP
—	小计	0.5	1	1	0.5
4	边境执法措施	—	—	—	—
4.1	增加边境措施的贸易环节(出口、转运)	0	0.16	0.33	0
4.2	增加可适用边境措施的侵犯知识产权类型	0	0.33	0.33	0
4.3	商品侵权判定门槛降低	0	0.33	0.33	0.33
—	小计	0	0.82	1	0.33
5	刑事执法措施	—	—	—	—
5.1	明确界定"商业规模"降低刑事程序适用门槛(规定但不明确分数折半)	0	0.16	0.33	0.16
5.2	规定主管机关可以依职权主动发起法律行动	0	0.33	0.33	0.33
5.3	影院偷摄版权影音制品、商业秘密入刑	0	0	0.33	0
—	小计	0	0.49	1	0.49
6	数字环境下的执法措施	—	—	—	—
6.1	TPMs 和 RMI 保护	0	0.5	0.5	0.5
6.2	民事、刑事执法措施适用于数字环境下商标和版权侵权(未具体规定分数折半)	0	0.5	0.5	0.25
—	小计	0	1	1	0.75
—	总计	0.83	4.84	6	3.57

表 3　TRIPS、ACTA、CPTPP、RCEP 执法规则量化总得分

国际协定名称	TRIPS	ACTA	CPTPP	RCEP
得分	0.83	4.84	6	3.57

二、国际条约中的执法标准规则发展趋势及变化特征

根据上文对几大典型国际条约中的执法文本的解读以及量化分析可以明显感知,在后 TRIPS 时期国际执法标准总体上呈现递增趋势,即"TRIPS-plus"趋势。但值得注意的是,这种递增变化并非一味上扬,而是在后期呈现一定波动,在达到一个高值之后趋于和缓化的递增。

(一)国际执法标准变化总趋势:“TRIPS-plus”趋势不可逆

自TRIPS签订以来,国际知识产权执法规范不论是在数量上还是在立法标准上都呈现突飞猛进的势头,这种趋势在发达国家的操纵之下变得尤为明显。ACTA和CPTPP两大国际条约掀起了执法高标准的风潮并将这一标准推向一个前所未有的新高度,至此,执法标准达到一个新高度,国际知识产权执法规则的变化呈现“超TRIPS”走向已然成为不争的事实。

但需要注意的是,执法标准的变化过程中也存在一定幅度的波动。在发达国家活跃于国际舞台之际,欠发达国家以及非政府间国际组织等力量的崛起也为国际力量增添了一抹新的色彩。在发展中国家、非政府间国际组织、消费者联盟等多元力量的影响之下,国际执法谈判桌上不再是只有发达国家的一家之言,而是开始出现更多不同声音。在这种抗衡局势的影响之下,执法标准的“超TRIPS”趋势稍显放缓。概言之,国际执法领域的“TRIPS-plus”趋势已然不可逆,但在新兴势力的影响下同样存在对“TRIPS-plus”趋势的修正。

(二)国际知识产权执法标准变化特征

相较于TRIPS协定中的执法措施而言,ACTA、CPTPP、RCEP总体上在关于“民事执法措施”、“临时措施”、“边境执法措施”、“刑事执法措施”以及“数字环境下的执法措施”等几大执法措施规定层面上,呈现出执法条款内容逐渐增加、执法标准不断跃升、公权资源占用明显、实体救济与程序保障逐步失衡的多样态势。

1. 执法规范愈加精细化、严密化

从ACTA、CPTPP以及RCEP执法条款数量以及内容来看,知识产权执法措施正在逐年增加,国际执法体制向精细化、严密化方向迈进。TRIPS协定是目前国际上关于知识产权执法规范所形成的最大共识,但这也仅仅是国际知识产权保护的“地板”,而非“天花板”。与之后所形成的执法规范文本相比,TRIPS协定中的执法规范是相对宽泛性、原则性的,它给予缔约国足够空间以确保其能够满足TRIPS的最低限度义务。ACTA作为一项专门的知识产权执法规范其条款内容之丰富自不必说,而CPTPP作为一项综合贸易协定,执法条款占据整个文本的半壁江山,可见执法规范的重要地位。

就具体的规则而言,在民事执法领域,ACTA和CPTPP明显扩大禁令和临时措施的适用范围,并对损害赔偿计算方式进行了增加和细化;在边境执法领域,增加了可适用的贸易环节并扩大海关主管机构的执法职权,降低对侵权证据的证明要求;在刑事执法层面,扩大刑事制裁的范围,降低知识产权入刑门槛。

除涵盖传统的执法领域外,ACTA和CPTPP以及RCEP还增加了数字领域的执法措施[14],执法强度得到空前强化。ACTA 第二章第五节专节规定了数字环境下的执法规范;而 CPTPP 作为 ACTA 的升级版也不甘落后,在第 18.81 条、第 18.82 条规定了在互联网领域的执法保护措施;RCEP 同样在第十一章第十节"知识产权权利的实施"的第五小节"数字环境下的执法"中做出了相应的规定。与前两项条约不同,RCEP 仅用了一个条款对其做了概括性的规定。

2. 知识产权执法标准不断攀升

知识产权执法标准的明显提升是 ACTA、CPTPP 甚至后来的 RCEP 所折射出的共性。相对于后 TRIPS 时代知识产权国际条约以及自由贸易协定(FTAs),TRIPS 协定中关于执法规则的文字表达是原始的、有限的、不充分的,而 ACTA 和 CPTPP 更倾向于"救济的及时性"以及"对未来侵权行为的威慑性"。这无疑体现出 ACTA、CPTPP 及 RCEP 中的知识产权执法保护标准更加严格。

由于发达国家并不满足于 TRIPS 协定所形成的国际执法秩序,于是它们便通过连续几轮强有力的场所转移,长期协同推动其"TRIPS-plus"执法战略实施。对于知识产权保护最大化的支持者而言,不论是双边条约还是 FTAs,都是其不断向国际社会兜售其高标准的知识产权保护规范的工具。这种知识产权工具价值在 ACTA 和 CPTPP 执法条款中表现尤为明显。CPTPP 在很多方面回应了 ACTA 的相应规定,甚至在执法标准的制定上更加激进。具体表现为:第一,海关执法贸易环节由"进出口"扩张为"进出口 + 转口";第二,惩罚性赔偿制度之适用由"刑事领域"扩张至"刑事 + 民事"双重领域;第三,刑事领域中的"商业规模"概念界定直接扩张;第四,关注的执法问题更加广泛,电影院内偷摄版权影音制品、商业秘密保护问题等均纳入其中。[15] 甚至有学者戏称 ACTA 是 TRIPS 2.0 版本,而作为 CPTPP 前身的 TPP 则是 TRIPS 3.0 版本,其保护标准的跃升可见一斑。[16]

3. 愈加强调对公权资源的占用

国际执法规则变化的另一特征表现为知识产权执法成本开始由个人向公

---

〔14〕 数字执法内容可以详见《反假冒贸易协定》第二章第五节"数字环境下的知识产权执法";《跨太平洋伙伴关系协定》第十八章第 18.68 条、第 18.69 条以及 J 节"互联网服务提供商"一节内容;《区域全面经济伙伴关系协定》第十一章第十节第五小节"数字环境下的执法"。

〔15〕 参见余楠:《国际法与国际关系视野下〈跨太平洋伙伴关系协定〉(CPTPP)知识产权谈判》,法律出版社 2016 年版,第 125 ~ 126 页。

〔16〕 See Susan K. Sell, *TRIPS Was Never Enough: Vertical Forum Shifting, Ftas, Acta, and Tpp*, Journal of Intellectual Property Law 18, 2011, p. 455.

众转移。举例言之,ACTA直接体现出“权利人不告不理的海关被动性保护向可依职权进行侵权查处的扩大保护”的转变过程;就边境措施而言,海关保护的适用对象范围由原来TRIPS协定下仅适用于版权和商标侵权扩大至除专利权和未披露信息外的全部知识产权领域,这意味着海关主管部门的权力得到进一步扩大。而在刑事执法领域,相较于ACTA,CPTPP似乎更加偏好启用刑事措施,这种偏好体现在惩罚性赔偿制度适用的普遍性、在刑事救济措施中对“商业规模”的明确规定等具体方面。除此之外,国际知识产权执法规则还鼓励私人化执法措施的推行以最大限度地保障权利人的自身利益。总体而言,执法规范在民事制裁、海关职权以及刑事处罚等领域的异军突起凸显了对公权资源的霸道占用和强烈依赖。[17]

但就知识产权的本质而言,根据TRIPS的明文规定,知识产权属于私权。因此对于私权的保护应当更多着眼于私权救济方式而非占用过多的公共资源。正如有学者所指出的那样,ACTA致力于制定新的国际知识产权新标准,而忽视了其本来的目标。[18] 实际上,执法措施的强化本身就是建立在一个颇具争议的概念——知识产权之上,它将私权加诸在公共利益之上,私权的极致强化甚至滥用毋庸置疑地挤占了社会福利空间,这一点不论是经济学家还是法律学家都是予以强烈谴责的。[19] 并且“知识产权实施的主要责任及成本应由政府承担”这一倾向本身就是一种误认。[20] 对公有资源的不合理侵占将会引发某种结构性矛盾的凸显:对知识产权执法资源的倾斜必然会导致对其他公共领域执法资源的剥夺,而将执法资源更多配置在知识产权领域对于大多数发展中国家而言都将会是一个难以接受的方案。[21]

---

〔17〕 See Margot Kaminski, *The Origins and Potential Impact of the Anti-Counterfeiting Trade Agreement* (*Acta*), Yale Journal of International Law 34, 2009, p. 252.

〔18〕 See Peter K. Yu, *Six Secret* (*and Now Open*) *Fears of ACTA*, SMU Law Review 64, 2011, p. 1085 – 1086.

〔19〕 参见[美]苏珊·K. 塞尔:《私权、公法——知识产权的全球化》,董刚、周超译,中国人民大学出版社2008年版,第13页。

〔20〕 参见李轩、[阿根廷]卡洛斯·M. 柯莱亚主编:《知识产权实施:国际视角》,李轩、张征等译,知识产权出版社2009年版,第20页。

〔21〕 See Sean M. Flynn et. al., *The U. S. Proposal for an Intellectual Property Chapter in the Trans-Pacific Partnership Agreement*, American University International Law Review 28, 2012, p. 185.

4. 权利救济与程序保障的失衡

国际知识产权执法体制的又一显著特征是权利救济的详细化与侵权人程序性救济措施的简单化之间形成极大的失衡。TRIPS 包含许多保障被告权益的保障措施。然而,令人不安的是,这些保障措施在最近的国际知识产权文本中正一步步地被强保护规则所吞噬,呈现逐渐“隐身”之态势。国际知识产权执法秩序可能面临失去 20 世纪 90 年代建立的来之不易的平衡之风险。[22] 其背后的原因在于:知识产权最大化支持者天然地站在权利人的立场参与执法谈判,他们极尽可能地包装并推广权利人强保护诉求,极度追求打造“TRIPS-plus”国际执法规则。他们不断将执法规范往发达国家的知识产权执法标准靠拢,将原本 TRIPS 协定中用于保持权利人与义务人之间微妙平衡的例外和限制条款有意删去,并将其解释为“维护权利人利益,打击盗版和假冒行为的必要之举”。显然,不论是 ACTA 还是 CPTPP 对于执法措施方面的规定都是十分全面并且详细的,但对于侵权主体的程序性保障规定则谈及甚少甚至直接闭口不谈。例如,ACTA 和 CPTPP 绕过了 TRIPS 所建立的平衡机制,打破了 TRIPS 所维持的利益双方之间的平衡性。前者中关于侵权人的程序性救济条款所剩寥寥无几。例如,ACTA 作为一项国际知识产权执法专门条约,在开篇序言中明显缺乏关于“合理使用”或“限制和例外”的介绍性语言;在其第三节关于边境执法措施的规定中甚至直接删除向侵权人发出通知的程序性规定,并不动声色地取消了当事人申请听证、复议等程序性救济措施。

正如有学者所指,国际知识产权执法体制正呈现出利益衡平原则弱化乃至阙如的势头。具体表现为执法程序中比例原则的不足、强调保障权利人维权的便捷性而忽视对侵权人或社会公众施加的义务以及对过渡期条款保留的限制等。[23]

三、国际执法标准变化趋势的形成机制

整体而言,知识产权国际执法标准呈现出不断攀升的态势,但在其变化的中后期由于南北国家相互磋商碰撞导致执法规则强度出现一定的回调。换言

---

〔22〕 See Kimberlee Weatherall, *Safeguards for Defendant Rights and Interests in International Intellectual Property Enforcement Treaties*, American University International Law Review 32, 2016, p. 215.

〔23〕 参见易继明、初萌:《后 TRIPS 时代知识产权国际保护的新发展及我国的应对》,载《知识产权》2020 年第 2 期。

之,本文认为,知识产权国际执法标准并非单纯地呈现"TRIPS 递增"趋势,但是也不会呈现"TRIPS 递减"趋势,而是在国际各大政治力量的相互博弈过程中呈现迂回式递增趋势。而这种趋势的形成原因则是复杂多元的:发达国家"统一"修辞下掩盖着"知识产权最大化"的实质;多个国际条约叠加形成知识产权棘轮效应;多元化力量下塑造出一个抗衡机制。

(一)"统一"修辞话语下的"最大化"实质

推动国际知识产权规范实现最大限度的"统一"实际上是利益既得者的一种话术:当破除全球贸易壁垒、推动贸易自由化成为国际贸易高举的一面旗帜之后,规则制定的灵活性就不得不让位于在道德高位上的"统一"。有美国学者直言不讳地指出,当面对较低但和谐的保护与更高但不和谐的保护之间的选择时,一贯以来寻求"统一"目标的国家和行业组织会选择后者。[24] 具言之,为了在世界范围内攫取更广泛的利益,知识产权最大化的支持者通常会呼吁在全球伙伴关系中形成"共同牺牲"精神,以"确定性""效率""降低贸易壁垒"为说辞,为其勾勒出一个"实现创新和获得技术"的贸易目标。然而,统一叙事是一个神话。协调只能解释国际知识产权法发展的某些属性,甚至这些属性通常也由知识产权保护的最大化解释。

国际法与国内法最大的区别在于,前者需要国际社会成员自觉遵守,而后者则由国家公权力来保障实施,TRIPS 框架下的国际知识产权规范亦依赖于主权国家的合作遵守,但欠发达国家对于国际标准的灵活性运用往往被发达国家视为通往"法治"道路上的结构性阻碍。[25] 因此发达国家试图将执法规范的弹性空间予以抹杀并制定"一刀切"式的规则,他们一再忽视欠发达国家为改善国内知识产权制度所付出的高昂代价,罔顾发展中国家文化背景、社会进程、经济发展等综合因素,对当地有限的经济和技术发展条件视而不见、麻木不仁。我们应当承认,在不同发展水平的国家,知识产权法律不应相同。[26] 回顾知识产权国际化的进程,在全球化时代的表现即是各国决定其国内知识产权保护水平

---

〔24〕 See Sarah R. Wasserman Rajec, *The Harmonization Myth in International Intellectual Property Law*, Arizona Law Review 62, 2020, p. 735 – 736.

〔25〕 See J. H. Reichman and David Lange, *Bargaining Around the TRIPS Agreement: The Case for Ongoing Public-Private Initiatives to Facilitate Worldwide Intellectual Property Transactions*, Duke Journal of Comparative & International Law 9, 1998, p. 18.

〔26〕 See Kimberlee Weatherall, *Intellectual Property in the Tpp: Not "The New TRIPS"*, Melbourne Journal of International Law 17, 2016, p. 285.

的自主权范围大幅度缩减。[27]

(二)国际知识产权向上棘轮效应

知识产权最大化的支持者通过场所转移的策略推动全球知识产权保护产生向上棘轮效应,有计划地抬升执法标准。[28] 这是国际执法体制演变成如今这种局势的重要因素之一。

不得不说,国际知识产权的某些制度确实构建出一个对发达国家颇为有利的法律框架,它使得欧美等发达国家可以通过场所转移策略将国际知识产权协商机制由多边平台转移至双边协定或区域性自贸协定中,通过"以线带面"的方式首先在形成共识的国家间达成区域性协定,在此基础上通过"制度溢出效应"的影响辐射至贸易关系密切国家。简言之,这种溢出效应就是通过国际贸易规则中的最惠国待遇原则、国民待遇原则以及临时措施、临时禁令等多方措施对其他虽未加入区域协定但属于 WTO 的成员方所产生的外部性。[29]

国家发展的不同阶段以及不同发展阶段国家之间不同组合形成的知识产权区域协定可以分为三类模式:发达国家之间的协定、发达国家与发展中国家之间的协定以及发展中国家之间的协定。前两种模式则是发达国家之间就其利益契合之议题展开了强强联手,通过循序渐进的方式,有规划地将其高标准化的执法范本打入发展中国家及欠发达国家的内部,渐进性地构筑新一轮的国际知识产权执法标准,由此将高水平化的执法规则进行锁定。[30] 对此,美国就是一个鲜明的例证:美国贸易代表办公室长期以来都在不遗余力地向外复刻有利于其既得利益的美国知识产权转述版本,将美国知识产权执法标准向全球进行兜售。[31] 在这一过程中,发达国家与发展中国家则是通过"规则锁定 + 灵活

---

〔27〕 参见[美]苏珊·K. 塞尔:《私权、公法——知识产权的全球化》,董刚、周超译,中国人民大学出版社 2008 年版,第 12 ~ 13 页。

〔28〕 See Susan K. Sell, *The Global IP Upward Ratchet, Anti-Counterfeiting and Piracy Enforcement Efforts: The State of Play*, http://www.ip-watch.org/files/SusanSellfinalversion.pdf, March 17, 2021.

〔29〕 参见马忠法、李依琳:《后 TRIPS 协议时代美国知识产权国际保护诉求之变及其影响》,载《河北法学》2020 年第 8 期。

〔30〕 参见褚童:《巨型自由贸易协定框架下国际知识产权规则分析及中国应对方案》,载《国际经贸探索》2019 年第 9 期。

〔31〕 See Margot E. Kaminski, *The Capture of International Intellectual Property Law Through the U. S. Trade Regime*, Southern California Law Review 87, 2014, p. 1052.

博弈”这一动态方式在执法领域暗自较劲。[32] 但是即便如此发达国家仍能够在谈判过程中充分发挥其权力优势并占领话语高地,这也导致全球知识产权执法标准上升的可能性依然存在。[33]

“北北合作+南北谈判”的双向驱动模式推动了知识产权“棘轮效应”(ratcheting effect)[34]的产生。一旦发达国家将知识产权保护标准提高,则很难将其降低至原来水平或者在此高标准上进行降低,保护标准只能围绕既定的高水平线单向性浮动,很大程度上丧失了标准变化的灵活性。正如 Annette Kur 和 Henning Grosse Ruse-Khan 教授所言,“一旦相当一部分贸易伙伴同意遵守与现行美国、欧盟立法所载之相同标准,就无法真正削弱似乎被广泛接受的规则……并且它也创造了一个螺旋式、无休止向上移动的模式”[35]。

(三)多元化国际力量形成制衡机制

根据现实主义者对国际关系的理解,实力强悍的国家对于全球规则的塑造更具决定作用。但需要注意的是,政府间组织和国际机构同样会对霸权国家产生一定的牵制作用,并为相对弱小的国家和非国家行动者提供影响国际规范的回旋余地。[36] 除 WTO、WIPO 等政府间国际组织在执法领域做出的一系列努力之外,发展中国家的知识产权保护意识也在不断深化,一些欠发达国家及非政府间国际组织也在积极参与国际规则制定并在国际舞台上拥有了一席之地。国际力量开始走向多元并推动执法体系朝着更加公正合理的方向迈进。

从南北国家之间在国际知识产权执法规范领域的最新交互可以明显看到

---

[32] 参见王黎萤等:《区域自贸协定新规则“升级”还是“规锁”?——浅析知识产权国际规则》,载《科学学与科学技术管理》2019 年第 8 期。

[33] See Carlos M. Correa, *Bilateralism in Intellectual Property: Defeating the Wto System for Access to Medicines*, Case Western Reserve Journal of International Law 36, 2004, p. 94.

[34] “棘轮效应”,指的是标准易于向上提高而难于往下降低的现象。关于“知识产权棘轮效应”的详细阐述可参见 Susan K. Sell, *The Global IP Upward Ratchet, Anti-Counterfeiting and Piracy Enforcement Efforts: The State of Play*, http://www.ip-watch.org/files/SusanSellfinalversion.pdf, March 17, 2021。

[35] Annette Kur and Henning Grosse Ruse-Khan, *Enough Is Enough-The Notion of Binding Ceilings in International Intellectual Property Protection* 9, https://ssrn.com/abstract=1326429, March 17, 2021.

[36] See Laurence R. Helfer, *Regime Shifting: The TRIPS Agreement and New Dynamics of International Intellectual Property Lawmaking*, Yale Journal of International Law 29, 2004, p. 13 - 14.

南北国家在关于执法关键问题上的激烈对抗,并在这一动态过程中实现了微妙的平衡。

"北北冲突"给了其他被排除在执法议程以外的发展中国家一个联盟的契机,RCEP 正是在 ACTA 以及 CPTPP 几近停摆的背景下萌发并得到迅速发展的。得益于地缘优势以及经济发展需要,东盟国家与中国能够达成一定利益共识,并积极吸引日本、韩国等发达国家参与,使得 RCEP 协定成为平衡南北国家利益的优秀范本。在 RCEP 谈判过程中,作为 CPTPP 成员方的发达国家对于 CPTPP 中所规定的高标准有非常强烈的激励和推动作用。[37] 而东盟、中国等发展中国家则充分考虑了部分欠发达国家的利益,从符合最广大发展中成员利益的角度出发积极参与谈判。因此,CPTPP 和 RCEP 的知识产权章节既存在一定的相似之处,也存在向下协调的地方。

有学者称 CPTPP 与 RCEP 之间为"自由贸易协定之战",两者在亚太地区大有分庭抗礼之势,交叉加入两个协定的国家如何协调两套不同自贸协定中的知识产权执法规范部分,对它们来说将是一个极具挑战性的问题。更甚者,亚洲甚至会成为"制定全球经济规则的重要战场"。对于两者的关系,可能存在三种不同的理论走向:竞争关系、垫脚石关系以及替代关系。[38] 这两个协定的博弈也是多元化国际力量塑造新一轮执法标准的生动写照。同时,这也昭示着知识产权执法体制已经成为知识产权博弈的重要抓手。

四、中国与 ACTA、CPTPP、RCEP 的互动关系及因应之道

根据上述趋势预测可知,现有国际知识产权执法标准的提高已经不可逆转。变量只在于提高的速度:到底是按照发达国家所预期的那样呈迅猛式提升还是在发展中国家以及有关国际组织的制衡下稳步合理提高,这是国际知识产权执法体制之争的重点和新的博弈点所在。对此,中国应当充分发挥大国优势,在发展中构建中式执法范本;主动联合国际合作伙伴,重建"协调"话语体系;积极参与执法规则制定,重新定义执法概念。

---

〔37〕 参见赵慧等:《新谈判背景下 RCEP 的进展、困难及中国对策》,载《广西社会科学》2020 年第 4 期。

〔38〕 See Peter K. Yu, *The Rcep and Trans-Pacific Intellectual Property Norms*, Vanderbilt Journal of Transnational Law 50, 2017, p. 685.

(一)中国与ACTA、CPTPP、RCEP的互动关系

ACTA声称其制定宗旨是“反对假冒和盗版”,但有趣的是,它并未邀请中国参与其中,甚至被学者戏称为“ACCTA”(the Anti-Chinese-Counterfeiting Trade Agreement)[39];CPTPP的前身TPP同样被称为“为中国量身打造,阻挡中国进入的ABC(Anyone But China)”,因此中国似乎面临被边缘化的处境。[40]这两项条约为国际知识产权执法规范提供了一个可以反复利用的美式范本,必然会对未来国际知识产权规范走向产生深远影响。[41]它们实际上是欧美等发达国家向国际社会发出强保护的声音或者命令。该两项谈判文本重在向国际社会传播其所宣传的制度思想,使之产生知识产权执法强保护的社会意识。中国虽未加入其中,但并不意味着中国能对这两项国际条约产生的影响置身事外,相反这种影响是显著并且不可忽视的。

RCEP是由中国参与谈判和构建的巨型自由贸易协定,其更能反映中国在区域贸易中对知识产权执法保护标准的真实需求。若将RCEP与CPTPP看作相互竞争的对手,那么RCEP的出现就是对CPTPP强保护的一种有力反击和抵御,是将国际知识产权执法保护机制拉回正轨的一种积极尝试。

就中国目前已签署的自贸协定而言,有关于知识产权执法的保护标准基本仍旧处于TRIPS保护水平线上。[42]不过值得关注的是,RCEP文本所体现的知识产权保护标准相对于TRIPS而言也有了一定的提升,这为中国跻身创新型国家行列提供了良好的国际知识产权生态环境。

(二)中国的因应策略

1.充分发挥大国作用与优势,构建中式执法范本

在前面几次重要的国际知识产权规则制定中我们未能赶上时代的列车,而

---

〔39〕 See Leroy J. Pelicci and Jr., *China and the Anti-Counterfeiting Trade Agreement-Acta Faith, or Acta Futility? An Exposition of Intellectual Property Enforcement in the Age of Shanzhai*, Penn St. J. L. & Int'l Aff 1, 2012, p. 125.

〔40〕 参见乔恒:《英媒:美国希望确立让中国遵循的贸易标准》,载《环球时报》2013年4月3日,https://oversea.huanqiu.com/article/9CaKrnJzUqf。

〔41〕 See Peter K. Yu, *Thinking About the Trans-Pacific Partnership (and A Mega-Regional Agreement on Life Support)*, SMU Science and Technology Law Review 20, 2017, p. 106.

〔42〕 参见庄媛媛、卢冠锋:《TPP与TRIPS知识产权规则比较研究》,载《亚太经济》2016年第3期。

现在知识产权执法标准向上发展的趋势虽然不可逆转,但是我们仍然应当积极面对当前国际知识产权发展局势,主动承担起大国责任。在保证承担国际义务的同时,在国际平台中积极发出中国声音。

首先,中国应当主动承担起大国责任。中国应当在坚定自身立场的同时,积极创造南北国家共同对话机会,推动各方力量平等交流协商,努力将国际知识产权执法议题重新拉回“协调”的框架目标上来。对于知识产权全球治理问题,应当秉持“共商、共建、共享”理念。TRIPS 作为知识产权国际规范领域所形成的最大的多边性条约,尽管它本身还存在诸多现实性的问题,但鉴于其可执行潜力仍可待挖掘,并且是否需要增加新的解释工具仍待时间的检验,我们应当坚决维护 TRIPS 作为多边条约的地位和作用。[43] 换言之,在坚持 TRIPS 多边规范基本立场之上,我国应当努力协调改进知识产权执法机制,与其他国家相互分享执法实施经验。[44] 未来,中国应当与其他国家保持密切合作,探索国际知识产权执法体制机制的新发展,为世界执法体系的持续改进与有效运行提供良好的国际生态系统。

其次,中国在协调国际执法议程的同时应当积极探索构建中式执法范本。法律具有自我指涉、自我强化的功能和特性,尽管 ACTA 已经流产,TPP 已经为 CPTPP 所替代,但它们将会发挥“规范基石”的重要作用,深刻地影响未来知识产权国际执法秩序的塑造,为未来可能起草的双边、诸边或多边区域协定提供模板。因此,我国在未来国际贸易实践中,应当坚持实务与理论两手抓,着手构建适合中国国情的执法规则范式。一方面,我国应当加快推进 RCEP 协定在我国的生效实施,持续发挥中国在“一带一路”倡议中的积极作用。在此基础上推动区域自贸协定中执法规范的优化升级,从中积累执法经验,在实践中探索与国际执法规则的有效对接程度和方式。另一方面,强化我国在国际关系领域、国际经济领域以及知识产权领域的理论研究,充分学习美国和欧盟在构建区域型自贸协定中的有益经验并尝试将其运用于中国自贸框架,为形成合适我国经济发展的执法规则范式提供完备的理论支撑。

2. 主动拥抱可靠国际合作伙伴,构建协调话语联盟

我们可以尝试用哈贝马斯的话语民主理论与福柯的权力话语理论看待国

---

〔43〕 See Patricia L. Judd, *Retooling TRIPS*, Virginia Journal of International Law 55, 2014, p. 162.

〔44〕 参见吴汉东:《试论知识产权制度建设的法治观和发展观》,载《知识产权》2019 年第 6 期。

际知识产权制度的发展规律[45],这两种理论都可以用于解释国际知识产权制度框架的形成。而根据国际知识产权制度发展脉络来看,权力话语理论长期占据上风。但随着国际多元化进程加快,国际关系力量开始出现新的变化,发展中国家及最不发达国家等主体开始崛起并逐渐活跃在国际舞台,并通过各种平台发出自己的声音,向世界输出自己的价值理念与国际需求。总而言之,权力话语理论依旧占据主导地位,总体趋势依旧是向着高标准行进,只是在其他国际主体力量的撕扯之下"TRIPS-plus"进程变得相对和缓许多。

依据现有的国际执法规范实践可以清晰地看到:在知识产权国际条约谈判中如果美欧两大力量在核心立场上达成统一、实现密切合作,所形成的条约就更为详实、保护水平就更高;每当双方就某个问题存在分歧,所形成的条款就更薄弱。以 ACTA 为例,在知识产权数字执法章节中,初稿里披露的数字执法次要责任规则表示:针对点对点文件共享软件的提供者,其要为在线服务提供商提供安全港,并要制定反规避条款和保护权利管理信息。而欧盟基于其已有的两项指令——《信息社会版权指令》和《电子商务指令》,无法与以美国数字千禧版权法(DMCA)为蓝本的 ACTA 反规避条款相协调而使得美国"渐进式屈服"。[46] 同样的事情也发生在知识产权刑事执法领域,因为每个国家都倾向于将自己的执法模式摆在谈判桌上。[47] 所以从广义上讲,ACTA 提供了国际知识产权立法动态的客观经验。

关于知识产权国际保护问题的联盟,可以有效参考欧盟的成功模式,将主权国家有限的力量进行全面整合,从整体上提高谈判实力和地位。除此之外,还可以寻求南北国家中的非国家组织、发达国家消费群体、国内利益集团等多方主体支持。欠发达国家应秉承国际论坛中的竞争精神,反对知识产权过度保护。[48] 还可以在 TRIPS 体制以外开辟新的业务框架以推出"公私倡议"式合作

---

〔45〕 参见杨静:《话语视角下的知识产权国际保护秩序:以 ACTA 立法进程为例》,载《东方法学》2016 年第 1 期。

〔46〕 See Kimberlee Weatherall, *Acta As A New Kind of International Ip Lawmaking*, American University International Law Review 26, 2011, p. 859 – 860.

〔47〕 See Kimberlee Weatherall, *Acta As A New Kind of International Ip Lawmaking*, American University International Law Review 26, 2011, p. 860.

〔48〕 See J. H. Reichman, *From Free Riders to Fair Followers: Global Competition Under the TRIPS Agreement*, New York University Journal of International Law and Politics 29, 1997, p. 93.

战略[49],充分利用现有主体资源并在充分整合之后形成战略伙伴关系,利用集体行动为自身谋取利益,尽可能抑制欧盟以及美国合力抬高知识产权执法力度的局势,扩大欠发达国家在执法规范上的政策空间。并在此基础上强化发展议程,合力推动国际知识产权执法体系的平衡和优化。[50]

3. 积极参与国际执法规则制定,重新定义执法概念

ACTA 和 CPTPP 所带来的显著影响之一表现为:现行知识产权国际保护文本多是以美欧等发达国家国内知识产权法律作为缔结范本。究其原因,这是发达国家长期致力于向全球投射他们的偏好,强有力地塑造一个高标准知识产权执法体系框架的必然结果。然而,正如有些学者所言,知识产权执法并非一个片面性的概念,它不应当仅强调权利人所持有权利的重要性,它同样需要重视诸如"利益平衡、例外与限制、公民权利、反不正当竞争"等价值。[51] 在知识产权执法层面,中国应当重新构建"协调"话语以打破"最大化"价值追求。对此,可以从建立发展中国家的议题主场以及重新定义知识产权执法概念这两个层面入手。

第一,在国际知识产权谈判中加入有利于发展中国家的各种议题。知识产权执法制度的分配价值应当作为一个重要的议题放置在国际执法体制中讨论和明确,不能将其忽视或者留给其他体制机制。[52] 具体而言,发展议题、传统文化、遗传资源等新兴议题均可作为分配价值的一部分进行谈判。南北国家以各自利益为标准展开交流与协商,如果不得不在某些问题上向发达国家进行妥协,那么发展中国家就势必在优势议题方面占领话语高地。该种情形下,发展中国家能在相关议题辩论中合理界定辩题,并能够保证其所持有的观点能为国

---

〔49〕 See J. H. Reichman and David Lange, *Bargaining Around the TRIPS Agreement: The Case for Ongoing Public-Private Initiatives to Facilitate Worldwide Intellectual Property Transactions*, Duke Journal of Comparative & International Law 9, 1998, p. 24.

〔50〕 See Peter K. Yu, *Access to Medicines, Brics Alliances, and Collective Action*, American Journal of Law & Medicine 34, 2008, p. 394.

〔51〕 See Susan K. Sell, *Revenge of the "Nerds": Collective Action against Intellectual Property Maximalism in the Global Information Age*, International Studies Review 15, 2013, p. 85, https://doi.org/10.1111/misr.12021, March 17, 2021.

〔52〕 See Peter M. Gerhart, *Introduction: The Triangulation of International Intellectual Property Law: Cooperation, Power, and Normative Welfare*, Case Western Reserve Journal of International Law 36, 2004, p. 17.

际舆论所接受和支持。[53]

第二,重新定义知识产权执法的概念。知识产权执法规范应当包含权利的一体两面,既要保护权利人的合法利益,又要关注公共利益空间,发展中国家应当避免陷入发达国家所制造的知识产权话语修辞陷阱当中。举例而言,对于 ACTA 和 CPTPP 中所出现的禁令扩张适用、边境以及刑事措施适用范围扩大等条款,以及未来可能出现的类似条款,中国可以用“公共利益”或者“公民基本人权”等议题进行驳斥。对于民事执法措施中的禁令、其他救济措施以及数字环境下的执法措施,中国可以在国际规范谈判过程中重拾保留条款(包括各项例外和限制性规定),通过此方式在一定程度上消解高标准执法规范所带来的压力,给予欠发达国家国内执法相应的回旋空间。就正在消失的侵权人保障措施而言,中国可以主张禁止知识产权滥用以及强化被告权益保障等观点。

---

〔53〕 See Peter K. Yu, *TRIPS and Its Achilles' Heel*, Journal of Intellectual Property Law 18, 2011, p. 482.

条约挑选的正当性判断与中国因应

——基于国际投资仲裁实践的考察

连思韵*

摘要:

近年来,随着国际投资条约的大量缔结以及国际投资自由化趋势的加强,外国投资者进行条约挑选的现象逐渐普遍,条约挑选行为的定性问题呈现复杂化的趋势。条约挑选是正当的公司规划行为,还是应受抵制的权利滥用行为,应取决于案件的具体情况。具体案件中对条约挑选的定性结果,也成为判断仲裁庭是否对争端具有管辖权的关键。东道国为了避免条约挑选可能带来的巨额赔偿,可通过纳入拒绝授惠条款、改革 ISDS 条款等方式来对条约挑选行为进行有效规制与震慑。在中国与他国经贸合作日趋频繁的背景下,对条约挑选规制措施的研究,也为中国日后的缔约和修约实践提供了一定的借鉴意义。

关键词:

条约挑选;国际投资仲裁;正当性;规制

一、问题的提出

20 世纪 90 年代以来,随着国际投资自由化趋势,国际投资协定以投资保护为主要目的与宗旨,其中的投资者—国家争端解决条款(Investor-State Dispute Settlement Clause,ISDS 条款)赋予投资者将其与东道国之间的投资争端提交到国际仲裁庭解决的权利。由于各国国情差异,国家间的双边或多边投资条约对投资者的保护力度往往有所不同。外国投资者为了寻求自身利益的最大化,会借助变更国籍、股权转让或设立“皮包公司”等多种手段,在不同的国家设立子公司或进行投资重组,以求在发生投资争端后获得其原本无法援引的第三国与东道国之间的投资条约保护,此即“条约挑选”(treaty shopping)行为。即使投

* 中山大学法学院国际法专业 2019 级硕士研究生。

资者母国与东道国之间未签订投资条约,投资者也可以通过条约挑选行为,寻求东道国与第三国签订的投资条约所提供的法律保护,这在一定程度上扩大了投资条约的保护范围。

在强调投资保护的国际投资条约盛行的背景下,条约挑选作为一种有利于外国投资者的实践,并没有被国际法规则禁止。[1] 但即便如此,条约挑选的正当性仍然备受争议。分歧的关键在于,条约挑选究竟属于正当的公司规划行为,还是破坏性的权利滥用行为。对此问题,站在投资者和东道国这两个不同的利益立场会得出截然不同的结论。对于投资者而言,条约挑选实现了其利益最大化,符合趋利避害的经济理性,这在一定程度上构成了条约挑选的正当性基础。但对于东道国而言,保护"挑选"投资条约的投资者并非东道国缔结投资条约的本意。[2] 由于绝大多数双边投资条约(Bilateral Investment Treaties, BITs)签订于20世纪90年代,而当时的ISDS案件寥寥无几,[3]因此,很多国家在缔结投资条约时并不能预见到未来会出现大规模的条约挑选行为。正如南非政府在2009年对南非BIT政策进行审查时提出的,"在1994年之前,南非并没有过BIT谈判的经验,在当时也无法充分认识到这些条约所带来的风险"[4]。还有很多发展中国家同样对此表达了不满,并强调国家不认同投资者基于条约挑选行为提出的巨额索赔。[5] 因此,从国家的立场来看,条约挑选是不正当的权利滥用行为,应当予以防范与规制。

纵观国际投资仲裁实践,仲裁庭对条约挑选的态度既有支持,也有反对,对

---

[1] See M. Skinner et al., *Access and Advantage in Investor-state Arbitration: The Law and Practice of Treaty Shopping*, 3 Journal of World Energy Law & Business 283 (2010).

[2] 参见徐树:《国际投资条约保护了谁?——投资者的"条约选购"问题研究》,载《中外法学》2013年第6期。

[3] 从UNCTAD《2020年世界投资报告》中的统计可以看出,20世纪七八十年代的ISDS案件非常少,1987~1993年间ISDS案件新增数量甚至为零,直到1993年以后,随着世界范围内的投资协定数量不断增加,ISDS案件才有了上升的态势。See UNCTAD, *World Investment Report 2020: International Production Beyond the Pandemic*, UNCTAD/WIR/2020, p. 110.

[4] Department of Trade and Industry in Republic of South Africa, *Bilateral Investment Treaty Policy Framework Review: a Government Position Paper*, June 2009, p. 5, available at: https://static.pmg.org.za/docs/090626trade-bi-lateralpolicy.pdf.

[5] John Lee, *Resolving Concerns of Treaty Shopping in International Investment Arbitration*, 6 Journal of International Dispute Settlement 360 (2015).

条约挑选性质认定的不同,造成了相关仲裁裁决的不一致。在这种不一致的裁决下,更为重要的是找到仲裁庭认定条约挑选行为正当与否的关键。在国际投资条约改革过程中,厘清条约挑选的正当性,不管是对日后国际投资仲裁的裁决走向还是对投资条约的自身发展,都尤为重要。

二、条约挑选的成因

条约挑选的出现和盛行,大体上与以下因素有关:第一,国际社会中日益增多和碎片化的国际投资协定,为投资者进行条约挑选埋下了种子。第二,条约对投资者国籍认定的标准不同,促使投资者尤其是跨国公司通过国籍变更或投资重组等多种手段来寻求更优惠的条约保护。

(一)碎片化的国际投资协定为条约挑选埋下种子

国际投资协定是条约挑选行为所针对的对象。随着投资争端解决向非政治化的方向发展,国际投资法领域建立起以规则为导向的体系,大量的、碎片化的国际投资协定规范着跨国投资活动。双边和区域性投资协定作为各国政府间相互保护和促进双方私人投资的方式,在鼓励投资的大环境下不断发展并日趋成熟。

目前,ISDS 案件给世界各国带来的巨大经济负担使得国家开始对投资条约的缔结持更加谨慎的态度,加上 COVID – 19 在全球的肆虐使得经济全球化遭遇更加严峻的挑战,各地单边主义和保护主义的势头更盛,预计接下来投资条约的新增量还会进一步减少。但不可否认,现存投资条约的数量已经非常庞大,且每年仍在不断增加。根据联合国贸易和发展会议(United Nations Conference on Trade and Development, UNCTAD)发布的《2021 年世界投资报告》,截至 2020 年底,全球共缔结 3360 个投资协定,其中包括 2943 个双边投资条约和 417 个含投资章的条约(TIPs),现行有效的投资协定共 2646 个。[6] 国际投资协定数量如此之多,而各国的国内情况又千差万别,制定一项全球性的多边投资协定并不现实,故由国与国之间缔结双边投资条约成为国际投资法领域的主流做法,不同国家间缔结的投资条约条款依缔约国的实际情况而有所不同,整个国际投资法体系呈现碎片化的特点。这为条约挑选的泛滥埋下了种

[6] See UNCTAD, *World Investment Report* 2021: *Investing in Sustainable Recovery*, UNCTAD/WIR/2021, p. 123.

子,也为投资者制定其法律战略提供了丰富的素材。[7] 投资者通过比较不同的投资条约所提供的投资待遇,来规避对自己不利的国际投资条约条款,选择对自己更有利的投资条约,其最终目的是通过该投资条约来获得更多的投资利益。

(二)差异化的国籍界定标准为条约挑选者提供便利

国籍是获得特定投资条约保护的关键因素,投资者是否有权援引某项投资条约,取决于其是否取得了缔约国的国籍。然而,在国际实践中,对投资者国籍的界定标准存在差异,主要有注册地说、住所地说和实际控制说等多种。[8] 其中,注册地标准和住所地标准被大多数条约采用,此外也有部分条约采取实际控制标准或其他标准。

法人国籍认定标准的多样化,为投资者进行条约挑选提供了便利渠道。尤其是当特定投资条约以注册地标准来认定法人国籍时,取得缔约国的国籍对投资者而言并非难事,投资者仅需通过在缔约国境内注册并成立一家公司就可达成这一目的。荷兰便是一个典型的例子。由于荷兰与多数国家缔结了双边投资条约,建立起了庞大的条约网络,其中诸多条约为外国投资者提供了高标准的投资保护,且大多数条约采用了注册地标准,使投资者能够轻易取得荷兰国籍。[9] 换言之,投资者只需到荷兰去注册一家公司,就能取得荷兰国籍,并享受到荷兰诸多双边投资协定中的高标准投资保护条款所提供的实体和程序利益。这也使得荷兰被众多投资者视为"条约天堂"。[10]

三、条约挑选的正当性之争

人们对特定行为进行评价时,常根据所使用的术语形成固有的价值判断,例如,采用"条约规划""国籍筹划"描述条约挑选这一行为的人,往往对其持有

[7] See Julien Chaise, *The Treaty Shopping Practice: Corporate Structuring and Restructuring to Gain Access to Investment Treaties and Arbitration*, 11 Hastings Business Law Journal 259 (2015).

[8] 参见余劲松:《国际投资法》,法律出版社2014年版,第19页。

[9] See Christoph Schreuer, *Nationality Planning*, Fordham Conference (27 April 2012), p. 18, available at: https://www.univie.ac.at/intlaw/wordpress/wp-content/uploads/2013/11/nationality_planning_end.pdf.

[10] 参见黄世席:《国际投资仲裁中的挑选条约问题》,载《法学》2014年第1期。

较为中立甚至积极的立场;而采用“条约滥用”对其进行描述时,则较大可能持有反对的立场。[11] 对于条约挑选行为,国际投资法领域并没有权威的定义,当然也不存在对其明确的禁止。由于国际投资仲裁没有确立先例制度,故在相似案件中仲裁庭对于投资者条约挑选行为正当性的认定出现了不一致,对于涉及条约挑选的投资争端解决缺乏一个能够被普遍、反复适用的判断和评价机制。

(一)仲裁庭支持条约挑选的实例

1. Tokios Tokelés v. Ukraine

这是涉及返程投资的著名案例。申请人 Tokios Tokelés 公司根据立陶宛法律在该国注册并成立,但该公司 99% 的股权由乌克兰国民持有。仲裁庭认为,本案有两大争议焦点:第一,申请人 Tokios Tokelés 公司是否具有立陶宛的国籍,是否有资格获得《乌克兰—立陶宛 BIT》的保护;第二,Tokios Tokelés 公司是否具有滥用 ICSID 仲裁规则的主观恶意,是否应对该公司适用揭开公司面纱制度。

判断仲裁庭是否对本案具有管辖权,关键在于考察 Tokios Tokelés 公司是否具有立陶宛国籍,若因该公司由乌克兰人实际控制而根据实际控制标准认定其属于乌克兰公司,则仲裁庭对本案不具有管辖权。本案中,《乌克兰—立陶宛 BIT》第 1 条中对立陶宛的“投资者”作了如下定义:“投资者是根据立陶宛的法律并在立陶宛境内注册成立的任何实体。”除此之外,条约对于取得立陶宛投资者的资格没有其他要求。那么根据条约文本的通常含义,仲裁庭在确定 Tokios Tokelés 公司的国籍时应当考察公司的注册地,Tokios Tokelés 公司在立陶宛境内注册成立,符合《乌克兰—立陶宛 BIT》中的“投资者”定义,有资格获得该 BIT 的保护。[12] 针对乌克兰所主张的 Tokios Tokelés 公司因属于东道国国民控制的实体而不应受到 BIT 保护的观点,仲裁庭指出,由于立陶宛与乌克兰在缔结 BIT 时没有纳入拒绝授惠条款,且这属于两国经谈判后作出的选择,因此仲裁庭应尊重这种选择,而不能对条约中的投资者定义施加文本以外的其他限制。[13]

关于是否应当对本案申请人 Tokios Tokelés 公司适用揭开公司面纱制度的问

---

〔11〕 See Jorun Baumgartner, *Treaty Shopping in International Investment Law*, Oxford University Press, 2016, p. 8.

〔12〕 See Tokios Tokelés v. Ukraine, ICSID Case No. ARB/02/18, Decision on Jurisdiction, 29 April 2004, para. 28.

〔13〕 See Tokios Tokelés v. Ukraine, ICSID Case No. ARB/02/18, Decision on Jurisdiction, 29 April 2004, para. 36.

题,仲裁庭认为,应当考虑相关投资者到东道国进行投资的目的,如果 Tokios Tokelés 公司是为了援引《乌克兰—立陶宛 BIT》而到乌克兰进行投资的,那么其行为很可能构成权利滥用。但 Tokios Tokelés 公司在乌克兰境内进行的直接投资行为发生在本次投资争端发生的六年以前,难以认为该公司在六年前就能够预见到未来双方会发生争端进而在乌克兰境内设立全资子公司,以谋求更有利的条约保护。此外,Tokios Tokelés 公司在乌克兰境内设立子公司时《乌克兰—立陶宛 BIT》还未签订。种种证据均不足以认定该公司具有滥用其独立法人地位及国际投资争端解决中心(ICSID)仲裁规则的主观恶意。基于此,仲裁庭认定 Tokios Tokelés 公司是真正为赚取利润而进行投资的善意投资者,不应适用揭开公司面纱制度寻找其实际控制人。[14] 这一裁决也得到了后续其他仲裁庭的援引,如 2008 年的 Rompetrol v. Romania 案[15]、2010 年的 Alpha Projektholding v. Ukraine 案[16]和 2013 年的 KT Asia Investment Group v. Kazakhstan 案[17]。

值得注意的是,本案首席仲裁员威尔教授(Prosper Weil)提出了反对意见,他认为 ICSID 的设立是为了解决国际投资争端,即外国投资者与国家之间的投资争端,本案不适当地扩大了仲裁庭的管辖权,将返程投资这类本应由国内管辖的事项纳入国际投资争端解决的轨道中,严重违背了《ICSID 公约》鼓励外国投资这一设立目的和初衷。[18]

2. Saluka Investments BV v. The Czech Republic

本案中,申请人 Saluka Investments BV 是一家依据荷兰法律在荷兰境内设立的投资公司,其母公司是日本野村集团公司。在日本野村集团公司将其对捷克共和国境内 IPB 银行的股份转让给 Saluka 公司后,捷克共和国政府对该银行

---

〔14〕 See Tokios Tokelés v. Ukraine, ICSID Case No. ARB/02/18, Decision on Jurisdiction, 29 April 2004, para. 56.

〔15〕 See Rompetrol Group NV v. Republic of Romania, ICSID Case No. ARB/06/3, Decision on Respondent's Preliminary Objections on Jurisdiction and Admissibility, 18 April 2008, para. 82 – 92.

〔16〕 See Alpha Projektholding GmbH v. Ukraine, ICSID Case No. ARB/07/16, Award, 8 November 2010, para. 343.

〔17〕 See KT Asia Investment Group BV v. Republic of Kazakhstan, ICSID Case No. ARB/09/8, Award, 17 October 2013, para. 111.

〔18〕 See Tokios Tokelés v. Ukraine, ICSID Case No. ARB/02/18, Dissenting Opinion (Chairman Prosper Weil), 29 April 2004, para. 13.

进行了国有化征收。Saluka 公司作为在捷克投资的荷兰籍投资者，将其与捷克的投资争议提交到了联合国国际贸易法委员会（UNCITRAL）。

仲裁庭认为，本案的关键在于 Saluka 公司是否有权援引《荷兰—捷克共和国 BIT》。根据《荷兰—捷克共和国 BIT》第 1 条，依荷兰法律设立而在捷克共和国投资的公司有权援引本条约来寻求投资保护。仲裁庭承认，本案中的 Saluka 公司虽根据缔约国法律成立，但与缔约国不存在实际联系，而是被非缔约国国民控制，基于禁止滥用仲裁程序的考虑，这类空壳公司本不应有权援引 BIT 的规定来寻求投资保护。但无论如何，两国缔结的 BIT 才是仲裁庭裁决的唯一依据。由于《荷兰—捷克共和国 BIT》明确规定在母国合法注册的公司有权援引 BIT 的保护，而没有附加其他要求，如由国民控制或者具有实质性的经济联系。且两国在 BIT 条款的协商过程中对此问题有完全的选择自由，因此仲裁庭无权擅自将其他要求引入到"投资者"的定义中。[19] 换言之，即便 Saluka 公司进行投资的目的是援引《荷兰—捷克共和国 BIT》，这种"不正当"的"投资目的"也不属于 BIT 中对"投资者"定义的一部分。因此，仲裁庭裁定 Saluka 公司有权援引《荷兰—捷克共和国 BIT》向捷克共和国政府提出索赔。

还有其他法院或仲裁庭作出了类似的裁判，认为仲裁庭必须受到条约中宽泛措辞的限制。如 Yukos v. Russia 案中，海牙上诉法院就援引了 Saluka 案的裁决，认为在投资条约未规定实际控制标准的情形下，由谁实际控制公司并不是仲裁庭考虑的内容。[20] Niko Resources v. Bangladesh 案的仲裁庭还强调，申请人属于空壳公司的事实一直为被申请人所知，并且为其所接受，故不应据此否定申请人的投资者资格。[21]

---

[19] See Saluka Investments BV v. The Czech Republic, UNCITRAL, Partial Award, 17 March 2006, para. 241.

[20] See Yukos Universal Limited (Isle of Man) v. The Russian Federation, UNCITRAL, PCA Case No. 2005 - 04/AA227, Judgment of the Hague Court of Appeal, 18 February 2020, para. 5.1.8.10. 本案裁决于 2020 年 2 月 18 日公布，但目前官方裁决仅有荷兰语版本，非官方英文版本详见 https://www.italaw.com/sites/default/files/case-documents/italaw11337.pdf。

[21] See Niko Resources (Bangladesh) Ltd. v. People's Republic of Bangladesh, Bangladesh Petroleum Exploration & Production Company Limited ("Bapex") and Bangladesh Oil Gas and Mineral Corporation ("Petrobangla"), ICSID Case No. ARB/10/11 and 10/18, Decision on Jurisdiction, 19 August 2013, para. 203.

(二)仲裁庭反对条约挑选的实例

1. Phoenix Action Ltd. v. The Czech Republic

本案是将善意投资作为受保护投资的要素之一的典型案例。申请人Phoenix公司是一家由捷克国民全资控制的以色列公司,该公司收购了两家与捷克发生投资争端的捷克籍公司,并在此后依据《以色列—捷克共和国BIT》向ICSID提起仲裁。

仲裁庭主张,认定"适格投资"的其中一个要素便是善意投资,国际投资法并不保护滥用ICSID仲裁制度的投资,也不保护恶意的投资,仅保护善意的、纯粹为从事经济活动而进行的投资。[22] 具体到本案,当Phoenix公司进行收购行为时,其在仲裁程序中主张的所有损害都已经发生了,结合本案中各事件发生的顺序及股权转让的实质,仲裁庭认定Phoenix公司将本案提交ICSID仲裁的行为是一种滥用国际投资保护制度的行为,其投资行为是为了获得其本无权享有的国际投资仲裁程序利益而制造的假象,不能成为国际投资体制下保护的投资。[23] 仲裁庭据此认定,本案投资者的投资并不属于《ICSID公约》所称的"适格投资",进而得出仲裁庭对本案没有管辖权的结论。

本案中投资者的行为属于典型的返程投资,这种为了规避东道国的国内管辖而通过返程投资的形式将国内争端转化为国际争端的行为,往往带有较为明显的主观恶意,实践中难以得到仲裁庭的支持。

2. Levy and Gremcitel v. Peru

该案中,申请人依据1993年缔结的《法国—秘鲁BIT》向ICSID提出仲裁申请,诉称秘鲁政府所颁布的一项决议违反了条约所规定的公平公正待遇标准,侵害其投资利益。案件的争议焦点在于,申请人是否属于《ICSID公约》和BIT下的适格投资者,以及申请人的行为是否构成对仲裁程序的滥用。这也是决定ICSID仲裁庭对本案是否具有管辖权的关键。

申请人认为,Levy女士是法国公民,Gremcitel是一家秘鲁公司,而在争端发生时Levy女士已经成为了Gremcitel的股东及实际控制人,故Gremcitel符合《法国—秘鲁BIT》和《ICSID公约》所规定的国籍要求,属于具有法国国籍的适格投资者。此外,Levy女士在对股份进行收购时,无法预见引起争端的事件即

---

〔22〕 See Phoenix Action, Ltd. v. The Czech Republic, ICSID Case No. ARB/06/5, Award, 15 April 2009, para. 106.

〔23〕 See Phoenix Action, Ltd. v. The Czech Republic, ICSID Case No. ARB/06/5, Award, 15 April 2009, para. 143.

将发生,不存在对程序的滥用。[24] 秘鲁政府则认为,Levy 女士并未举出充分的证据证明在引起争端的事件发生时其已成为 Gremcitel 的控股股东,该股份转让行为发生在争端已经可以预见的情况下,其目的仅为获得《法国—秘鲁 BIT》的保护,据此申请人的行为构成对仲裁程序的滥用。[25]

仲裁庭指出,为获得投资条约利益而进行的投资重组行为本身不是非法的,但在争端可预见之时为获得条约保护而进行的重组,可能构成对程序的滥用。本案中,Levy 女士仅在被指控的决议作出前一天在秘鲁取得了 Gremcitel 的过半数股份,"如此惊人的接近并非巧合",且申请人不能对此提供合理的解释,故仲裁庭最终裁定,Levy 女士与 Gremcitel 之间通过股份转让而实施的投资重组行为明显构成对仲裁程序的滥用,仲裁庭对案件不具有管辖权。[26]

3. Philip Morris Asia v. Australia

2011 年,菲利普·莫里斯烟草公司(亚洲)针对澳大利亚颁布的《香烟平装法案》,向 ICSID 提起仲裁。与前案一样,最终仲裁庭以申请人滥用程序为由拒绝对本案进行管辖。理由在于,在申请人对菲利普·莫里斯烟草公司(澳大利亚)进行股份收购之前,澳大利亚已经着手推进香烟平装的立法;在澳大利亚正式颁布该法案的同一天,申请人向澳大利亚政府发出了仲裁通知。股份收购的时间与法案颁布发生时间非常之接近,仲裁庭据此认为申请人对于争端的发生具有"客观的可预见性",其股份收购行为构成对程序的滥用。[27]

(三)仲裁庭的裁判思路分析

为了更清晰地呈现前述 5 个案件中仲裁庭的裁判思路,笔者整理了以下表格(见表 1)。

---

〔24〕 See Renee Rose Levy and Gremcitel SA v. Republic of Peru, ICSID Case No. ARB/11/17, Award, 9 January 2015, para. 89, 177.

〔25〕 See Renee Rose Levy and Gremcitel SA v. Republic of Peru, ICSID Case No. ARB/11/17, Award, 9 January 2015, para. 176.

〔26〕 See Renee Rose Levy and Gremcitel SA v. Republic of Peru, ICSID Case No. ARB/11/17, Award, 9 January 2015, para. 188 – 189.

〔27〕 See Philip Morris Asia Limited v. The Commonwealth of Australia, UNCITRAL, PCA Case No. 2012 – 12, Award on Jurisdiction and Admissibility, 17 December 2015, para. 566.

表1 涉及条约挑选的5个案件裁判要点一览

裁决	案件名称	裁判要点
支持条约挑选	Tokios Tokelés v. Ukraine	1. 根据《乌克兰—立陶宛 BIT》规定的注册地标准,申请人符合"投资者"定义,有资格获得条约保护。 2. 申请人的投资在本次投资争端发生的六年以前已经作出,不足以认定其具有滥用程序的主观恶意,故属于善意投资
	Saluka Investments BV v. The Czech Republic	1. 根据《荷兰—捷克共和国 BIT》规定的注册地标准,申请人符合"投资者"定义,有资格获得条约保护。 2. 尽管申请人的投资目的不符合善意原则的要求,但两国缔结的 BIT 才是仲裁庭裁决的唯一依据,仲裁庭无权擅自将其他要求引入到"投资者"的定义中
反对条约挑选	Phoenix Action Ltd. v. The Czech Republic	申请人在投资争端发生后进行收购行为,不符合善意原则的要求,故不属于《ICSID 公约》所称的适格投资
	Levy and Gremcitel v. Peru	申请人在争端可预见之时,为获得条约保护而进行投资重组,构成了对程序的滥用,不符合善意原则的要求
	Philip Morris Asia v. Australia	申请人进行股份收购的时间与法案颁布的时间非常接近,其对于争端的发生具有"客观的可预见性",构成对程序的滥用,不符合善意原则的要求

在支持条约挑选的2个案件中,仲裁庭在对条约挑选的行为进行定性和评价时,均将重心放在了条约文本的分析上,首先考虑法人国籍的认定标准,在确定法人国籍后,再通过投资者的投资目的来考察投资者的主观恶意。具备缔约一方国家的国籍,是申请人提起仲裁和获得 BIT 保护的前提,但只有当申请人不具备滥用权利或滥用仲裁程序的主观恶意(如 Tokios Tokelés v. Ukraine 案)或者基于 BIT 的规定这种主观恶意并不妨碍其成为适格投资者(如 Saluka Investments BV v. Czech Republic 案)时,申请人才能真正获得目标投资条约的保护。

而在反对条约挑选的3个案例中,申请人的条约挑选行为都是在投资争端发生之后(如 Phoenix Action Ltd. v. Czech Republic 案)或申请人预见到投资争端即将发生之时(如 Levy and Gremcitel v. Peru 案与 Philip Morris Asia v. Australia 案)作出的,是一种事后挑选行为。认定事后挑选行为的两个关键因素是投资的目的和挑选行为发生的时间。一方面,申请人的投资目的通常不是在东道国境内从事实际的经营活动,而是为了获取特定 BIT 对投资者的保护,因此无法满足善意投资的要求,易被仲裁庭认定为不适格投资;另一方面,由于条约挑选行为发生的时间是仲裁庭判断申请人是否存在主观恶意的关键因素,而事后挑选行为通常发生在现有争端发生前的一小段时间内或争端发生后，仲裁庭多据此认定申请人为不诚实的投资者，其将案件提交到仲裁庭的行为具有滥用国际投资仲裁程序的主观恶意，从而否定了其在BIT下的“投资者”资格。

由此可见，尽管目前仲裁庭并未确立起对条约挑选案件的一般性裁判规则，但我们仍然可以从上述5个案件中梳理出各仲裁庭在裁判思路上的共同点。在对申请人的条约挑选行为进行定性和评价时，判断申请人是否具备BIT下“投资者”的资格是关键。仲裁庭一般会从两方面进行考察：第一，投资条约如何界定投资者国籍。若条约采纳了注册地标准，则须考察投资者是否在缔约国注册并成立；若条约采纳了实际控制标准，则要寻找投资者的实际控制人。第二，投资者是否存在滥用权利或滥用国际投资仲裁程序的行为，即投资者是否进行了善意投资，〔28〕善意原则、诚实信用原则及禁止权利滥用原则成为仲裁庭主要的裁决依据。

1. 投资条约中法人国籍的认定标准

对于公司国籍的认定标准，不同投资条约会基于扩大或者限缩“投资者”定义的考虑而采取注册地标准、住所地标准、实际控制标准或其他混合标准。采取何种标准，取决于特定国家的外资政策及具体国情。从现有的投资条约实践来看，绝大多数投资条约采取了宽泛的注册地标准，这使得公司较易取得符合条约要求的“投资者”资格。〔29〕少数投资条约采用实际控制标准，要求投资者必须在缔约国从事实际经济活动，且必须由缔约一方国民实际控制。其中，实际控制标准与揭开公司面纱制度的适用往往相辅相成：国际投资仲裁机制中的揭开公司面纱就是由仲裁庭突破一般国籍认定标准而去寻求公司的实际控制人，进而适用控制标准来确定法人的国籍。

2. 善意原则

当投资者的条约挑选行为不符合善意原则时，仲裁庭通常会认定其构成权利滥用。而投资者的行为是否“善意”，多从投资者条约挑选行为发生的时间节点、投资者背后的实际控制人、投资重组行为的主观目的、是否在东道国进行实际的经济活动等方面综合考虑，善意原则、诚实信用原则、禁止权利滥用原则及

---

〔28〕 参见徐树：《国际投资条约保护了谁？——投资者的“条约选购”问题研究》，载《中外法学》2013年第6期。

〔29〕 See Christoph Schreuer, *Nationality Planning*, Fordham Conference (27 April 2012), p. 18, available at: https://www.univie.ac.at/intlaw/wordpress/wp-content/uploads/2013/11/nationality_planning_end.pdf.

揭开公司面纱理论成为仲裁庭主要的裁决依据。

其中,条约挑选发生的时间节点是仲裁庭认定投资者是否进行善意投资的最重要因素。根据条约挑选发生在投资者与东道国之间的投资争端之前或之后,可将条约挑选分为事前挑选和事后挑选。[30] 事前挑选行为通常会被认定为合乎情理的国籍包装行为,不构成滥用;事后挑选行为则易被仲裁庭认定为滥用权利或滥用仲裁程序的行为。但在仲裁实践中,事前挑选和事后挑选的界限并不总是清晰的,而是存在一个明显的灰色地带。[31] 因此,理性的投资者应尽早进行国籍筹划,避免此行为在日后的投资争端解决程序中被仲裁庭认定为具有主观恶意的权利滥用行为。[32]

四、中国的制度因应

长期以来,中国一直是世界上重要的资本输入国。随着"一带一路"建设的逐步推行,对外经贸开始成为拉动中国经济发展的重要动力,中国正在发展成为新兴的资本输出大国,这无疑加大了海外投资者的投资风险。在这一特殊背景下,企业在投资前的国籍筹划显得尤为重要。因此,中国在对外缔约和修约过程中,应兼顾其作为海外投资者母国及东道国的双重身份,既要考虑到海外投资者的利益,也要避免因条约挑选带来的投资条约保护范围扩大而增加本国诉累。鉴于条约挑选行为的定性会因行为发生的时间节点不同而有不同,对于外国投资者在投资前所进行的正当国籍筹划行为,不应进行规制;对于外国投资者为获得更有利的条约保护而在投资后进行的变更国籍或投资重组行为,则应当进行规制。

对于具体的应对措施,一般从事后审查与事前防范两个维度进行考量。第一,对条约挑选进行事后审查。前述的揭开公司面纱制度和善意原则一般由仲裁庭在涉及条约挑选的国际投资仲裁案件中援引,用以否定条约挑选行为的正

---

[30] See Therese Wilson, *Restoring Balance in Investor State Dispute Settlement: Addressing Treaty Shopping and Indirect Expropriation Claims and Consistent Approaches to Decision-Making*, 84 Arbitration: The International Journal of Arbitration, Mediation and Dispute Management 40 (2018).

[31] See Pac Rim Cayman LLC v. The Republic of El Salvador, ICSID case No. ARB/09/12, Decision on the Respondent's Jurisdictional Objections, 1 June 2012, para. 2. 99.

[32] 参见黄世席:《国际投资仲裁中的挑选条约问题》,载《法学》2014年第1期。

当性,驳回投资者的索赔请求,从而达到对条约挑选行为的震慑效果。但由于此时条约挑选行为已经发生,其消极影响可能已经实际形成,故此种事后审查措施的规制作用极其有限。第二,对条约挑选进行事前防范。由于投资条约是缔约国经过磋商而达成的规则,更是投资者进行选择的对象,因此,对投资条约文本进行特殊设计,从而实现对条约挑选行为的事前防范,是规制条约挑选的有效策略,例如纳入拒绝授惠条款、由缔约方进行联合解释、对 ISDS 条款进行改革等。

(一)在投资条约中订入拒绝授惠条款

在投资条约中订入拒绝授惠条款,是限制条约挑选行为的常见措施。根据这一条款,缔约国有权拒绝将条约利益给予那些与其国籍所在国没有实际经济联系的投资者及其投资。[33] 从表述上可以看出,拒绝授惠条款在保证东道国对外资的规制权的同时,赋予了东道国更多的自由裁量权,即东道国可以自主决定在发生投资争端时是否援引这一条款拒绝将条约利益给予特定投资者。

为了防止在适用时产生歧义,投资条约一般都规定了拒绝授惠条款的适用对象。实践中,拒绝授惠条款通常对“冒充”外国投资者的非缔约国投资者适用。这种规定可有效规制第三国转投资行为的发生,但对于限制返程投资行为却作用有限。为了更好地发挥拒绝授惠条款的作用,最好对其适用对象作进一步明确,规定此类条款对非缔约国或东道国(拒绝授惠国)国民拥有或控制的投资者适用,以有效规制条约挑选者的第三国转投资或返程投资行为。例如《全面与进步跨太平洋伙伴关系协定》(CPTPP)第 9. 15(a)条规定,拒绝授惠条款的适用对象是“非缔约国或东道国国民拥有或控制的投资者”[34]。

一些投资条约还规定,东道国在援引拒绝授惠条款之前,须满足一定的实体性条件和程序性条件:第一,投资者被非缔约国或东道国国民拥有或控制且在另一缔约国境内无实质性的商业经营;第二,履行事前通知或磋商程序。例如《中国—东盟投资协定》第 15 条规定,援引拒绝授惠条款的缔约一方应当在行使该权利前通知另一缔约国并与其就拒绝授惠事宜磋商。[35] 《中国—墨西

---

[33] See Rudolf Dolzer & Christoph Schreuer, *The Principle in International Investment Law*, Oxford University Press, 2012, p. 104 – 105.

[34] See Article 9. 15 of Investment Chapter of Comprehensive and Progressive Agreement for Trans-Pacific Partnership (CPTPP).

[35] 参见《中国—东盟投资协定》(2009)第 15 条。

哥BIT》同样提出了援引拒绝授惠条款的程序性要求。[36] 但目前中国对外缔结的大多数BITs中或者没有规定拒绝授惠条款,或者未对拒绝授惠条款的适用条件予以明确,这使得争端双方在解释与适用该条款时可能产生不必要的争议。

关于拒绝授惠条款的适用时间,在国际投资仲裁实践中,仲裁庭对于此类条款的援引是否具有溯及力拥有相当程度的自由裁量权,这种自由裁量权所导致的不可预见性与不确定性可由条约的清晰阐明来进行弥补。[37] 例如,2012年《中国—加拿大BIT》第16条规定,缔约方可在启动仲裁程序之后的任何时候援引拒绝授惠条款。[38]

因此,为了使拒绝授惠国尽可能地掌握条款适用的主动权,避免因条款的模糊不清而产生歧义,中国在进行投资条约谈判时,应对拒绝授惠条款的适用对象、适用条件及适用时间进行明确。2015年《印度BIT范本》中对拒绝授惠条款的规定便是一个较好的示例:"缔约一方可在任何时间拒绝将条约利益授予以下投资者,即使已经进入国际仲裁争端解决程序:(1)直接或间接由非缔约国或东道国国民拥有或控制的投资者;(2)以援引本条约所规定的争端解决机制为投资目的的投资者。"[39]

(二)由缔约国进行联合解释

从事后控制的角度讲,由缔约国对投资条约中表意模糊的条款进行联合解释,能对仲裁庭产生拘束力。在投资条约大行其道且已经成为ISDS案件最主要的援引依据[40]的情况下,联合解释制度能够有效提高国家对争端解决机制的控制权。从国际法中有关条约解释的一般原则来看,缔约国的联合解释也符合1969年《维也纳条约法公约》第31条所确立的解释规则,即在条约解释过程中,当事国的嗣后协定应当与条约上下文一并考虑。因此,在重新修订有关投

[36] 参见《中国—墨西哥BIT》(2008)第31条。

[37] See Jorun Baumgartner, *Treaty Shopping in International Investment Law*, Oxford University Press, 2016, p. 255.

[38] 参见《中国—加拿大BIT》(2012)第16条。

[39] Article 20 of the Model Text for the Indian Bilateral Investment Treaty.

[40] 根据UNCTAD发布的《2020年世界投资报告》,2019年的国际投资争端中大约有70%援引了20世纪90年代甚至更早时候所缔结的投资条约。UNCTAD, *World Investment Report* 2020: *International Production Beyond the Pandemic* (6 June 2020), UNCTAD/WIR/2020, p. 111.

资条约不可能或成本太高的情况下,各缔约方可以通过发布联合声明的方式对投资条约中表意不清的条款进行事后解释,以预防仲裁庭恣意对投资条约进行违背缔约国本意的解释。

一般而言,缔约国联合解释有两种表现形式:其一,由缔约双方直接在投资条约中进行规定。例如,2012 年《中国—加拿大 BIT》第 18 条规定,“除根据本条进行磋商外,缔约双方可采取双方共同决定的任何行动,包括制定与采用补充本协定第三部分中适用的仲裁规则,以及发布有约束力的对本协定的解释”。第 30 条规定,“……缔约双方对本协定中条款的解释应对依据本部分设立的仲裁庭具有约束力。依本部分作出的任何裁决均应与此解释保持一致。……”[41] 其二,设立专门的条约解释机构,如 NAFTA[42] 项下的自由贸易委员会(Free Trade Commission,FTC)。根据 NAFTA 第 2001 条的规定,FTC 有权监督 NAFTA 的执行情况,并解决可能出现的关于该条约解释与适用的争议。根据 NAFTA 第 1131 条第 2 款的规定,FTA 发布的解释对仲裁庭具有拘束力,仲裁庭应当根据 NAFTA 以及其他可适用的国际法规则对争议问题作出裁决。[43]

有学者认为,这种联合解释能够重新调整、校准那些现存旧式国际投资条约中宽泛、含糊的条约条款(如对条约挑选实践可能产生重大影响的关键条款),并在无需进行法律修正的情况下促进了条约的可持续发展。[44] 由缔约国针对投资条约中对条约挑选实践可产生重大影响的条款作出联合解释(如投资及其投资者的定义),可以影响投资仲裁庭的认定,对于规制条约挑选行为的肆意蔓延有一定的事后预防作用。

(三)对 ISDS 条款进行改革

随着国际投资仲裁案件数量的不断攀升,ISDS 机制的内在缺陷逐步暴露

---

[41] 参见《中国—加拿大 BIT》(2012)第 18 条第 2 款、第 30 条。

[42] NAFTA 已于 2020 年 7 月 1 日被美墨加协定(USMCA)取代,但其中由 FTC 解释条约的机制得到了保留。

[43] Gabrielle Kaufman-Kohler, *Interpretive Powers of the Free Trade Commission and the Rule of Law in Fifteen Years of NAFTA Chapter* 11 *Arbitration*, in Emmanuel Gaillard & Frédéric Bachand, Fifteen Years of NAFTA Chapter 11 Arbitration, International Arbitration Institute, 2011, p. 175.

[44] See Anthea Roberts, *Power and Persuasion in Investment Treaty Interpretation*: *The Dual Role of States*, 104 The American Journal of International Law 198 (2010).

出来,投资者利用这一机制屡屡挑战东道国的外资规制权,对东道国的公共利益造成恶劣影响。[45] 绝大多数投资条约中纳入的ISDS条款为投资者提供了直接向国际仲裁庭提起针对东道国的索赔申请的权利,助长了条约挑选的实践。那么,制定不含ISDS条款的投资条约无疑能有效规制条约挑选行为。然而,目前只有极少数国家决定退出ISDS条款。2011年,澳大利亚宣布其未来缔结的投资条约中将不再适用ISDS条款,并在2012年的《澳大利亚—马来西亚自由贸易协定》中删去了该条款,然而,在2013年《澳大利亚—韩国自由贸易协定》中,ISDS条款重现身影。[46] 巴西长期以来作为国际投资争端解决机制的特立独行者,其对外缔结的《合作与投资便利化协定》(CFIAs)中依旧秉持着对ISDS机制的抵制态度。[47] 近期中国对外缔结的《区域全面经济伙伴关系协定》(RCEP)[48]和《中欧全面投资协定》[49]均将ISDS机制暂时搁置,并约定在几年内启动投资争端解决机制的谈判,可见缔约各方在现阶段仍无法就投资争端解决机制达成一致意见。

问题的关键在于,从投资条约中剔除ISDS条款是否可行。答案自然是否定的:完全退出ISDS机制将会是国际投资法领域的一个倒退。毫无疑问,现存的国际投资仲裁体制并不是完美无缺的,滥用这一体制的行为确实存在,但绝大多数国家并没有从根本上对其质疑。基于规制条约挑选的考虑,一个更为合理的解决方案是,在保留ISDS机制的基础上,对条约中ISDS条款所规定的可提交国际仲裁庭的争端种类进行明确规定,避免采用较为笼统的字眼使条约挑选者有机可乘,具体如何规定则视国家外资政策而定。由美国、加拿大、墨西哥三国缔结的《美墨加协定》(USMCA)就是一个很好的例子,它代表了一种全面收缩的ISDS机制。其中规定,仅保留美国与墨西哥之间的ISDS争端解决机制,并且其适用范围也受到很大的限制,除与政府合同相关的投资争端外,其余

---

〔45〕 参见徐宏:《当前国际形势和我国外交条法工作》,载《武大国际法评论》2017年第3期。

〔46〕 See Leon E. Trakman, *Investor-State Arbitration: Evaluating Australia's Evolving Position*, 15 the Journal of World Investment & Trade 166 (2014).

〔47〕 参见陈虹睿:《建立多元区域投资争端解决中心》,载《中国社会科学报》2017年7月17日,第7版。

〔48〕 Article 5.17 of Regional Comprehensive Economic Partnership Agreement, 2020.

〔49〕 Article 3 of Section VI in EU—China Comprehensive Agreement on Investment (CAI), 2020.

投资争端中可提交ISDS解决的仅限于违反准入后国民待遇、准入后最惠国待遇的行为以及直接征收行为。[50] 虽然这种争端解决机制可有效规制条约挑选行为的发生，但具有过度强调国家主义之嫌，不仅不利于投资争端的现实解决，也会对海外投资者的权利保护造成不利影响。因此，对可提交ISDS解决的投资争端的范围的限制应当适度，以实现私人投资者利益与东道国公共利益之间的平衡。

五、结 语

在"一带一路"政策和国内改革举措的推动下，中国企业对外投资的范围和规模不断扩大，海外投资者与东道国之间的投资争端也日渐频繁。在此过程中，中国开始了由资本输入国向资本输出国的身份转变，在如何实现外国投资者和东道国之间的利益平衡这一问题上需要更加谨慎，加上国际投资仲裁中条约挑选行为的逐渐泛滥，条约挑选行为的正当性问题在中国所处的现实语境下变得意义重大。"条约挑选"是一个中性概念，其并不当然构成权利滥用，但却在一定程度上对国际投资法律制度的稳定性和可预见性产生了消极影响，故从国家的层面而言应对其进行规制。由于目前不存在一个统一的、综合性的多边投资公约对条约挑选行为进行禁止，较为可行的办法是对国家间达成的双边或区域性国际投资条约的文本进行针对性设计。国际投资条约的契约属性表明，缔约国对于是否在条约文本中对条约挑选进行规制以及如何进行规制这一问题往往具有绝对的自主选择权，在对国家利益和外资政策等各方面进行权衡后，各国可以基于国家国情和外资政策对此进行自由协商和谈判。为有效规制国际投资仲裁中的条约挑选行为，国家可以采取在投资条约中订入拒绝授惠条款、对ISDS条款进行改革以及由缔约国嗣后进行联合解释等方法。虽然我国目前未被卷入与条约挑选有关的投资争端中，但并不意味着我们可以在此问题上掉以轻心。我国仍应及时做好相应的防范，对中国对外谈判和缔结的BITs有关条款进行改良和完善，以保证在被卷入相关争端时不至于遭受无谓的损失。

---

〔50〕 参见万军：《〈美墨加协定〉对北美三国投资的影响》，载《拉丁美洲研究》2019年第2期。

《联合国海洋法公约》项下国际海洋争端案件管辖权竞合问题研究

蒋舟与*

摘要：

《联合国海洋法公约》第十五部分创设了兼具灵活性与强制性的争端解决机制。由于其规定了数个平行的司法机构，并允许缔约国优先协议采用其他机制，可能产生管辖权竞合问题。管辖权竞合问题因当事人对标的价值、诉讼目的等的追求而切实存在，并会造成浪费司法资源、判决执行困难和影响条约宗旨实现等风险。管辖权竞合可以类型化为内部竞合与外部竞合。内部竞合又可分为当事人作出一个与数个选择的情形，并分别采取“剩余管辖权”与优先顺序的分析路径进行协调。而对于外部竞合，存在设立国际冲突法庭、采取立法方法等多种构想，其中较具有可操作性的为司法礼让方法与通过声明作出选择或保留。

关键词：

《联合国海洋法公约》；争端解决机制；管辖权竞合

一、《联合国海洋法公约》项下国际海洋争端案件管辖权竞合问题的产生

1982 年订立的《联合国海洋法公约》（以下简称《海洋法公约》）是当前关于国际海洋秩序、海洋权益、海洋环境保护等最重要的多边条约，堪称“海洋宪章”。除第 279 条、第 280 条共同规定的以和平方法解决争端的原则外，《海洋法公约》在其第十五部分第二节开创性地设立了非任择性的、有约束力的强制性争端解决机制。

其中，《海洋法公约》第 287 条是对在指定一个单一第三方争端解决机构

---

* 厦门大学法学院法学专业 2018 级本科生。

方面缺乏共识的回应。各国在第三次联合国海洋法会议期间无法议定一个在和平方式未能见效时可诉诸的争端解决机构。部分国家赞成指定一个法院或法庭,但具体意见不一。有国家质疑国际法院的保守并支持建立一个国际海洋法法庭,而偏好国际法院的国家则认为法庭的激增可能削弱海洋法问题统一判例的形成,而国际法院待审案件压力小、且有成功处理海洋法案件的先例。亦有国家批评常设法庭的僵化而偏好仲裁的解决效率,或赞成以特别仲裁方法为渔业、海洋科学研究、污染等争端的解决提供专业化程序。[1]此次会议上出现的利益冲突和妥协最终促生了《海洋法公约》规定的灵活性(flexibility)特点。

然而,兼具灵活性和强制性的争端解决机制带来了管辖权竞合的可能性。对内,《海洋法公约》第287条规定的各争端解决机构之间具有平行的管辖权,当事人在无法通过和平方式解决争端的前提下,可协议将争端提交至规定的任何一个争端解决机构。[2] 对外,《海洋法公约》还承认其他一般性、区域性或双边条约的效力,规定事先订立的国际条约指向的争端解决程序应优先于第十五部分的强制性争端解决机制。[3] 故当一个争端既可以被看作《海洋法公约》项下的解释或适用的争端,同时也可被看作是其他条约解释或适用的争端,且该条约业已规定争端解决机制时,便可能产生冲突。例如,根据《国际法院规约》第36条的规定,当事国可以随时声明而无需对方同意,对于接受同样义务的其他国家,承认法院对于四类争端具有"任意强制性管辖权"。在当事方都根据《国际法院规约》第36条接受强制管辖时,国际法院可以被视作条约规定的司法机构而具有优先性,但当案涉争端为当事人所保留和排除在强制管辖范围外

---

〔1〕 See John E. Noyes, *The International Tribunal for the Law of the Sea*, Cornell International Law Journal, Vol. 32, p. 109 – 182.

〔2〕 参见《海洋法公约》(1982)第287(1)条:一国在签署、批准或加入本公约时,或在其后任何时间,应有自由用书面声明的方式选择下列一个或一个以上方法,以解决有关本公约的解释或适用的争端:(a)按照附件六设立的国际海洋法法庭;(b)国际法院;(c)按照附件七组成的仲裁法庭;(d)按照附件八组成的处理其中所列的一类或一类以上争端的特别仲裁法庭。

〔3〕 参见《海洋法公约》(1982)第282条:作为有关本公约的解释或适用的争端各方的缔约国如已通过一般性、区域性或双边协定或以其他方式协议,经争端任何一方请示,应将这种争端提交导致有拘束力裁判的程序,该程序应代替本部分规定的程序而适用,除非争端各方另有协议。

时,《海洋法公约》第287条规定的法庭或法院均可能具有管辖权。此外,《海洋法公约》第十五部分还可能与WTO、欧盟的争端解决机制等存在管辖权竞合。

二、《海洋法公约》项下管辖权竞合问题的典型案例分析

(一)受案情况概述

国际海洋争端可见于各主要国际司法机构和其他争议解决机构中。具言之,对于《海洋法公约》项下案件的审理,国际海洋法法庭(ITLOS)作为特别分庭,迄今共受理案件29起;国际法院在《海洋法公约》下审理了12起涉海案件;而实际地位和利用率更高的海牙常设仲裁法院下的《海洋法公约》附件七仲裁庭审理了17起案件。常设仲裁庭下的非附件七仲裁庭仲裁的案件有3起,其中1起强制仲裁案件,即根据下文提到的《保护东北大西洋海洋环境公约》仲裁的,在争端上与前述案件存在重合。对于以其他条约为依据进行审理的案件,还有少量散见于WTO、ICSID、欧洲法院等机构案例中。

其中,涉管辖权竞合问题的案例数量尤其有限,以爱尔兰诉英国MOX工厂案、欧盟与智利关于在东南太平洋养护和可持续捕捞箭鱼群案(以下简称箭鱼案)、荷兰诉俄罗斯"北极日出号案"等为典例。

(二)MOX工厂案中的管辖权之争

1. 案件经过

爱尔兰在爱尔兰海海域的渔业生产活动收入是其经济的重要组成部分。英国于1993年批准一家核燃料公司British Nuclear Fuels Limited(BNFL)在其沿岸建造一个混合氧化物(MOX)[4]工厂用于MOX燃料的商业生产,爱尔兰认为工厂将对其海洋环境造成污染,反对运营工厂,申明BNFL环境声明和评估程序的不充分性,并提出根据当时的欧共体法律,英国有义务在发放运营执照前确保工厂的经济合理性。[5] BNFL于1997年向英国环境署提交经济合理性证明。英政府共进行了五轮公开论证,但公开报告中均未涉及其环境成本。

2001年6月,爱尔兰根据《保护东北大西洋海洋环境公约》(以下简称

---

〔4〕 MOX是"mixed oxide"(混合氧化物)的简称,是一种铀-钚氧化物混合物,从已使用过的乏燃料中提取,其本身可作为核反应堆的再生燃料使用。MOX工厂的设计目的是将废核燃料中的钚转化为缩写为MOX的新燃料,从而回收钚。See Cesare P. R. Romano, *Case C-459/03 Commission v. Ireland*, American Journal of International Law, Vol. 101.

〔5〕 即该工厂运行的经济效益要超过其包括环境成本在内的经济成本。

《OSPAR 公约》)在常设仲裁法院提起仲裁程序,指出英政府未能提供完整报告,违反了《OSPAR 公约》关于防止污染及提供信息义务的规定。[6] "9·11"事件后,核设施安全问题引起关注,英国亦有媒体撰文批评政府决定,但英政府仍然认定该工厂具有经济合理性并计划正式批准运营。最终,爱尔兰于 2001 年 10 月 25 日书面通知英国,表示英国违反其根据《海洋法公约》应履行的义务,并将争端提交至附件七仲裁程序。2014 年 11 月 9 日爱尔兰又请求 ITLOS 在仲裁程序开始前规定临时措施,中止工厂运营授权[7]。

2. 管辖权争议与解决

相较其他案件,本案涉及机构众多、审理过程复杂。对于爱尔兰的两度起诉,英国提出 ITLOS 和仲裁庭对此案没有管辖权,其理由包括:第一,基于《海洋法公约》第 282 条,[8] 欧洲法院依据《欧洲共同体条约》对本案具有专属管辖权。第二,爱尔兰未与其通过谈判或其他和平手段交换意见,违反了《海洋法公约》第 283 条的协商和意见交换义务。

ITLOS、附件七仲裁庭、《OSPAR 公约》仲裁庭和欧洲法院先后对案件进行了审理,各机构的管辖权之间虽相互重叠,但却均得以确立。从案件审理经过中可理出机构管辖权转移的两条路线:《海洋法公约》下法庭到欧洲法院的转移,以及与此平行的《OSPAR 公约》仲裁庭的审理。

(1) ITLOS 和附件七仲裁庭的管辖权

ITLOS 在 2001 年对本案作出审理,认为基于事实紧迫性程度,无需在仲裁庭组成前规定临时措施,但对管辖权问题则给出了支持性论述。[9] 其管辖权的确立分两步:

其一,附件七仲裁庭相对于《OSPAR 公约》仲裁庭等具有初步管辖权。本案中,双方均为《海洋法公约》缔约国。同时,本案属于《海洋法公约》第 288 条

---

[6] 参见《OSPAR 公约》(1992) 第 9(2) 条:缔约国在沿海国的海域采取的活动和措施对此海域有不利影响和可能有影响的,应当让沿海国有相应通道获得相关信息。

[7] See ITLOS, The MOX Plant Case (Ireland v. United Kingdom), Provisional Measures, Request for Provisional Measures and Statement of Case of Ireland.

[8] 即争端当事国通过一般性、区域或双边协定或其他方式同意根据争议一方之要求提交一个作出有约束力裁决的程序,则该程序应代替本部分所规定的程序,除非争议各方另有约定。

[9] See ITLOS, The MOX Plant Case (Ireland v. United Kingdom), Provisional Measures, Order of 3 December 2001, p. 95 – 110.

规定的与《海洋法公约》的解释或适用有关的争端,[10]而《OSPAR 公约》《欧洲共同体条约》规定争端解决程序所处理的是与其协定自身的解释或适用有关的争端,其规定的权利义务尽管与《海洋法公约》相似,但仍存在区别。此外,考虑到条约订立背景、宗旨、嗣后惯例等方面的差异,与条约解释相关的国际法规则适用于不同条约条款可能导致歧义。故爱尔兰在各条约下承担的义务重叠而又相互独立,在具体诉讼中其可以选择承担。本案涉及的是《海洋法公约》而非其他条约的解释适用问题,故只有第十五部分程序与其有关。附件七仲裁庭于2002年组成,[11]支持了ITLOS关于初步管辖权的判断,并认为英国提出的异议均不导致对其初步管辖权的否定。[12]

其二,根据《海洋法公约》第290条第5款,ITLOS自身管辖权基于附件七仲裁庭的初步管辖权而产生。组成仲裁庭前,如认为有必要,法庭可规定临时措施以维护各方利益或防止对海洋环境造成严重损害。且当失去达成一致的可能性时,任何一方无继续交换意见的义务。

(2)欧洲法院的管辖权

欧洲委员会曾于2003年5月15日在其议会上作出书面答复,并仅于听审前5日提交至仲裁庭,表示委员会正在审查是否需要提起诉讼。

面对委员会的起诉意图,仲裁庭认为尽管争议双方此前都未明确提出欧洲法院对本案具有专属管辖权,但不能排除欧洲法院会支持这一点。并且在程序上,欧洲法院的管辖会导致仲裁庭管辖权被完全排除的“切实可能性”(real possibility)。作为仲裁庭,在做出最终裁决前必须明确、不存实质怀疑地相信自身有管辖权。本案中,要确定可适用的其他条约规定或国际法规则,特别是根据《海洋法公约》确定管辖权等事项,都取决于上述问题的解决,而上述事项涉及的争议双方均需遵守的欧盟独立的法律秩序,需由欧洲法院决定。因此,尽管存在可能不属于欧洲法院专属管辖的事项,仲裁庭最终仍认为不宜再基于存在争议的条款对案件进一步审理,直至欧洲法院作出判决或仲裁庭另有裁定。

2003年,欧洲委员会在欧洲法院对爱尔兰提起诉讼,指控其将争端提交给

---

[10] 参见《海洋法公约》(1982)第288(1)条:第287条所指的法院或法庭,对于按照本部分向其提出的有关本公约的解释或适用的任何争端应具有管辖权。

[11] See PCA, MOX Plant Case (Ireland v. United Kingdom), Order No. 1, 02 July 2002.

[12] See PCA, MOX Plant Case (Ireland v. United Kingdom), Order No. 3, 06 June 2008, p. 1-3.

其他法庭而未咨询委员会,违反《欧洲共同体条约》第 10 条关于"忠诚合作"的要求以及关于欧洲法院对条约事项专属管辖权的规定。与 ITLOS 不同的是,委员会认为,即使争端只有一部分属于欧共体法律,欧洲法院亦应当有权管辖并作出裁决。欧洲法院支持了委员会的指控,[13]认为《海洋法公约》是一项"混合协定"(mixed agreement),部分由欧共体及其成员国参与缔结并由委员会决定通过,因此部分属于欧盟的管辖范围,该部分的管辖权应适用于所有混合协议而不取决于它是否及于一份国际协定内的每项条款。作为缔约方,欧盟管辖范围内的《海洋法公约》条款构成其法律秩序的组成部分。又因《海洋法公约》附件九的规定,对于成员国已将权利转移给欧共体的事项,应由欧共体行使规定的权利和义务。欧共体在通过《海洋法公约》时交存了关于其和其成员国权利的声明,其范畴包括爱尔兰提交至仲裁庭的诉求,故爱尔兰援引的有关规定属于欧共体法律秩序的必要组成部分,应由欧盟采取措施。

从而,欧洲法院在 2006 年 5 月 30 日作出判决,认为法院具有专属管辖权,爱尔兰本应将争端提交至欧洲法院,但其并未履行对委员会的提供信息与咨询义务而率先启动了《海洋法公约》的争端解决程序,这对于欧共体的对外行动一致性将造成破坏。[14] 附件七仲裁庭在 2008 年的裁决中认可了欧洲法院的判决。[15] 2007 年 2 月 5 日,爱尔兰提出撤诉。

(3)《OSPAR 公约》仲裁庭的管辖权

在附件七仲裁庭和欧洲委员会展开行动的同时,根据《OSPAR 公约》成立的仲裁庭组成并从 2002 年 2 月 21 日开始审理案件。2003 年 7 月 2 日,该仲裁庭对于本案亦作出最终裁决,涉及管辖权问题与实体问题。[16]

对于管辖权,《OSPAR 公约》仲裁庭采取了与附件七仲裁庭完全不同的态度:充分肯定了自身具有的管辖权而并未对欧洲法院可能具有的管辖权予以考虑。根据多数意见,仲裁庭驳回了英国的主张。理由在于,英国将其反对爱尔兰根据《OSPAR 公约》第 9 条第 1 款提出主张的理由归结为法庭缺乏管辖权或不应受理,然而,仲裁庭一致认为,爱尔兰的诉求并非指向管辖权或可受理性问

---

〔13〕 See ECJ, Commission v. Ireland, Case C-459/03, ECR I-4635, 18 January 2006.

〔14〕 See ECJ, Commission v. Ireland, Case C-13/00, ECR I-2943, 19 March 2002.

〔15〕 See PCA, MOX Plant Case (Ireland v. United Kingdom), Order No. 5, 22 January 2007.

〔16〕 See OSPAR Arbitration, Ireland v. United Kingdom, Final Award, 2 July, 2003, p. 59.

题,而是实质性问题,即在本案事实下该法条的解释与适用问题。[17]

(三)箭鱼案中的管辖权竞合

1.案件事实

1991年,智利出于保护西南太平洋箭鱼资源的目的,颁布法令对其本国船只的捕捞量加以限制。而同时,由于大西洋箭鱼产量萎缩,相关国际组织同样出台了箭鱼捕捞量限制,使长期在此海域从事箭鱼捕捞的西班牙捕捞者利益受损,部分西班牙船只能将捕捞区域逐渐转至西南太平洋。对此,智利因无法禁止公海海域的捕捞行为转而根据其《渔业法》第165条,禁止违反智利法律的船只在其港口停泊或转运,使捕捞者损失不菲。欧盟认为智利此举大大影响了其成员国的出口,而智利则坚称这是必要的环保举措。此后十余年,双方多次就箭鱼捕捞进行磋商谈判,但始终未能达成一致。

2.管辖权争端与解决

相较前案,本案管辖权竞合的情形更简明。2000年4月19日,欧盟提出与智利就其禁止在智利港口卸载的问题进行协商并于同年11月请求成立了专家组,称其《渔业法》第165条的港口限制违反了1994年《关税及贸易总协定》第5条关于过境自由的规定以及第11条关于普遍取消数量限制的规定。[18] 同一时期,智利根据《海洋法公约》提交了争端,随后双方通过协议正式选择了ITLOS。该案第2000/3号命令指出,法庭将根据《海洋法公约》就下述事项做出裁决:欧盟是否履行了《海洋法公约》第64条、第116条至第119条、第300条等关于生物和渔业资源保护以及相关合作、诚实信用等的义务,以及智利是否未违反上述义务和《海洋法公约》第87条、第89条关于公海自由和禁止主权管辖的规定。法庭还将就自身是否具有管辖权进行裁决。[19]

然而,最终两项进程均未得以继续。2001年后,双方达成合作协议并持续进行谈判,同时分别请求中止专家组程序与ITLOS的审理程序,案件审理随后多次延期。该案于2009年终结。

---

〔17〕 See OSPAR Arbitration, Ireland v. United Kingdom, Final Award, 2 July, 2003, para. 118.

〔18〕 See WTO, Chile-Measures affecting the Transit and Importing of Swordfish, Request for Consultations, WT/DS193/1. 26 April 2000.

〔19〕 See ITLOS, The "Arctic Sunrise" Case (Kingdom of the Netherlands v. Russian Federation), Provisional Measures, Order 2000/3. 20 December 2000.

(四)“北极日出号”案的管辖权之争

1. 案件事实

2013年9月19日,绿色和平组织成员乘坐船旗国为荷兰的“北极日出号”破冰船在俄罗斯位于北极的专属经济区抗议其国家石油天然气公司在北冰洋的开采行为。俄罗斯边防人员对该船只逆行追逐,拘押了其中两名试图强行登上钻井平台的成员,并在随后登临、扣押了船只并拘捕了船员。荷兰随即与俄罗斯进行交涉,并于同年10月4日根据《海洋法公约》启动附件七仲裁程序,另向ITLOS申请临时措施,要求裁定迅速释放船只与30名船员。

2. 管辖权争议与解决

该案情形与MOX工厂案前期类似,涉及仲裁庭的初步管辖权与ITLOS就临时措施的管辖权。针对荷兰的起诉,俄罗斯以其根据《海洋法公约》第298条,对《海洋法公约》下司法机构对专属经济区主权权利及管辖权争端的强制管辖权提出了保留为由,认为该争端包括“有关行使主权权利或管辖权的执法活动”,属于保留的范围,从而否认仲裁庭及ITLOS对争端具有管辖权,并拒绝参加诉讼。但2013年11月22日,ITLOS仍然针对临时措施作出裁决,并发布命令要求俄罗斯在荷兰提交担保金后,立即释放案涉船只及人员。[20]

此外,2015年2月,附件七仲裁庭裁定其对此案具有管辖权。仲裁庭在对俄罗斯的保留声明进行分析时,指出《海洋法公约》第309条规定,除非《海洋法公约》其他条款明确允许,否则不得对《海洋法公约》作出保留或例外。尽管《海洋法公约》第310条规定前述规定不排除缔约国作出声明,但它还补充了一项但书,即“这种声明或陈述不应意在排除或修改《海洋法公约》规定的法律效力”。经分析,仲裁庭一致认为,俄罗斯的声明只能适用于《海洋法公约》第298条允许排除的例外情况,但其在本案中的行动不属于第298条范围内的“有关行使主权权利或管辖权的执法活动”以及海洋科学研究或渔业等根据《海洋法公约》第297条与第298条的解释可有效排除管辖的领域。[21]

---

〔20〕 See ITLOS, Case concerning the Conservation and Sustainable Exploitation of Swordfish Stocks in the South-Eastern Pacific Ocean (Chile/European Union), Order of 22 November 2013.

〔21〕 See PCA, The Arctic Sunrise Arbitration (Netherlands v. Russia), Award on Jurisdiction, 26 November 2014.

三、管辖权竞合问题的意义

(一)管辖权竞合的“假命题”质疑

1. 各国基于成本考虑不会平行诉讼

关于国际海洋法争端中的管辖权竞合问题的实践与理论意义,存在不同观点。部分学者认为管辖权竞合问题不易产生,认为尽管《海洋法公约》的灵活性规定为管辖权竞合提供了空间,但即便存在开放的多个选择,争端的当事国是否会花费大量不必要的资源在不同的国际争端解决机构进行平行诉讼仍值得质疑,遑论《海洋法公约》第282条、第287条以及第290条共同规定的各种优先权(priority)或许已可以在大多数情况下处理管辖权问题。

2. 国际公法中不易产生不一致判决

同时,即使是在平行的国际海洋法诉讼中,判决不一致的风险也远低于国内法院受理的诉讼。[22] 一方面,在多数案件中,特别是在针对海洋划界和渔业管理的案件中,往往需基于具体事实对案件进行考察。[23] 另一方面,国际公法争端与国际私法争端有异质性。在国际私法实践中,因各国冲突法规定所指向的准据法不同,且在选择法律时往往有扩张适用本国法的倾向,因此在国内法院受理的诉讼中,当事人挑选法院的不同更可能导致截然不同的法律适用并造成判决的不一致。然而,在国际海洋法争端中,司法机构往往适用相同的国际法,[24]有相对统一的国际法渊源,判决不一致的可能性在相当程度上受到限制。

---

〔22〕 See John E. Noyes, *The International Tribunal for the Law of the Sea*, Cornell International Law Journal, Vol. 32, p. 178 页以下。

〔23〕 John E. Noyes 进一步提出,即使在最不理想的情况下,即国际海洋法法庭与另一法院或法庭作出了不一致的判决,当事方的情况仍然不会比没有任何判决时更糟,法庭之间亦可以拒绝一些相互冲突的主张,从而缩小当事方在进一步解决争端时所要进行谈判的范围。但这一说法缺乏有说服力的论证,有待商榷。

〔24〕 参见《国际法院规约》(1945)第38(1)条:法院对于陈诉各项争端,应依国际法裁判之,裁判时应适用:(a)不论普通或特别国际协约,确立诉讼当事国明白承认之规条者。(b)国际习惯,作为通例之证明而经接受为法律者。(c)一般法律原则为文明各国所承认者。(d)在第59条规定之下,司法判例及各国权威最高之公法学家学说,作为确定法律原则之补助资料者。

3. 实践中管辖权竞合案例数量较少

此外,对《海洋法公约》项下争端的受案情况进行梳理,亦能发现真正涉及管辖权竞合问题的相关案件数量较少。这一事实也成为管辖权竞合未必会造成现实问题的论据之一。

(二)管辖权竞合问题的证有

1. 成本不构成削弱平行诉讼动机的重要因素

首先,诉讼会造成成本不必然意味着超出原告可承受的合理程度以至影响原告之起诉意愿,诉讼成本的高低判断取决于诉讼结果的可能利益,而在主权国家层面,这种利益背后是更为复杂的经济、政治目的。实证定量研究亦表明一国选择法院与其法律体系、国内法律制度具有相关性。[25] 其次,原告起诉时往往主张由被告承担诉讼成本。例如,爱尔兰在向《OSPAR 公约》和《海洋法公约》下不同机构提交争端时,均主张由英国承担相应费用。

2. 标的或主诉事项具有决定性作用

梳理不同法院或法庭审理案件的类型与频率,会发现标的或主诉事项(subject matter)往往才是当事方选择法院的决定性因素之一。[26] 对于 ITLOS 而言,基于其所享有的特别管辖权,其受理案件多与临时措施及迅速释放有关。而在国际法院,在自科孚海峡案起共受理的 20 余起涉海争端中,主权与海洋划界问题成为核心,其对这一类案件的处理经验甚至早于《海洋法公约》而形成。而对于渔业和环境保护问题,由于涉及复杂纠纷,无法简单归于任何一类案件,故此类案件在各机构皆有分布,业已解决的五起案件中,有三起涉及 ITLOS(如南方蓝鳍金枪鱼案),一起涉及常设仲裁法院,一起涉及国际法院。

基于不同法院审理不同类型案件所依据条约的宗旨不同,以及各法庭在审理各类型案件方面的不同优势,当事方可能寻求更有利于自身利益实现的争端解决机制。箭鱼案中,欧盟选择 WTO 争端解决程序的态度一反往常,显然受到了"自由贸易""开放市场"理念下胜诉概率增加的可能性,以及利用 WTO 机制

---

〔25〕 See Emilia Justyna Powell & Sara McLaughlin Mitchell, *Forum Shopping for the Best Adjudicator: Conflict Management and the United Nations Convention on the Law of the Sea* (unpublished manuscript), Working paper, University of Iowa. 2012, available at: http://www.saramitchell.org/pmunclos.pdf (2021-1-4).

〔26〕 See Douglas W. Gates, *International Law Adrift: Forum Shopping, Forum Rejection, and the Future of Maritime Dispute Resolution*, Chicago Journal of International Law, Vol. 1 (2017), p. 299.

推动裁决强制实行的目的的影响。相应地,智利的选择则可能是出于对前者的不信任,并看重ITLOS的环保理念。

3. 当事人就同一争端不同事项分别提起诉讼或仲裁申请

实践中,出现管辖权竞合的情形包括同一当事人基于同一争议事实同时在两个或两个以上法院所进行的诉讼,也包括基于同一事实或诉讼标的,相反当事人各自向不同机构提交争端。可以发现,针对同一项争端,当事人可能将争端分为不同事项,并适用不同法律依据分别提起数个诉讼或仲裁申请,而各法庭或仲裁机构在不同条约规定的范畴内所能够审理的事项不同,特别是仲裁庭仅能在当事人申请的范围内进行审理。

在MOX工厂案中,ITLOS在确立仲裁庭的初步管辖权时曾指出,爱尔兰根据各条约下承担的义务有所重叠而又相互独立,在具体争端中可以选择承担。提交给附件七仲裁庭的争端涉及的是《海洋法公约》而非其他条约的解释和适用问题,因此只能适用第十五部分的强制性争端解决程序。而爱尔兰实际上也分别就不同条约规定的义务进行了提交争议解决机构。在向附件七仲裁庭提交争端时,爱尔兰诉称英国违反了其根据《海洋法公约》各项规定所应承担的义务,包括没有采取必要的措施以防止、减控污染;没有尽到对污染及其影响以及与反恐有关的安全性问题作出评价并通过主管国际组织将评价报告提送各国的义务。[27] 而依照《OSPAR公约》,爱尔兰则指责英国违反了该公约的第9条,未能提供其在报告中缺少的与环境污染影响评估等有关的信息。两起诉讼均涉及相同事实和英国防治污染、评估影响并提供报告的义务,构成平行诉讼。故实践中可能存在这样的情形:当事人分开提交审理的不同诉讼最终导致数个法庭针对一定程度上重叠的权利义务作出了裁决。如果裁决相似,则可能导致对当事人重复的执行行为或赔偿;裁决不一致则如下文所述可能直接造成执行上的困难。

(三)管辖权竞合问题造成的现实风险

基于利弊、风险的分析,本文认为,对管辖权竞合不宜"一刀切"地避免。一方面,国际海洋争端中管辖权竞合的产生是国际争端解决机构专业化、区域化和多方利益平衡、相互妥协的结果,伴随新问题的产生和新领域的发展,其根本动力和目的在于有利于诉讼和推动争议解决,具有现实意义。但另一方面,多个争端解决机构之间管辖权的重叠可能造成一系列现实风险,如额外的司法成本浪费、判

---

〔27〕 See PCA, MOX Plant Case (Ireland v. United Kingdom), Ireland Memorial Part III: the relief sought, 26 July 2002, para. 10.15.

决不一致、执行难、影响条约目的或宗旨的实现、加剧国际法碎片化等。

1. 导致不同裁决和执行困难

数个国际司法机构分别管辖同一个案件,如果裁决结果相同或相似,则无疑导致司法资源浪费,没有向不同司法机构起诉之必要。争端当事方之所以要各自挑选司法机构从而造成分别管辖的局面,正因不同的司法机构可能会作出对其有利的裁决。《海洋法公约》规定给当事方根据不同的联系因素向不同司法机构寻求解决方法提供了基础。而由于各条约规定的当事人权利义务具有区别,管辖权冲突客观上造成的"一事再理"可能导致裁决的不一致。

如前所述,当事人适用的不同法律规定的权利义务可能有所重叠,在 MOX 工厂案中,爱尔兰在起诉时同时提及欧共体法律以及《海洋法公约》规定,虽然其随后在欧洲法院的辩护中仅将所援引的欧共体法律描述为"不具约束力的事实要素",声称援引的唯一目的是说明仲裁庭以外的其他机构实践中如何理解各术语,以便对《海洋法公约》若干条款进行解释,并通过反致保证不同法律和谐共存。但法院驳回并认为其目的并非为了说理或反致,而是在于适用,以寻求英国违反欧共体法律的判定。这说明当事人可能基于规定了相似权利义务的不同条款在不同法院提起诉讼,使法庭对相似的权利义务作出判决。

管辖权竞合现象在国际民商事诉讼中颇为常见,其后果除判决相互冲突,还有执行上的困境。而国际公法中也可能有类似后果。例如在"箭鱼案"中,如 WTO 的争端解决机构(Dispute Settlement Body, DSB)确实做出了有利于欧盟的裁决,而当 ITLOS 做出了冲突的裁决时,尽管 DSB 的建议应当具有强制执行力,但智利政府有可能以 ITLOS 的裁决为理由拒不执行其措施。而 ITLOS 并没有与 WTO 的上诉机构类似的异议程序,其判决可能直接与 WTO 判决在执行中产生冲突。[28]

2. 影响条约目的或宗旨的实现

而即使裁决——在理想的情况下——以完全相同的国际法渊源为依据,在法律的解释、适用中,法律文本和语言的开放地带,各司法机构与条约的不同的价值与理念也可能导致不一致裁决和执行上的困难,从而使部分条约或条款的目标和宗旨难以得到实现。

再以 DSB 与《海洋法公约》争端解决机构的竞合为例:《海洋法公约》规定出于对公海生物资源的保护,尊重和鼓励各国的环境保护,意图加强各国环保

---

〔28〕 参见陶俊辉:《论国际海洋法法庭与 WTO 争端解决机构管辖权的冲突》,华东政法大学 2008 年硕士学位论文,第 24 页。

方面合作、要求各国注重养护公海生物资源,从而与这一宗旨相冲突的包括捕鱼等贸易活动,都应受到限制。这一环境理念与WTO“自由贸易至上”的取向相矛盾。从而,《海洋法公约》下的司法机构,特别是专门成立的ITLOS,与DSB等其他双边或多边条约设置的争端解决机构在司法过程中秉持不同的价值取向,由此针对同一争议的判决可能对当事人的权利义务作出不同的决定与分配。

3. 加剧国际法“碎片化”

国际争端解决中管辖权的竞合还可能加剧国际法的“碎片化”。国际法体系包括了大量的区域性、双边性系统,缺乏统一性的法律秩序,各体系之间提供的争端解决机制也可能存在冲突,但国际法中向来缺少协调适用众多零散性规则的机制。[29] 国际法的“碎片化”特性和“不成体系性”及其影响逐渐成为国际法发展中的重要问题。而与此同时,国际司法机构呈现“扩散”态势并造成了一定的风险,具体体现为第三方争端解决机制的司法或准司法化。[30] 不同争端解决机构的受案范围可能重叠,又可能对相似或相同案件适用不同法律或对同一条款作不同解释,且目前尚缺少协调不同机构之间关系的一般性规则,难以保障各机构判决的一致性,[31]这就可能进一步导致国际法的支离破碎。

管辖权竞合问题基于多边国际法实践中多元化的争端解决机制产生,但在个案中可能反而影响各方诉讼利益的实现。故而,对于管辖权竞合问题不宜一概避免之,追求通过严格的规则设计将对不同事项的管辖权限于单一确定的机构,而需通过更灵活的方式,以便让当事人能够在更合理的范围内实现其在个案中的诉讼利益。

四、国际海洋争端案件所涉管辖权竞合的情形及解决路径

基于《海洋法公约》的规定,产生了两类可能的竞合情形。二者具体指向的问

---

〔29〕 See Hafner. G, *Pros or Cons Ensuring from Fragmentation of International Law*, Michigan Journal of International Law, Vol. 25(2004), p. 849.

〔30〕 参见杨永红:《分散的权力:从MOX Plant案析国际法庭管辖权之冲突》,载《法学家》2009年第3期。

〔31〕 See Tullio Treves, *Conflicts between International Tribunal for the Law of the Sea and the International Court of Justice*, NYU Journal of International Law and Policies, Vol. 31(1999), p. 709.

题是,在《海洋法公约》第 287 条规定的数个管辖机构之间,何者具有管辖权? 当出现其他条约所规定的管辖权机构时,《海洋法公约》下的法院或法庭与其他争端解决机构何者具有管辖权?

对此,本文将管辖权竞合情形分为:(1)《海洋法公约》项下产生具有约束力裁决的争端解决机构之间的"内部竞合";(2)《海洋法公约》的强制争端解决机制与其他根据第 282 条规定而具有管辖权的其他国际条约所规定的争端解决机制之间的"外部竞合"。以下部分将以此为分析进路详述各情境下管辖权竞合问题的已有处理方式及可能的解决路径。

(一)管辖权"内部竞合"及其解决

针对"内部竞合",需要区分双方仅选择了一个机构或未做声明,与双方各自选择了数个不同的机构两种情形进行具体分析。

1. 当事方选择一个机构:"剩余管辖权"的解释路径

实践中较易出现的情形是双方各自选择了一个第 287 条规定的争端解决机构。对此,《海洋法公约》起草者已有所预见并以附件七仲裁庭作为默示争端解决机构。

首先,根据《海洋法公约》,对于双方未能通过达成一致诉诸某一机构的"剩余争端",附件七仲裁庭具有管辖权。《海洋法公约》第 287 条第 5 款规定,如争端各方未接受同一程序以解决这项争端,则除各方另有协议外,争端仅可提交附件七仲裁庭。这意味着附件七仲裁庭具有"剩余强制性管辖权"(residual compulsory jurisdiction)。[32]

其次,为确保附件七仲裁庭所具有的此种"剩余管辖权",《海洋法公约》作出了一系列规定以排除可能导致规避仲裁或仲裁庭无法成立的情形。

(1)对一方未能指定仲裁员的情形,附件七中予以规定,使其不妨碍仲裁庭成立。附件七第 3 条规定,仲裁庭应由双方各派出的一人与协议指派的三名他国国民组成,而当存在规定期限内未指派或双方未能达成协议等情形时,则相对方或争端的任意一方有权提请由各方选定的第三方、国际海洋法法庭庭长或有资格之国际海洋法法庭资深法官作出必要的指派。特别仲裁中,联合国秘书长亦有权为此类指派。

(2)对一方未出庭或不辩护,附件七第 9 条规定不妨碍程序进行和仲裁庭作出裁决,他方可请示仲裁庭继续进行程序并作出裁决。附件六关于 ITLOS 的

---

〔32〕 See John E. Noyes, *The International Tribunal for the Law of the Sea*, Cornell International Law Journal, Vol. 32, p. 120 页以下。

规定与国际法院规约中对法官产生和既定程序的规定,同样确认了缺席无法妨碍裁决的产生。[33] 这典型地体现在"北极日出号"案当中。该案中,ITLOS还援引国际法院关于"不应诉"的裁决,强调在已提供给双方就案件发表意见机会的前提下,一方缺席不妨碍诉讼程序开展,亦不影响法庭发布临时措施。[34]

再次,根据第309条的规定,《海洋法公约》原则上禁止对其条款作出保留。典型的例外,如前述"北极日出号"案中所反映的,为第298条规定的"适用第二节的任择性例外",且对于该条第1款各项,宜作出限制性解释。[35]

最后,《海洋法公约》针对少数情形规定了其他"剩余管辖权"情形。第十五部分第二节第292条关于船只和船员的迅速释放问题,表述为"如从扣留时起十日内不能达成这种协议,则除争端各方另有协议外,可向扣留国根据第二八七条接受的法院或法庭,或向ITLOS提出"。这一规定实际上也意味着在各方无法协议达成一致时,ITLOS拥有剩余管辖权。

关于"剩余管辖权"的规定在相当大的程度上能够保证《海洋法公约》下的争端诉诸一有管辖权的机构。但这也导致第287条规定的所有机构仅仅在表面形式上实现了平等,而在实际上,附件七仲裁庭相较于其他司法机构具有更高的地位。这是因为《海洋法公约》规定不仅使附件七仲裁庭成为当事方可自由选择的并列机构,还将其管辖作为针对剩余争端而自动适用的一般规则,而其他机构事实上成为了双方共同声明选择同一机构时才生效的例外规则。

然而,现实中,尽管《海洋法公约》要求各国作出选择,但缔约国中仍然仅有43个国家即约25%的缔约国作出了明确选择。[36] 一种观点是这并非不合理,因为附件七仲裁庭是第三次联合国海洋法会议期间大多数国家首选的法院。

---

〔33〕《海洋法公约》(1982)附件六,第28条:当事一方不出庭或对其案件不进行辩论时,他方可请求法庭继续进行程序并作出裁判。当事一方缺席或对其案件不进行辩护,应不妨碍程序的进行。法庭在作出裁判前,必须不但查明对该争端确有管辖权,而且查明所提要求在事实上和法律上均确有根据。

〔34〕 See ITLOS, "Arctic Sunrise" Case (Netherlands v. Russia), Provisional Measures, Judgment of 22 November 2013.

〔35〕 参见张华:《俄罗斯不应诉"北极日出号"案及其对中国的启示》,载《俄罗斯研究》2014年第6期。

〔36〕 See Douglas W. Gates, *International Law Adrift: Forum Shopping, Forum Rejection, and the Future of Maritime Dispute Resolution*, Chicago Journal of International Law, Vol. 1 (2017), p. 296.

在联合国大会已多次呼吁缔约国积极声明选择的前提下，绝大多数国家仍未作出任何声明而默认将这一程序交由《海洋法公约》的强制管辖权制度支配，实际上是用不声明的行为表达对仲裁的倾向。[37] 偏好仲裁的判断不仅符合实践，也容易得到理论支持，因为仲裁基于其本身对当事人意思的尊重和由此产生的特点，更易被当事人双方国内舆论接受，保密性也较高。

然而，"剩余管辖权"的地位带来的是对仲裁的司法化、单边化和对约定性的损害。这种制度在一定程度上导致了程序正当性的缺失。相关规定事实上排除了缔约国的选择自由。迄今为止附件七仲裁庭受理的案件基本都是因为当事双方没有做出选择，或者选择了不同的机构而产生的。而《海洋法公约》规则赋予附件七仲裁庭在启动上的单边性，在相当程度上颠覆了仲裁基于双方合意的传统原理。在程序事项方面，亦不再完全依赖于当事方合意，甚至在仲裁员的选任上面在规则和实际上均强化了法庭指派的作用，然而拒绝仲裁并不导致程序终结。[38]

同时，与前文不同的另一种可能性是，较少缔约国作出选择的事实并不一定代表缔约国普遍不赞成其他争端解决制度或 ITLOS 的管辖。法官 Tullio Treves 即认为没有选择不意味着倾向于仲裁，而仅是一种符合正常"官僚性谨慎"的"观望"态度。[39] 相反地，在作出选择的国家中，绝大多数选择反对仲裁，因此，他将这一事实视为各国比起仲裁更赞成 ITLOS[40] 的迹象。[41] 然而，结合近年 ITLOS 等机构尝试扩大管辖权的趋势，该学者的 ITLOS 法官身份或在一定程度上影响其观点。并且，考虑到明确选择的国家的比重仅有 25%，则较少

---

[37] 截至 2020 年 8 月 6 日，在《海洋法公约》167 个缔约国和欧盟中，多达 116 个国家没有声明选择第 287 条所列的任何法院或法庭。参见［西］Miguel García García-Revillo：《关于缔约国根据〈联合国海洋法公约〉第 287 条所作"声明"的讨论》，黄宇欣、张晓意译，载《中华海洋法学评论》2020 年第 3 期。

[38] 参见刘衡：《〈联合国海洋法公约〉附件七仲裁：定位、表现与问题——兼谈对"南海仲裁案"的启示》，载《国际法研究》2015 年第 5 期。

[39] See Tullio Treves, *Choice of Procedure for the Compulsory Settlement of Disputes under the Law of the Sea Convention*, Universidad Complutense de Madrid, 2005, p. 447 – 453.

[40] 此处使用的表述是 international court，考虑到作者的身份、立场与上下文，理解为国际海洋法法庭或更恰当。

[41] 参见 Tullio Treves, *Conflicts between International Tribunal for the Law of the Sea and the International Court of Justice*, NYU Journal of International Law and Policies, Vol. 31 (1999)，第 719 以下。

缔约国做出选择排除仲裁这一事实是否反而支持了前文的偏好仲裁观点值得考虑。

2. 当事方作出数个选择:优先顺序的辨析

需要提及的是,除了本文中的各自选择一个法院或法庭的情形,实践中也存在双方各自选择数个争端解决机构的情况。《海洋法公约》规定各国应用书面声明的方式选择“下列一个或一个以上方法”,为这种情形的产生提供了空间。而在一国声明作出多个选择的情形下,则涉及如何最终确定一个机构,或如何判定各选择之间优先顺序的问题。

如对于挪威斯瓦尔巴渔业保护区(Svalbard Fisheries Protection Zone, SFPZ)问题,如SFPZ未来变更为专属经济区,则可能出现这一内部竞合情形,而挪威在加入《海洋法公约》时业已指定国际法院为争端解决机构,而SPFZ问题中可能产生争议的国家如西班牙、俄罗斯等国则选择了国际法院、国际海洋法法院、仲裁庭中的数个。对此,在双方均指定多个无优先顺序的争端解决机构的情况下,则应当由其中任一共同争端解决机构受理,如无共同争端解决机构又无协议,则由具有“剩余管辖权”的机构受理。

然而,当双方多个选择之间存在重合,且任意一方提出在所选争端解决机构之间存在优先顺序时,如何确定管辖权的归属则可能是一个较复杂的问题。其具体情形可能包括一方指定了优先顺序而另一方未指定,或双方均指定了优先顺序但顺序不同两种情形,这时往往难以仅仅根据一方的偏好作出决定。

一种观点是,在此情形下,未确定优先顺序的国家应将争端提交给双方共同选择中对手的首选,而当确定优先顺序的国家作为原告时可以在双方都选择的法院或法庭对另一方提起诉讼。当两者选择了相同的法院或法庭但优先顺序不同时,双方事实上并未接受《海洋法公约》第287条第5款中定义的“同一程序”,或这一种程序无法确定,因此争端必须提交附件七仲裁。

当一方未确定优先顺序时,提交给对方首选具有合理性。但这一观点的问题同样显而易见。采取该观点的后一推论将使得双方选择在有优先顺序时,除非作出了一模一样的选择,否则其选择行为在绝大多数情形下失去意义。考虑到作出明确选择的国家原本就在少数,因此更应当认为各国明确地作出优先选择是一种积极表态,这意味着其并不希望排除其中任一法庭的管辖,而是相反地,对它们同时给予信任并希望“将管辖权授予他们选择的每一个法院或法庭",[42]而上述推论可能导致各国基于较明确的偏好作出选择,最后管辖权却恰归属于双方并未选择(甚至可能是明确地排除了)的具有剩余管辖权的法庭这一结果。而当必须从双方的选择中决定一个法院时,最有利于诉讼的方式是由被起诉的一方作出选择。故综上所述,出于对《海洋法公约》立法目的、宗旨以及各国实践的考量,整体上宜采用优先服从被告,当被告未确定优先顺序时服从原告优先顺序的方式确定管辖权。

(二)管辖权"外部竞合"及其解决路径

1."外部竞合"的产生

《海洋法公约》的规定看似较为自洽和周延地将其他条约规定的管辖权作为一种优先于其第十五部分的处理方式,从而避免了内部和外部管辖权的同时存在,但实践中,管辖权竞合隐患仍然会产生。

一方面,仅仅通过法条文本而不对案件具体情形进行细致分析,可能无法明确管辖权的最终归属——在争端被诉至各机构并由不同机构就管辖权进行审理和分析之前,各机构享有的管辖权往往处于不确定状态。正如 MOX 工厂案中,爱尔兰忽视欧洲法院的专属管辖权而直接诉诸《海洋法公约》附件七仲裁庭,而英国即使在其抗辩中,也仅仅是提出因为爱尔兰诉求中的部分事项属于欧洲共体条约或欧洲原子能共同体条约的范畴,而上述条约的缔约国接受了欧洲法院的专属管辖权,因此欧洲法院可能对于爱尔兰诉求中的部分事项有管辖权。[43] 至附件七仲裁庭判决阶段,仲裁庭仍未能作出明确判断,而仅仅是在认可海洋法法庭关于仲裁庭享有初步管辖权的判断的同时,提出:虽然英国和爱尔兰都并未主张欧洲法院对于《海洋法公约》解释问题享有完整的管辖权,但无法排除欧洲法院可能存在这样的判断(而一旦作出此判断,则仲裁庭的管辖权即可能被完全地排除),故应予以考虑并暂停审理,直到欧洲法院对其专属管辖权作出判定——即使争端已经经过两轮审理,但到这一阶段也仍然无法确定哪一个机构拥有最确定无疑的管辖权,足见这一问题之复杂。

另一方面,当事人基于对自身诉讼利益的保护和实现诉求的目的,在管辖权不确定的情况下,可能仍然会选择在优先顺序上后置的《海洋法公约》争端解决机构,或当事国之代理人在起诉时对于可能存在的若干平行管辖权缺乏明确

---

〔42〕 参见[西]Miguel García García-Revillo:《关于缔约国根据〈联合国海洋法公约〉第 287 条所作"声明"的讨论》,黄宇欣、张晓意译,载《中华海洋法学评论》2020 年第 3 期。

〔43〕 See ITLOS, The MOX Plant Case (Ireland v. United Kingdom), Provisional Measures, Order of 3 December 2001, para. 41.

的认识。

此外,《海洋法公约》争端解决机构也可能对于外部条约规定的其他机构的管辖权进行审理并作出不同判决。尽管 MOX 工厂案中仲裁庭认为应先由欧洲法院对专属管辖权进行审理,并承认了其判决的合理性,但实际上也仍然存在仲裁庭在继续审理时产生新的考量而未接受这一判定的可能性。而在此种情形下,《海洋法公约》下争端解决机构的管辖权不会因为存在一外部管辖权而被排除,〔44〕这时管辖权的竞合同样存在。而这一类竞合所可能导致的不良后果,正如 MOX 工厂案中仲裁庭和欧洲法院所强调的,是对一特定法律秩序的损害。

2.“外部竞合”问题的解决路径

(1)设立国际冲突法庭

针对类似情形,国内外有一定的讨论,但未能得出理想方案。例如,针对不同国际司法机构之间分散而冲突的司法权力,有学者提出,基于国际司法机构目前的零散性、无协调性等特点,从长远来看,应当创设国际冲突法庭,〔45〕或鉴于国际法院在多年司法实践中积累的地位,由其履行相似的职能并处于国际争端解决机构的中心,引导各法院或法庭之间逐步进行沟通和协调,设立一定的规则。

然而,这是一种较为理想化的假设,尚未进入具体制度设计的阶段。一种可能性是在程序上比照欧盟司法实践发展过程中的“先决裁决模式”,但若设立单一的冲突法庭,在法律适用、管辖权等程序问题与实体问题的审理之间又该如何衔接?如国际冲突法庭兼具审理实体问题的职能,则其似乎又与传统常设司法机构无异。持此观点的学者均缺少对建议可行性的论证,且目前国际司法实践也表明这一设想的实现可能尚不具备充足的基础。

(2)采取多种立法手段

“在国际法中,每个法庭都是一个自我控制的体系(除另有规定),这与狭窄

---

〔44〕 学者在文章中指出,存在仲裁庭持不同观点的可能性,只是当事国可能面临必须要撤销诉讼或者基于欧共体法律在欧洲法院起诉的可能。参见 Simon Marsden, *MOX Plant and the Espoo Convention: Can Member State Disputes Concerning Mixed Environmental Agreements be Resolved Outside EC Law?* RECIEL, 2009, p. 316。

〔45〕 参见杨永红:《分散的权力:从 MOX Plant 案析国际法庭管辖权之冲突》,载《法学家》2009 年第 3 期。

的管辖权概念是不一致的,狭窄的管辖权含有一定的分工。"[46] 当各国际司法机构之间不存在一般协调规则时,只能在各机构制度内寻求解决,即在受案的司法机构内加以解决,或者在特定情况下成立特设的专业区域性的国际法庭来解决特定问题,并适用受案法院或法庭的准据法予以解决,如所涉条约没有充分预见到管辖权问题的产生,同样会产生竞合。

因此,立法层面的构想包括两类形式,一是在国际法律适用层面制定国际司法机构的协调规则以根本改变国际司法权力分散的现状。[47] 而另一种看似更合理的思路或许是在条约缔结阶段即充分考虑可能的管辖权竞合并制定协调规则。例如,通过规定更明确的管辖权排除规则或退出规则来实现避免管辖权竞合的目的。《海洋法公约》中规定的具有强制性的管辖与选择性管辖冲突的协调规则便在一定程度上体现了这种前瞻性。

然而,立法方法虽然看似能规范、统一地解决管辖权竞合问题,具有较好的可预见性,但在整体上却仍旧缺乏直接可操作性。对于前一种构想,统一规则的制定难度不亚于设立统一机构。而对于后一种构想,一则实践中各司法机构更多面临的是基于既存条约规定产生的竞合,尤其在重要的多边条约中,由于涉及多方利益,推动条约的修订、增加在一段时间内似乎遥不可及。二则应当考虑并理解立法技术和立法者预见力中不可避免的局限性,这也是法律解释之所以诞生的因素之一。正如前文所分析的,《海洋法公约》已试图以第十五部分构建的机制和"剩余管辖权"的模式应对多数可能存在的问题,但现实中的管辖权竞合问题仍然可能因当事人的选择而层出不穷,法庭亦无法仅仅通过已制定的条文就避免审理此类纠纷。且随着国际海洋法实践的发展,可能衍生出越来越多的存在平行管辖权的复杂情形。因此,在缔结条约时应以何种规定最大化地避免可能产生管辖权竞合之虞的因素,对于条约起草者和谈判各方而言仍是一项复杂而困难的工作。

(3)推行司法礼让方法

基于本文二、三的分析可知,对于管辖权竞合问题,更需要能够兼顾当事方诉讼利益的灵活化机制,而非完全排除管辖权竞合可能的单一机构,MOX 工厂

---

〔46〕 前南国际法庭对被告塔迪奇关于管辖权的中间上诉请求的判决。转引自凌岩:《跨世纪的海牙审判——记联合国前南斯拉夫国际法庭》,法律出版社 2002 年版,第 483 页及以下。

〔47〕 参见徐晶:《国际海洋法法庭管辖权研究》,华东政法大学 2013 年硕士学位论文,第 39 页。

案中延伸出的司法礼让(judicial comity)是值得考虑和研究的方式之一。

司法礼让允许一个法院在存在另一更适合审理争端的法院时拒绝管辖。在国际司法机构碎片化、“各自为政”的同时,国际司法机构间缺乏协调管辖权的“最高法”或联系机制。在此情况下,司法礼让能够作为不同司法机构在国际法律秩序下进行合作的一项灵活原则,缓和国际司法机构之间的紧张,通过建立一个司法互动的框架,使法院和法庭能够适用源自其他司法机构的规则。而这反过来将鼓励相互交流,并可能通过借助其他国际司法机构的权威,增加国际判决的合法性,并能够指向和适用“现有最佳”规则,这不仅反映了当事方和现有法律适用制度的利益,也反映了整个国际社会的利益。

在MOX工厂案中,仲裁庭在欧洲法院尚未受理案件时充分考虑欧洲法院可能的管辖权并选择暂停案件审理,被广泛地认为是司法礼让之典型。在说理中,仲裁庭明确提出了尊重和礼让的概念,也即,“在这种情况下,以及出于两个可被要求确定两国之间的权利义务的司法机构之间应普遍抱持的相互尊重和礼让的充分考虑,法庭认为,在所涉问题(管辖权)得不到解决的情况下,继续就争端的实质问题进一步听取当事方的意见是不适当的”[48]。而基于仲裁庭此后的态度,可以分析得出这一方式对解决管辖权竞合的益处所在:一方面,仲裁庭通过礼让避免了与欧洲法院同时审理这一问题,从而排除了可能导致就同一问题作出两项相互冲突的决定的相互平行的程序。另一方面,从仲裁庭在后续的裁定书中所表现出的态度来看,仲裁庭直接将欧洲法院的判决作为事实因素予以认可和援引,也意味着欧洲法院的判决在相当大程度上构成其判断基础,这也就最小化了仲裁庭后续做出一个矛盾裁决的可能性。

司法礼让须由法官在个案中结合现实情况决定,使得其能够将案件事实最大化地纳入考量,以综合各种理念,充分考虑各个司法机构所具有的优势,平衡、协调不同利益并作出更有利于争端良好解决的选择。这符合国际社会和谐发展、相互合作的价值取向。

但是,司法礼让的实施以国际司法机构主动限制自己的管辖权为前提,一定程度上取决于司法机构和个案中司法人员的主观判断。因此,司法礼让的实施是偶发的、不确定的。在强调和鼓励司法礼让的基础上,为更好地应用司法礼让措施解决管辖权竞合问题,是否可以通过解释性的规定,明确在特定情形下,如与其他外部条约下司法机构的优先管辖权存在矛盾与争议时,《海洋法公

---

〔48〕 See PCA, MOX Plant Case (Ireland v. United Kingdom), Order No. 3, 06 June 2008, para. 28.

约》项下的各法院或法庭宜尽量采取司法礼让以避免管辖权竞合，是可堪考虑的措施之一。

(4)合理通过声明与协议作出选择与保留

相对于上述方法，较具有即时性、可操作性并能够体现当事方能动性的方式即通过协议或书面声明作出管辖权的选择。

一方面，如案例中所展示的，《海洋法公约》允许一国在签署、批准或加入本公约时，或此后的任何时间，对第 298 条第 1 款规定的有限争端类型提出管辖权上的保留，并且该声明可以随时撤回，或一国可以同意将争端提交给被排除在《海洋法公约》项下的程序。另一方面，《海洋法公约》鼓励通过书面声明在各司法机构中做出选择。而在此之外，箭鱼案也表明，争议双方未必不能协议一致选择一方或双方未选择过的司法机构。在这方面，我国采取的是对于第 298 条第 1 款规定的所有事项的"完全保留"态度，也未明确选择任何机构。这在一定程度上导致了我国海洋争端解决方式有限，对保留范围外的争端则失去主动权。因此，除非双方协商一致，否则不作出选择或保留，将导致案件自动适用《海洋法公约》附件七仲裁，无论对于内部或外部竞合，皆非理想状态。因此，对于争端当事人来说，进行选择仍然能够在更多情况下保护自身的诉讼利益。

五、结　论

总体上，管辖权竞合在当前国际法碎片化现状下仍然难以完全避免，主权国家之上没有统筹机构，也尚不存在"最高法院"。从案例中也可以发现，司法礼让已经是学者与法官所能想出的较好解决办法。这一问题的完全解决或许要等到国际法治真正实现之时。

实践中，涉及管辖权竞合的问题仅在《海洋法公约》框架下已足够复杂。本文通过案例分析，总结了与管辖权竞合的成因及解决路径有关的启示，并提出针对《海洋法公约》下的管辖权竞合问题，应进行类型化的研究。内部竞合情形的研究主要涉及对《海洋法公约》规定的解释和适用，需要结合具体条文、制定背景与各缔约国真实意图进行分析，从而确定当事人选择一个管辖机构以及选择数个管辖机构时如何确定优先顺位的问题。而与外部条约竞合的情形，实际上指向非常广泛而大量的条约及分散的争端解决机制。尽管对于不同体系下管辖权竞合的协调的研究可能产生不同结论，但本文提出的司法礼让，在协调和维护不同法律秩序方面不失为一种具有普遍适用和参考价值的解决路径。

此外，值得注意的是，本文虽以《海洋法公约》为视点，但实践中存在《海洋法公约》范围外的涉海洋案件的管辖权竞合问题,涉美国的即其中典型。针对SFPZ相关争议的分析即体现出,尽管美国无法根据《海洋法公约》而仅能根据《斯瓦尔巴条约》提起诉讼,但仍可以在国际法院起诉挪威,同时在PCA起诉俄罗斯,且事实上没有什么能阻止案件在多个机构被审理,除非法庭裁定不审理或者合并案件。特别是在某些情形下,国际法院和PCA都可以选择审理双方当事人都不同意参加或不同意管辖的案件。这种情形下,导致竞合的原因、产生的风险和解决路径有所不同。

厘清《海洋法公约》框架下管辖权竞合问题的产生与解决,有利于解决绝大多数国际海洋争端中的管辖权争议,并能够应对未来可能产生的如南海气候变化争端的管辖权竞合等问题。可以发现,管辖权竞合问题实质上不仅仅是程序性问题,而且涉及各个条约之间、不同法律秩序之间的互动,这也使得这一问题更加复杂且意义深远。

欧盟数据出境的充分性决定机制研究

赫思瑶*

摘要：

充分性决定机制是欧盟在数据出境制度构建中的创新举措，其内容涵盖数据立法、执法和司法的各个层面，并在实践中不断发展。欧盟在司法实践中澄清和重申数据保护的充分性水平，并在立法中对于可操作的评估标准进行细化，目前日本已对该标准进行落实，但评估标准仍面临批判。在欧盟充分性决定机制的运行过程中，其立法和司法实践对于权力分配呈现了不同的发展态势，这种权力分配具有欧盟特色，但很难应用于其他国家。中国现阶段获得欧盟的充分性决定具有难度，但中国企业可以在欧盟法内部寻求替代措施，中国也可以通过谈判寻求共识。欧盟充分性决定机制对于中国数据出境制度构建具有启示意义，但中国应当明晰制度差异，批判性借鉴欧盟制度，把握数据主权，走出中国特色的数据出境道路。

关键词：

充分性决定；数据出境；跨境数据流动；数据保护

在数字经济时代，数据跨境流动能够创造巨大的收益，但是数据出境也面临自由与安全的价值权衡问题。在国际层面，各国积极构建本国的数据出境制度，其中，欧盟的充分性决定机制是平衡两种价值的一项重要尝试，得到了日本[1]、瑞士[2]等国家的效仿。目前，中国也在进行数据出境制度的构建。探究欧盟充分性决定机制的具体安排，讨论充分性决定机制面临的争议问题，对中国与欧盟进行数字贸易，吸取欧盟经验、构建中国特色的数据出境制度具有重

* 中山大学法学院国际法专业2019级硕士研究生。

〔1〕 See Decision (EU) 2019/419.

〔2〕 See Paul M. Schwartz, *Global Data Privacy: The EU Way*, New York University Law Review, Vol. 94:4, p. 771 -818 (2019).

要意义。为此,本文首先介绍充分性决定机制的背景和主要内容,对于充分性决定机制的沿革进行梳理;其次针对充分性决定机制中评估标准和运行机制的重要内容及其新发展与争议问题进行探讨;最后对中国如何面对欧盟充分性决定机制以及中国数据出境制度的构建提出应对方案。

一、欧盟数据出境的充分性决定机制概述

(一)充分性决定机制是欧盟数据出境制度构建的创新举措

面对数据出境问题,国际范围内存在两种政策趋向:一种以印度为代表,采取禁止数据出境的立场,实行严格的数据本地化措施〔3〕;另一种则以美国为代表,鼓励数据自由流动,以充分实现其贸易利益。〔4〕但即便是主张数据跨境自由流动的美国,对于数据出境也并未给予绝对的自由。提议中的《2019美国国家安全与个人数据保护法案》规定,除特别关注的科技公司之外,任何跨州或跨境提供数据服务的公司,不得将从美国境内收集的个人数据或解密信息传输或存储到关注国。〔5〕对于数据出境加以限制似乎已经在国际层面达成了一定的共识,当前数据出境制度构建的关键问题在于,应采取何种程度的限制,以达到自由与安全的价值平衡。

欧盟的充分性决定(adequacy decisions)机制便是面对数据出境制度构建问题的一项创新举措。充分性决定机制中的评估标准和运行机制等均是欧盟首创,其构建了一套评估后流动、流动中监测的制度体系,具有鲜明的特色。该机制也在实践中不断发展更新,并对领域内的新问题给出回应。

(二)充分性决定机制的内容涵盖数据立法、执法和司法的各个层面

充分性决定是指,当非欧盟国家(地区)或国际组织对于个人数据确保"充分的保护水平",即对于个人数据的保护基本上等同于欧盟内部的保护水平时,欧盟委员会则通过一项有拘束力的决定使个人数据可以从欧盟(以及挪威、列支敦士登和冰岛)流向该国家(地区)或国际组织,而无需任何进一步

---

〔3〕 参见邓文:《数据本地化立法问题研究》,载《信息安全研究》2017年第2期。

〔4〕 参见刘金河、崔保国:《数据本地化和数据防御主义的合理性与趋势》,载《国际展望》2020年第6期。

〔5〕 参见范思博:《数据跨境流动中的个人数据保护》,载《电子知识产权》2020年第6期。

的保护措施。[6] 充分性决定机制不仅包含充分性决定的通过，也包含对于充分性决定的定期审查、持续监控、撤销、修订或终止等与机制运行相关的设计。[7]

充分性决定机制的内容不仅在欧盟的数据立法、执法和司法中有所体现，在进行充分性评估的过程中，欧盟也尤其关注第三国的立法、执法和司法情况。在立法层面，欧盟在数据立法中确立了充分性决定评估的标准；欧盟在评估时尤其关注他国的数据立法情况，其给予其他国家的充分性决定也是通过立法的形式作出的，具有法律拘束力。在执法层面，欧盟具有专门的数据执法指令，其中对于充分性决定的执行作出了规定；并且，欧盟在充分性决定的评估中也会关注他国数据执法的问题。在司法层面，欧盟通过司法判决澄清并重申数据保护的充分性标准，并通过司法途径确定已通过的充分性决定的效力；欧盟也在充分性决定的评估过程中考虑他国对于数据侵权行为的司法救济。由此，欧盟的充分性决定机制贯穿欧盟内部以及第三国数据立法、执法和司法的各个层面，意图为个人数据出境提供全方位的保护。

（三）充分性决定机制在实践中不断发展

随着数字贸易的蓬勃发展，受到国际事件和相关司法判决的影响，欧盟的充分性决定机制在实践中不断发展，充分性决定的规则不断细化。

充分性决定机制最初规定在 1995 年欧洲议会和欧盟理事会颁布的第 95/46/EC 号指令（directive 95/46/EC on the protection of individuals with regard to the processing of personal data and on the free movement of such data，DPD）中。DPD 在第四章“向第三国传输个人数据”中为成员国制定充分性决定规则设定了立法目标。[8] 在 DPD 实施后，从 2000 年到 2013 年，共有 12 个国家从欧盟获得充分性决定。[9] 其中，欧盟对美国的充分性决定（第 2000/520 号决定）考虑到美国行业自我监管制度，规定只要企业遵守美国“安全港制度”（Safe Harbour Regime），便可视为对个人数据提供充分性保护，体现了对于不同国家

---

[6] See European Commision，Joint Statement by Commissioner Reynders and Yoon Jong In，Chairperson of the Personal Information Protection Commission of the Republic of Korea，https://ec.europa.eu/commission/presscorner/detail/en/statement_21_1506.

[7] See General Data Protection Regulation，Article 45.

[8] See DIRECTIVE 95/46/EC，Chapter 4.

[9] See European Commision，Adequacy decisions，https://ec.europa.eu/info/law/law-topic/data-protection/international-dimension-data-protection/adequacy-decisions_en.

之间数据保护方法差异的尊重。[10]

2013 年 6 月,英国《卫报》和美国《华盛顿邮报》曝光了美国的棱镜计划(PRISM),在国际上引起了轩然大波,也对于欧盟充分性决定机制的后续发展起到了至关重要的作用。针对此事件,奥地利的一位法律系学生 Schrems 先生向法院提起诉讼,提出美国现行的法律和行为并未确保对于个人数据的充分保护,并要求欧盟委员会行使其法定权力,禁止 Facebook 爱尔兰公司将个人数据转移到美国。[11] 该案件(Maximillian Schrems v. Data Protection Commissioner, Schrems Ⅰ案)最终上诉到欧盟法院,法院在 2015 年作出判决,废止了欧盟与美国之间的安全港决定。[12] 受到该案件的影响,欧盟委员会还发布了第 2016/2295 号决定,对于既存的 11 个充分性决定进行了修订。[13]

2016 年,欧盟出台《通用数据保护条例》(General Data Protection Regulation, GDPR),该条例废止了 1995 年的 DPD,但充分性决定机制不仅仅在 GDPR 中得以保留,作为条例之规定对于各成员国具有确定的拘束力,还增加了更为细致和严格的标准。此外,由于 GDPR 并不能够适用于为预防、调查、发现或起诉刑事犯罪或执行刑事处罚而处理个人数据的情形,欧洲议会和欧盟理事会还通过了《数据保护执法指令》[DIRECTIVE (EU) 2016/680 of the European Paliament And of the Council/ Law Enforcement Directive, LED],LED 对于此类情况下的充分性决定也进行了规定。同年,欧盟还通过了关于欧盟—美国隐私盾(EU-U. S. PRIVACY SHIELD)的充分性决定,在该决定之下,欧盟允许个人数据被传输到在美国通过"隐私盾"认证的公司。[14]

GDPR 实施后,欧盟数据保护委员会(European Data Protection Board, EDPB)于 2017 年发布并于 2018 年重新修订了 GDPR 下充分性决定的参考文

---

[10] See European Commision, Communication from the Commission to the European Paliament and the Council, https://eur-lex.europa.eu/legal-content/EN/TXT/? uri = CELEX%3A52015DC0566.

[11] See Maximillian Schrems v. Data Protection Commissioner, Case C-362/14.

[12] See European Commision, Communication from the Commission to the European Paliament and the Council, https://eur-lex.europa.eu/legal-content/EN/TXT/? uri = CELEX%3A52015DC0566.

[13] See Commission Implementing Decision (EU) 2016/2295, Whereas: (1).

[14] See European Commision, EU-US data transfers, https://ec.europa.eu/info/law/law-topic/data-protection/international-dimension-data-protection/eu-us-data-transfers_en.

件(WP 254 rev.01 号文件,以下简称《充分性参考文件》),该文件虽不具有法律拘束力,但对于 GDPR 提出的充分性决定的评估标准进行了细化规定,具有重要影响力。2019 年,欧盟通过了对日本的充分性决定(第 2019/419 号决定),该决定即体现了对《充分性参考文件》中的评估标准的落实。欧盟对日本的充分性决定与此前的充分性决定相比具有特殊性。在此之前充分性决定的评估相对简单,主要考虑其他国家或地区宪法和数据保护法律的内容,或根据其他国家或地区加入的国际条约作出决定。例如,将加拿大加入经合组织《隐私保护和个人信息跨境流动的准则》(OECD Guidelines on the Protection of Privacy and Transborder Flows of Personal Data)和《联合国关于个人数据文档计算机化的准则》(United Nations Guidelines Concerning Computerized Personal Data Files)作为考量因素;再如,将根西岛、马恩岛、泽西岛等加入《108 公约》(Council of Europe Convention on the Protection of Individuals with regard to Automatic Processing of Personal Data /Convention No 108)作为考量因素。[15]

与此同时,数据保护的司法实践也在继续推进。Schrems Ⅰ案留下了一定的缺口——Facebook 爱尔兰公司提出,大部分个人数据并非根据充分性决定进行传输,而是根据欧盟的标准合同条款进行传输的,就此,Schrems 先生也被要求重新拟定申诉。[16] 重新申诉的案件(Data Protection Commissioner v. Facebook Ireland Limited and Maximillian Schrems,以下简称 Schrems Ⅱ案)再次被提交到欧盟法院,法院在 2020 年根据 GDPR 的规定作出了判决,否定了隐私盾决定(第 2016/1250 号决定)的有效性。受到 Schrems 系列案件的影响,EDPB 在 2021 年发布了 LED 下的《关于〈执法指令〉中充分性参考的第 01/2021 号建议》(Recommendations 01/2021 on the Adequacy Referential under the Law Enforcement Directive,以下简称《LED 充分性建议文件》)。《LED 充分性建议文件》旨在就 LED 下的充分性决定提供与 GDPR 下的《充分性参考文件》

[15] See Decisions 2000/518/EC, 2002/2/EC, 2003/490/EC, 2003/821/EC, 2004/411/EC, 2008/393/EC, 2010/146/EU, 2010/625/EU, 2011/61/EU and Implementing Decisions 2012/484/EU, 2013/65/EU on the adequate protection of personal data by certain countries, pursuant to Article 25(6) of Directive 95/46/EC of the European Parliament and of the Council.

[16] See Data Protection Commissioner v. Facebook Ireland Limited and Maximillian Schrems, Case C-311/18.

类似的指导,[17]该文件综合了 GDPR 和司法判决中的经验,对于相关规则进行了进一步的细化。

目前,欧盟的充分性决定机制还在继续发展。2021 年 3 月 30 日,欧盟与韩国进行了会谈,欧盟委员会现在正着手启动决策程序,以通过对韩国的充分性决定。欧盟委员会的沟通文件也指出,在亚洲的某些国家和地区,如印度、印度尼西亚地区,以及在欧洲东部和南部地区,数据保护的发展也很有希望,这可能为其未来的充分性决定打开大门。[18]

二、欧盟充分性决定机制的评估标准

充分性决定机制的评估标准贯穿整个机制的始末,具有相当程度的重要性,其不仅关系到一国能否获得欧盟的充分性决定,而且与充分性决定的维持与废止,以及寻求充分性决定的替代措施息息相关。

(一)欧盟在司法实践中澄清并重申充分性保护水平

对于充分性决定的评估标准,欧盟通过立法进行了初步规定,且欧盟在司法实践中澄清并不断重申充分性保护水平的内涵,体现了充分性决定评估标准的重要性。

在 Schrems Ⅰ案中,安全港决定有效与否的关键就在于对充分性保护水平的解释,但并未有条文能用以解释当时的 DPD。对此,法院认为,DPD 第 25(6)条中的“充分”一词“并不意味着要求第三国确保与欧盟法律秩序所保证的保护水平相同的水平,但要求第三国根据其国内法或国际承诺,实际上确保对基本权利和自由的保护水平基本上相当于 DPD 在欧盟的保护水平……第三国为确保这种保护水平而诉诸的手段可能不同于欧盟内部的手段,但这些手段在实践中必须证明是有效的”[19]。自此,欧盟法院对于充分性保护水平的要求进行了澄清。

在 SchremsⅡ案中,法院重申了充分性保护水平,认为即便根据标准合同条款向第三国传输个人数据,数据控制者或处理者仍应当提供“适当的保障措施”、“可强制执行的数据主体权利”和“针对数据主体的有效法律补救

〔17〕 See European Data Protection Board, Recommendations 01/2021 on the adequacy referential under the Law Enforcement Directive, Introduction.

〔18〕 See COM/2019/374 final.

〔19〕 See Maximillian Schrems v. Data Protection Commissioner, Case C-362/14.

措施”。[20] 对于此类措施，尽管 GDPR 第 46 条并未予以具体说明，但法院认为可根据 GDPR 第五章“转让的一般原则”将其理解为应“确保基本权利和自由得到基本上相当于欧盟内部根据该条例所保障的保护水平”[21]。该判决似乎将标准合同条款等替代措施的保护水平提升到与充分性决定同等严格的标准，但企业使用标准合同条款进行数据传输并不意味着能够对充分性决定的保护标准加以克减，二者的区别仅在于统一通过与在个案中进行权衡。

欧盟司法实践对于充分性保护水平的澄清与重申，体现了欧盟对于充分性决定评估标准的坚持，但是司法判决对于充分性决定评估标准的讨论仍然只局限于概括性的描述与否定性的排除，并未对如何达到充分性保护水平以及充分性决定的评估标准的具体内容进行更加细化的阐释。

（二）不断细化的充分性决定评估标准

受到司法实践和数字贸易发展的影响，充分性决定评估标准的内容在立法中呈现不断细化的趋势，并逐步发展出一系列具有可操作性的标准。

1995 年的 DPD 要求充分性决定应围绕数据传输业务的所有情况进行评估，对于其评估标准，DPD 指出要特别考虑数据的性质、数据处理的目的和持续时间、数据来源国和最终目的国、第三国的一般和部门性法律规则以及在该国遵守的专业规则和安全措施。[22] 另外，DPD 还规定了对于充分性保护的克减，也即在当事人明确同意或基于重要的公共利益等情形下，即便不能满足充分性决定的评估标准，也可以向第三国传输个人数据。[23]

GDPR 对于充分性决定的规定确立了现行的评估标准基本框架。在对第三国的法律评估中，充分性决定明确将第三国法律“尊重人权和基本自由”和“涉及公共安全、国防、国家安全和刑法以及公共当局查阅个人数据”的内容纳入充分性决定的考量因素。[24] 这一改变与美国的棱镜门事件以及 Schrems I 案的司法判决不无关联。此外，GDPR 新增了两大支柱性的评估标准，一是要

---

[20] See Data Protection Commissioner v. Facebook Ireland Limited and Maximillian Schrems, Case C-311/18.

[21] See Data Protection Commissioner v. Facebook Ireland Limited and Maximillian Schrems, Case C-311/18.

[22] See Directive 95/46/EC, Article 25.

[23] See Directive 95/46/EC, Article 26.

[24] See General Data Protection Regulation, Article 45(2).

求独立监督机构的存在和有效运作,二是增加了对国际承诺、多边和区域制度的考量。这体现了在全球语境下欧盟评估标准的进一步发展。与 DPD 类似,GDPR 也对不能满足评估标准的情形作出了规定,其创设了适当保障措施的方案,包括标准合同条款(SCC)、有约束力的公司规则(BCR)等,作为充分性决定的替代。[25]

LED 对于充分性决定评估标准的规定与 GDPR 基本一致,二者的区别主要在于适用范围不同,LED 适用于主管当局为预防、调查、发现或起诉刑事犯罪或执行刑事处罚而处理个人数据的情形。指令所称的"主管当局"(competent authorities)不仅可包括司法机关、警察或其他执法机关等公共机构,还可包括成员国法律授权为该指令目的行使公共权力的任何其他机构或实体。[26] 之所以在这些领域设定特定的规则,是因为刑事方面的警察与司法合作具有特殊性,[27]这一特殊性在欧盟内部警察与司法合作的发展历史中也可见一斑。值得注意的是,在 LED 的范畴下,代表公共机构处理个人数据还应受到根据 LED 制定的合同或其他法律规定的约束。[28]

充分性决定评估标准的可操作性,在《充分性参考文件》中得到了落实。《充分性参考文件》提出,对充分性保护的评估将包括对两个基本要素的审查,即适用规则的内容和确保有效适用规则的手段。[29] 其中,适用规则的内容是指,第三国和国际组织的法律框架中必须涵盖数据保护的内容原则、特殊数据的处理原则、程序和执行机制。在数据保护的内容原则方面,《充分性参考文件》要求数据保护的概念应反映并符合欧盟数据保护法的概念,并提出了合法和公平处理、目的限制、数据质量与比例、数据保留、安全保密、透明度六项原则。除此之外,还要求赋予数据主体查阅、更正、删减和异议权,并规定了对于后续转让的限制。在特殊数据的处理原则方面,《充分性参考文件》要求对于"特殊类别的数据"制定具体的保障措施,如赋予当事人明确同意和反对的权利;对于自动决策和数据分析,仅在第三国法律框架确立的某些条件下才能进行。在程序和执行机制方面,《充分性参考文件》规定第三国的法律制度中必须

---

〔25〕 See General Data Protection Regulation, Article 46 – 47.

〔26〕 See DIRECTIVE (EU) 2016/680, Whereas: (11).

〔27〕 See DIRECTIVE (EU) 2016/680, Whereas: (10).

〔28〕 See DIRECTIVE (EU) 2016/680, Whereas (11).

〔29〕 See Article 29 Working Party, Adequacy Referential, WP 254 rev. 01, Chapter 1.

存在的要素包括独立监管机构、问责机制以及有效的行政和司法救济等。[30] 此外，针对第三国有关公共安全的立法，文件指出，无论是出于安全还是执法目的，第三国对于数据的保护只有满足以下四项保护原则才能被视为充分：第一，处理应基于明确和可获取的规则；第二，证明与所追求的合法目标的必要性和相称性；第三，处理必须受到独立监督；第四，个人必须能够获得有效的救济。[31]

《LED 充分性建议文件》的指导原则与《充分性参考文件》基本一致，但在数据保护的内容原则、特殊数据的处理原则、程序和执行机制方面均增加了关于公共权力机构干涉基本权利的考虑。在数据保护的内容原则方面，《LED 充分性建议文件》将《充分性参考文件》中的数据质量与比例原则进一步细化为数据最小化原则和数据准确性原则，要求为执法目的以外的其他目的（如国家安全目的）进一步处理或披露从欧盟传输的数据，应符合必要性和相称性。此外，文件也提出第三国的法律可以存在对数据主体的权利限制，只要这种限制符合民主社会的必要性和相称性，并适当考虑有关自然人的基本权利和合法利益，以避免妨碍行政和司法调查、侦查或起诉刑事犯罪或执行刑事处罚，保护公共安全或国家安全以及他人的权利和自由，[32] 这一制度设计在保障个人基本权利与行使公权力之间取得了一定平衡。在特殊数据的处理原则方面，文件也加入了对于技术和组织措施，如假名化措施的考量，这与 GDPR 中的技术规定具有一定的相似性。在程序和执行机制方面，《LED 充分性建议文件》作出了对于独立监督机构的指引，但该指引与《充分性参考文件》存在不同，除监督机构行使调查权之外，该文件还提出了监督机构之间的相互合作机制，以执行数据保护规则。[33] 另外，受到 Schrems 系列案件的影响，该文件增加了对于有效司法救济的相关指引，要求第三国法律为个人数据保护提供可能的行政和法律救济方法，建立可以进行独立调查的监督机制和独立的裁决或仲裁制度，使得个人能够迅速有效地行使其权利，而且不产生过高的费用，并确保救济措施被遵守。

---

〔30〕 See Article 29 Working Party, Adequacy Referential, WP 254 rev. 01, Chapter 3.

〔31〕 See Article 29 Working Party, Adequacy Referential, WP 254 rev. 01, Chapter 4.

〔32〕 See European Data Protection Board, Recommendations 01/2021 on the adequacy referential under the Law Enforcement Directive, Procedual Aspects for Adequacy Findings under the LED.

〔33〕 See European Data Protection Board, Recommendations 01/2021 on the adequacy referential under the Law Enforcement Directive, Procedual Aspects for Adequacy Findings under the LED.

如果数据处理者或控制者违背规则,个人也应当在第三国得到有效的行政或司法补偿,包括因非法处理其个人数据而造成的损害赔偿。[34]

(三)细化的评估标准在对日本的充分性决定中落实

欧盟充分性决定机制的评估标准在司法实践和立法中不断细化,在欧盟对日本的充分性决定中,各项评估标准也得到了落实。欧盟对日本的充分性决定考察了日本的数据保护法律体系,对日本的宪法、个人数据保护法(APPI)以及行政机关对于个人信息保护的法律(APPIHAO,APPI-IAA)进行了审查,不仅关注日本商业主体对于个人信息的保护,也充分关注日本中央与地方公权力机关对个人信息的保护。[35]

在数据保护的内容原则方面,为满足欧盟充分性决定的要求,日本国内法中的个人信息、匿名化、数据控制者和处理者的概念与欧盟法中的概念具有很大程度的相似性,即便未对数据控制者和处理者承担的义务作具体区分,但规定二者均受到法律的同等约束,以便不对保护水平造成影响。[36] 另外,日本法律中对于《充分性参考文件》和《LED 充分性建议文件》中所列举的目的限制原则、合法性与公平性原则、准确性与最小化原则等均有具体规定进行落实。比如,在合法性与公平性原则方面,日本法律规定从欧盟传输的个人数据必须首先在 GDPR 下进行收集和处理,对于指定目的数据的更改必须获得数据主体的同意,否则将构成违法,由内阁委托的作为管理和实施 APPI 的主管机构(PPC)或法院采取强制措施。[37] 非常重要的是,日本法律对于数据继续转移进行限制,对于向日本以外的第三国传输数据,只有在第三国遵守与日本法律秩序所保证的类似保护水平的情况下才被允许。[38] 这一规定相当于对欧盟充分性决定机制的复刻,体现了欧盟充分性决定法律体系的对外扩张。类似地,日本也规定了与欧盟相似的替代性方案,包括标准合同条款和有约束力的公司规则等。[39]

---

〔34〕 See European Data Protection Board, Recommendations 01/2021 on the adequacy referential under the Law Enforcement Directive, EU Standards for Adequacy in the Police Cooperation and Judicial Cooperation in Criminal Matters.

〔35〕 See DECISION (EU) 2019/419, (13).

〔36〕 See DECISION (EU) 2019/419, (17) – (38).

〔37〕 See DECISION (EU) 2019/419, (48) – (50).

〔38〕 See DECISION (EU) 2019/419, (75).

〔39〕 See DECISION (EU) 2019/419, (78).

在特殊数据的处理原则方面，日本也制定了特殊的保护措施，对于种族、社会地位、病史、犯罪记录等个人信息的处理予以特别注意，这些类别在很大程度上与欧盟 GDPR 中的“敏感数据”相对应。尽管欧盟也承认“敏感数据”的概念本质上是一种社会建构，因为它基于特定社会的文化和法律传统、道德考量、政策选择等，但日本法律依然将该类数据的保护扩展至欧盟规定的“敏感数据”的所有类别。[40]

在程序和执行机制方面，不同于以往的充分性决定，欧盟对日本的充分性决定设“日本公共当局对从欧盟传输的个人数据的访问和使用”专章，对于此类数据使用的一般法律框架，出于刑事执法目的访问和使用以及国家安全目的访问和使用进行了评估。日本公共当局出于刑事执法目的访问和使用个人数据存在法院强制和个人自愿披露两种情形，其中，法院的强制调查和数据收集必须得到法律的明确授权，且 APPIHAO 对于公共当局行使该权力进行了一系列的限制，并制定了监督和救济机制；[41] 而自愿披露属于非强制性的合作形式，公共机构不能够强制执行。除了法律授权之外，警察出于刑事执法目的获取个人数据需要获得法院签发的手令，且日本国会可以对警方收集信息的合法性进行调查，行政部门的警察还受到公共安全委员会的独立监督。[42] 关于为国家安全目的获取和处理数据，根据日本当局的说法，日本没有法律允许在刑事调查之外强制要求提供信息或进行“行政窃听”，因此警察只能从任何人都可以自由访问或自愿披露的信息源中获取该类数据，且警察活动应“严格限于”履行职责所必需的范围内。[43] 在行政和司法救济方面，日本法律规定，个人可以通过行政和司法机构获得补偿，并特别规定应向外国人提供协助，以帮助他们提出申诉，[44] 这为欧盟的公民获得行政和司法救济提供了便利渠道。

日本的数据保护法律规定与欧盟法律也存在不同之处，但均得以通过充分性决定和行业规则等实现救济。例如，APPI 和相关的法规没有包含专门针对直接加工数据目的而反对加工的法律规定，充分性决定直接对于这一漏洞进行填补，要求此类处理先在 GDPR 下进行，给予数据主体反对的权利。[45] 又如，

---

[40] See DECISION (EU) 2019/419, (65) – (68).

[41] See DECISION (EU) 2019/419, (115) – (118).

[42] See DECISION (EU) 2019/419, (119) – (135).

[43] See DECISION (EU) 2019/419, (151) – (154).

[44] See DECISION (EU) 2019/419, (137) – (140).

[45] See DECISION (EU) 2019/419, (89).

APPI 和相关的法规没有包含针对自动处理个人数据而影响数据主体决策的一般性条款,但该问题在日本的一些行业规则中得到了解决,如 2017 年 6 月修订的《主要银行监管综合指南》要求有关个人对拒绝订立贷款协议请求的原因提供具体的解释。〔46〕 总之,该充分性决定认为,即便法律之间存在不同,也不影响对于数据的充分保护。

(四)欧盟充分性决定的评估标准面临批判

即便欧盟的充分性决定机制已存在对日本的充分性决定实践,但该机制的评估标准仍然面临批判,批判的主要方面在于,该标准被认为过于严格,且难以做到客观中立。〔47〕 有学者提出,在 Schrems 系列案件判决之后,欧盟对第三国的充分性决定标准变得更加苛刻,仅仅加入《108 公约》并不足以表明一个国家的数据保护水平是充分的。并且,迄今为止通过的所有充分性决定都涉及那些与欧盟及其成员国关系非常密切的贸易伙伴,〔48〕而有些拥有非常严格的数据保护法的国家却没有能够通过充分性决定,如韩国自 2015 年以来一直在等待充分性决定的通过,尽管在韩国,违反数据保护法可能会导致 1 ~ 10 年的监禁以及最高 1 亿韩元的罚款,这很大程度上说明了通过充分性决定决策过程具有任意性。〔49〕

面对这种批判,应当看到,自美国棱镜门事件之后,无论是欧盟的立法还是司法实践,对于充分性评估标准的要求均趋向严格。但这种严格的趋向是欧盟的必然选择,不仅仅出于欧盟国家对国家安全的考量,同时也关涉欧盟内部法律体系的特殊性。欧盟的 GDPR 对欧盟所有成员国具有直接适用的效力,其在该条例第 44 条对于数据出境的一般原则进行了规定,也要求任何数据出境行为必须满足该条例的其他规定。因此,对于第 45 条充分性决定相关内容的解释,必须与第 44 条所规定的一般原则保持一致,这不仅仅保证了法律体系内部的一致性,也保证了欧盟不会对成员国提出比第三国更高的数据保护要求,避免陷入超国民待遇的困境。在确认标准的严格性以外,还需看到,欧盟充分性

〔46〕 See DECISION (EU) 2019/419,(93).

〔47〕 参见叶开儒:《数据跨境流动规制中的“长臂管辖”——对欧盟 GDPR 的原旨主义考察》,载《法学评论》2020 年第 1 期。

〔48〕 See Sara Leonor Duque de Carvalho, *Key GDPR Elements in Adequacy Findings of Countries that Have Ratified Convention* 108,5 Eur. Data Prot. L. Rev. 54 (2019).

〔49〕 See Elisabeth Meddin, *The Cost of Ensuring Privacy: How the General Data Protection Regulation Acts as a Barrier to Trade in Violation of Articles XVI and XVII of the General Agreement on Trade in Services*,35 Am. U. Int'l L. Rev. 997 (2020).

决定的评估标准也朝着细致化、可预见的方向发展。欧盟对日本的充分性决定的评估标准，与 GDPR、LED 以及《充分性参考文件》和《LED 充分性建议文件》中提出的标准具有高度的一致性。且如前文所述，欧盟对韩国的充分性决定也已经进入决策程序，对于相关的批判形成了事实上的回应。

欧盟充分性决定机制的评估标准虽趋向严格，但并非不可达到，而从日本的充分性决定之路来看，日本为达到欧盟的评估标准，付出了很大的代价。因此，一国更需要思考的是，是否有必要完全移植欧盟的数据保护法律体系，以符合欧盟充分性决定机制严格的评估标准。通过充分性决定无疑会带来更加自由的数据流动，为一国与欧盟的数字贸易带来便利，降低企业的合规成本，但其并非唯一的路径，更非一劳永逸的路径。即便改变一国的法律体系能够符合充分性决定的评估标准，但该充分性决定仍有可能被修改或废止，届时无论是改变国内立法，还是与欧盟重新谈判，都具有一定的难度。

三、欧盟充分性决定机制的运行

充分性决定机制涉及充分性决定的评估、通过、定期审查、撤销、修订等一系列内容。[50] 评估标准为充分性决定机制提供了相对静态的保护水准，而有关充分性决定运行的机制则为个人数据提供了动态的保护。在欧盟充分性决定机制的运行过程中，其立法和司法实践对于权力分配的发展呈现了不同的态势。

（一）立法层面：强化欧盟委员会的权力

欧盟充分性决定机制运行的立法发展过程，体现了欧盟委员会权力的不断强化。在 DPD 时期，立法就对欧盟委员会和成员国的权限进行了规定。DPD 将充分性保护水平的认定权、与第三国的谈判权赋予欧盟委员会，并规定了成员国的一系列义务，包括在欧盟委员会根据法定程序认为第三国不能确保充分性保护的情形下，应采取必要措施防止数据传输到该第三国的义务，以及采取必要措施遵守欧盟委员会的充分性决定的义务。[51] 面对第三国不能提供充分性保护的情况，DPD 规定，成员国和欧盟委员会之间应相互通报。[52]

在 Schrems Ⅰ 案后，欧盟对于既存的一系列充分性决定进行了修订，该轮修

---

〔50〕 See General Data Protection Regulation, Article 45.

〔51〕 See Directive 95/46/EC, Article 25.

〔52〕 See Directive 95/46/EC, Article 25.

订将原有的相互通报的规定,改为先由发现未充分保护情况的成员国通知欧盟委员会,再由欧盟委员会将该信息转发给其他成员国。这一规定在一定程度上确保了充分性决定在欧盟内部实施的一致性。该轮修订还增加了欧盟委员会持续监测、废除或中止充分性决定的规定,[53]两项修订均体现了对欧盟委员会权力的强化。2018年出台的GDPR在DPD规定内容的基础上,增加了欧盟委员会定期审查、撤销、修订和中止充分性决定的规定,[54]进一步强化了欧盟委员会的权力。

(二)司法层面:强化独立监督机构的权力

与立法层面对于欧盟委员会权力的强化不同,在司法层面,Schrems系列案件体现了强化独立监督机构权力的趋向。

在Schrems Ⅰ案中,一个关键的争议问题就是:在充分性决定被撤销或宣布无效之前,独立监督机构是否有权力采取与充分性决定相反的措施。该问题产生的原因在于,根据DPD第25条的规定,对于第三国是否提供充分保护的认定权由成员国或委员会行使,但该指令第28条又明确赋予国家监督机构调查、干预、提起诉讼等权力。在第三国未能提供充分保护的情况下,监督机构是否有权推翻委员会通过的决定是存在疑问的。对此,法院明确,只有欧盟法院有权宣布充分性决定无效,而成员国的法院无此权利,“该管辖权的排他性旨在通过确保欧盟法律得到统一适用来保证法律的确定性”。因此,在法院宣布委员会的决定无效之前,“成员国及其机关,包括其独立的监督机构不能采取与该决定相反的措施,例如旨在具有约束力地确定该决定所涵盖的第三国不能确保适当程度的保护的行为”。[55]

然而,除明确欧盟法院的权限以外,该司法判决也承认了独立监督机构的广泛权力,认为欧盟当局做出的充分性决定对于个人和组织产生了影响,而独立监督机构的建立就是为了给予受影响者以保护,因此国家监督机构必须特别确保在尊重基本隐私权和要求个人数据自由流动的利益之间的平衡。为此,欧盟法院还将个人数据出境解释为个人数据处理的一部分,从而赋予独立监督机

---

[53] See Decisions 2000/518/EC, 2002/2/EC, 2003/490/EC, 2003/821/EC, 2004/411/EC, 2008/393/EC, 2010/146/EU, 2010/625/EU, 2011/61/EU and Implementing Decisions 2012/484/EU, 2013/65/EU on the adequate protection of personal data by certain countries, pursuant to Article 25(6) of Directive 95/46/EC of the European Parliament and of the Council.

[54] See General Data Protection Regulation, Article 45.

[55] See Maximillian Schrems v. Data Protection Commissioner, Case C-362/14.

构对在第三国处理的欧盟个人数据进行管理的权限。在 Schrems Ⅰ 案之前,独立监督机构只是间接参与充分性决定,也即通过由所有成员国的独立监督机构、欧洲数据保护局和委员会的代表组成的第 29 条工作组(WP29),以及向欧盟委员会提交关于第三国数据保护水平的意见发挥作用,而 Schrems Ⅰ 案赋予了独立监督机构在审查欧盟委员会充分性决定是否合法方面的明确职责。[56]

在 Schrems Ⅱ 案中,法院进一步要求,如果第三国未通过欧盟充分性认定,且无法对个人数据进行充分保护,"监督机构必须根据委员会通过的标准合同条款中止或禁止向第三国传输数据"。[57] 这一强制性规定,进一步增加了独立监督机构的义务。

(三)充分性决定机制运行中的问题

欧盟充分性决定的立法和司法实践对于权力分配的不同趋向,引起了对于欧盟内部数据保护机制实际运行的质疑。有学者认为,欧盟法院对于独立监督机构的信任似乎主要来自对监督机构地位的理论分析,而并非来自对其实际能力的任何经验观察。[58] 而且,授予每一个成员国的独立监督机构审查充分性保护的权力会造成保护水平的分散,成员国独立监督机构在不事先与欧盟委员会协调的情况下向欧盟法院提起诉讼,也剥夺了欧盟委员会利用内部压力加强与第三国谈判的机会。[59]

独立监督机构实际上代表各成员国的利益,在充分性决定机制运行中权力分配的不同趋向,体现了欧盟与其内部的各成员国之间的权力分化,这一点在充分性决定的通过程序中也有所体现。充分性决定的通过涉及欧盟委员会的提案、欧盟数据保护委员会的意见、欧盟国家代表的批准以及欧盟委员会对于该决定的最终通过等一系列程序,[60] 成员国与欧盟的利益都需得到表达。这种

---

〔56〕 See Loïc Azoulai & Marijn Van Der Sluis, Institutionalizing Personal Data Protection in Times of Institutional Distrust: the Schrems Case, https://core.ac.uk/display/80771182.

〔57〕 See Data Protection Commissioner v. Facebook Ireland Limited and Maximillian Schrems, Case C－311/18.

〔58〕 See Loïc Azoulai & Marijn Van Der Sluis, *Institutionalizing Personal Data Protection in Times of Institutional Distrust: the Schrems Case*, https://core.ac.uk/display/80771182.

〔59〕 See Loïc Azoulai & Marijn Van Der Sluis, *Institutionalizing Personal Data Protection in Times of Institutional Distrust: the Schrems Case*, https://core.ac.uk/display/80771182.

〔60〕 See European Commision, Adequacy decisions, https://ec.europa.eu/info/law/law-topic/data-protection/international-dimension-data-protection/adequacy-decisions_en.

权力分化也贯穿在欧盟法律体系内部,体现在欧盟委员会、欧洲议会、欧盟理事会所代表的不同利益之中。目前,尚未有司法实践对于此种分权模式在数据保护中的应用提出实质挑战。

但是,欧盟的此种权力分配模式具有特殊性,其他主权国家并不具有欧盟与其成员国之间的制度基础,建立在一国内部的监督机构难免受到该国的支配,因此很难实现真正意义上的独立。在实践中,独立监督机构是确保数据充分保护规则被执行的重要设置,日本政府赋予监管机构的独立权力和监管灵活性,是欧盟委员会给予日本充分性决定的主要理由之一。[61] 而在 Schrems Ⅱ 案中,法院因美国的隐私保护监察员由国务卿任命,向国务卿报告工作,而认定美国的此种做法"损害监察员独立于行政部门的独立性",其作用也不能等同于法庭,无法为个人数据提供有效的行政和司法保护。[62] 这一差别化的对待是否具有客观性是存在疑问的,如果按照这种标准,由于欧盟的独立监督机构也需要将报告转交成员国的议会、政府和成员国法律指定的其他主管部门,因而也无法实现其所要求的独立性。由此,欧盟在充分性决定机制的运行中可能对第三国提出了比成员国更高的要求。

四、欧盟充分性决定机制的中国因应

(一)应对欧盟充分性决定机制的中国方案

目前,我国获得欧盟的充分性决定存在一定的法律基础,但也具有难度。这不仅由于充分性决定的评估标准趋向严格,还因我国个人数据保护的相关立法较为原则性,尚处于初级阶段。[63] 我国《网络安全法》作出了对于个人信息和隐私的保护规定。在数据保护的一般原则方面,针对欧盟《充分性参考文件》中列举的六项原则,在我国《网络安全法》中均可以找到对应的制度安排。在特殊数据的处理原则方面,《网络安全法》第21条提出了重要数据的概念,但是该法未对重要数据的内涵加以解释,重要数据能否与欧盟"特殊类别的数据"内涵相对

---

〔61〕 See Jonathan McGruer, *Emerging Privacy Legislation in the International Landscape: Strategy and Analysis for Compliance*, 15 Wash. J. L. Tech. & Arts 120 (2020).

〔62〕 See Data Protection Commissioner v. Facebook Ireland Limited and Maximillian Schrems, Case C-311/18.

〔63〕 参见李艳华:《全球跨境数据流动的规制路径与中国抉择》,载《时代法学》2019年第5期。

应还有待于检验。在程序和执行机制方面,《网络安全法》规定了网络运营者违反规定的法律责任,包括民事责任、行政责任甚至刑事责任。《网络安全法》中规定的主管部门为国家网信部门,如按照 Schrems Ⅱ案中确立的标准,其很难被认定为独立的监督机构。而且,我国立法实践中所体现出的数据本地化要求,[64]也可能与 GDPR 的监管要求存在冲突。[65] 在数据本地化问题上,印度是较早寻求颁布与 GDPR 相类似的隐私保护法的国家之一,但是印度尚未获得欧盟的充分性决定,其中一个重要的影响因素可能是其对于个人数据跨境传输的限制以及数据本地化要求。限制数据自由流动违背了 GDPR 的意图,并可能导致政府对本地化的数据的监控。[66] 因此,我国立法中数据本地化的相关规定,也可能对于获得欧盟的充分性决定造成影响。

但欧盟是跨国公司的一个非常重要的市场,许多公司并没有"完全退出欧洲市场"的选择。[67] 且日本的充分性决定已经创造了一个"日本—欧盟数据自由流动区",使得日本和欧盟的数据驱动型经济部门可以从通过贸易协定降低关税中受益,[68]这对于企业开展贸易活动具有相当大的吸引力。对此,中国企业可以在实践中运用标准合同条款、有拘束力的公司规则等替代措施,与欧盟进行数字贸易往来。在国家层面,我国积极缔结区域贸易协定,RCEP 电子商务章节中的相关条款以及我国参与 WTO 电子商务诸边谈判的实践体现了我国开展数字贸易的立场与决心,未来我国可以通过 WTO 电子商务诸边谈判或订立贸易协定等方式,积极与欧盟展开谈判,寻求数据保护与数据传输方面的共识。

(二)欧盟充分性决定机制对中国数据出境制度构建的启示

目前,我国的数据出境制度正在构建的过程中。《网络安全法》第 37 条对

---

〔64〕 参见范思博:《数据跨境流动中的个人数据保护》,载《电子知识产权》2020 年第 6 期。

〔65〕 参见许可:《数字经济视野中的欧盟〈一般数据保护条例〉》,载《财经法学》2018 年第 6 期。

〔66〕 See Jonathan McGruer, *Emerging Privacy Legislation in the International Landscape: Strategy and Analysis for Compliance*, 15 Wash. J. L. Tech. & Arts 120 (2020).

〔67〕 See Jack Goldsmith & Tim Wu, *Who Controls the Internet?* Illusions of Aborderless World 176 (2006).

〔68〕 See Paul M. Schwartz, *Global Data Privacy: The EU Way*, New York University Law Review, Vol. 94:4, p. 771 – 818(2019).

于关键信息基础设施的运营者经过安全评估后向境外组织或个人提供网络数据进行了规定。此外,2019年的《个人信息出境安全评估办法(征求意见稿)》也是我国数据出境制度构建的重要探索。[69]

我国的数据出境制度与欧盟充分性决定机制存在一定的共性,但也存在差异。二者都是关于数据出境的制度,保护对象均涵盖个人数据,且都存在评估机制。但二者的差异也较为明显,欧盟充分性决定机制是国家对国家的制度安排,而我国目前的数据出境制度并非针对其他主权国家进行的统一规定;欧盟充分性决定机制以保护基本自由与人权为价值取向,而我国目前的数据出境制度对于国家安全问题给予了相当程度的关注;此外,我国数据出境制度与欧盟充分性决定机制的评估标准与制度安排也不尽相同。

因此,我国应当批判性地看待和借鉴欧盟的充分性决定机制。值得注意的是,充分性决定机制虽然发展出了一种相对容易在欧盟以外采用的隐私监管模式,这种高度可移植的法律模式的吸引力也为许多非欧盟司法管辖区的重要机构和知名人士所认可,[70]但其也受到许多理论上的质疑。对于充分性决定机制的理论质疑主要存在于以下几个方面:第一,尽管GDPR看似没有歧视性,但其适用可能导致WTO成员间的不平等待遇。具体而言,根据GDPR关于基于充分性决定的传输的第45条,如果欧盟能够根据自己的标准评估任何第三国的保护水平,并根据自己的标准做决定,那么WTO的不同成员将得到不同的待遇:保护水平较高的国家将受益于该决定,而保护水平较低的国家将被禁止与欧盟进行数字贸易。[71] 第二,充分性认定有"长臂管辖"之嫌。这种"长臂管辖"与全球行政法强调的治理主体的多元性思路相背离,[72]也对传统主权规则形成冲击。[73] 第三,充分性决定是欧盟行使单边权力的体现。一些西方媒体将

---

[69] 参见许多奇:《论跨境数据流动规制企业双向合规的法治保障》,载《东方法学》2020年第2期。

[70] See Paul M. Schwartz, *Global Data Privacy: The EU Way*, New York University Law Review, Vol. 94:4, p. 771 – 818(2019).

[71] See Zhou Meng, *New Trends in the Development of Personal Data Protection Law under the Background of WTO's E-Commerce Negotiations*, 10 J. WTO & CHINA 3 (2020).

[72] 参见叶开儒:《数据跨境流动规制中的"长臂管辖"——对欧盟GDPR的原旨主义考察》,载《法学评论》2020年第1期。

[73] 参见翟志勇:《数据主权的兴起及其双重属性》,载《中国法律评论》2018年第6期。

欧盟描述成事实上的"单边组织",[74]学界也批判了欧盟在法律上所造成的"布鲁塞尔效应"。[75] 欧盟对于数据传输的严格把控被形容为"数据禁运权",以描述其阻止向不符合充分性决定要求的国家出口数据的行为。[76] 第四,充分性决定是一种贸易壁垒。欧盟通过 GDPR 加强对于数据的控制权,被视为"试图扭转在全球互联网产业中的劣势地位,增强在全球数据流通规制标准制定中的话语权"的手段。[77] 第五,充分性决定很难达到原本的制度目标。载有充分性决定机制的 GDPR 的制度建构"并非基于大数据时代的政策逻辑,而是基于传统社会的信息处理方式",且"理论上法律保护的充分性也并不意味着实际上的合规或可执行性"。[78] 我国在构建数据出境制度时,应当吸取欧盟充分性决定机制的经验,对于以上的争议问题进行着重研究。

我国应把握数据主权,构建符合中国特色的数据出境制度。目前,数据跨境流动问题与一国的数据主权紧密联系在一起。欧盟充分性决定机制虽面临"长臂管辖"的批评,但其制度设计具有深层动因,与欧盟面临的联盟内部问题和外部安全问题密切相关。欧盟在数据保护方面的权力最初是针对其内部面临的问题而发展起来的,它需要协调欧盟成员国的数据处理方法。[79] 此外,欧盟还需要应对美国的"长臂管辖"及其"实质性的互联网主权或者霸权"。[80] 美欧无论是出于促进自由贸易还是维护国家安全的目的,均体现出权力或法律体系对外扩张的态势,这种"法律全球化"的趋势是需要警惕的。[81] 在全球数据

---

[74] See Paul M. Schwartz, *Global Data Privacy: The EU Way*, New York University Law Review, Vol. 94:4, p. 771 – 818(2019).

[75] See Jack Goldsmith & Tim Wu, *Who Controls the Internet?* Illusions of Aborderless World 176 (2006).

[76] See Paul M. Schwartz, *The EU-U. S. Privacy Collision: A Turn to Institutions and Procedures*, 126 Harv. L. Rev. 1966, 1984 (2013).

[77] 参见叶开儒:《数据跨境流动规制中的"长臂管辖"——对欧盟 GDPR 的原旨主义考察》,载《法学评论》2020 年第 1 期。

[78] 叶开儒:《数据跨境流动规制中的"长臂管辖"——对欧盟 GDPR 的原旨主义考察》,载《法学评论》2020 年第 1 期。

[79] See Paul M. Schwartz, *Global Data Privacy: The EU Way*, New York University Law Review, Vol. 94:4, p. 771 – 818(2019).

[80] 叶开儒:《数据跨境流动规制中的"长臂管辖"——对欧盟 GDPR 的原旨主义考察》,载《法学评论》2020 年第 1 期。

[81] 参见曾华群:《论中国特色国际经济法学》,载《国际经济法学刊》2018 年第 1 期。

治理方面,各国在数据自由和数据保护的价值取向平衡上,形成了“以充分性为原则的欧盟规制路径、以组织机构为基准的问责制美国式规制路径、以数据本地化为原则的俄罗斯规制路径以及以利益平衡为导向的折中型澳大利亚规制路径”等多种路径选择。[82] 对此,我国应当对于贸易自由和国家安全进行适当权衡,把握数据主权,注重合作发展,走出具有中国特色的数据出境道路。

[82] 参见李艳华:《全球跨境数据流动的规制路径与中国抉择》,载《时代法学》2019年第5期。

司法前沿

算法解释权研究:缘起、内涵与限度
——以欧盟《通用数据保护条例》及各国立法为视角*

曾俊森**

摘要:

为了解决算法决策所产生的歧视风险,算法解释权应运而生。算法解释权的内涵受解释的标准、解释的时机、解释可理解性以及解释详细程度影响,算法解释权影响因素的差异组合将赋予其不同的内涵。欧盟成员国及不同学者对算法解释权的内涵认识不一。然而,算法解释权存在个体理解有限性以及解释有限性,不应当被宽泛解释甚至单独作为算法规制的核心。算法解释权应当定义为数据主体有权要求以其可理解的方式对自动化决策进行解释:在一般情况下解释系统的通用信息;面对复杂系统时,数据主体有权要求进一步公开特定决策的处理过程信息和结果信息,以便数据主体提出质疑。

关键词:

算法决策规制;欧盟《通用数据保护条例》(GDPR);算法解释权;个人信息保护;算法黑箱

引　　言

随着算法决策技术的深入发展,“算法黑箱”问题日益凸显。算法解释权(right to explanation)被认为是实现算法透明与问责制的重要手段。[1] 算法解

* 本文系国家社科基金青年项目“大数据时代个人信息保护的‘场景风险监管’模式研究”(17CFX069)的阶段性成果。

** 中山大学法学院民商法专业 2020 级硕士研究生。

[1] 参见张凌寒:《商业自动化决策的算法解释权研究》,载《法律科学(西北政法大学学报)》2018 年第 3 期;张欣:《算法解释权与算法治理路径研究》,载《中外法学》2019 年第 6 期;解正山:《算法决策规制——以算法“解释权”为中心》,载《现代法学》2020 年第 1 期。

释权的争议最早起源于欧盟,学者通过对欧盟《通用数据保护条例》GDPR 的解读,从不同角度证成算法解释权。[2] 我国众多学者亦建议建构算法解释权以实现算法决策规制。然而,各国立法并未明确承认作为新兴权利的算法解释权。算法解释权的内涵及其在算法决策规制中的有效性仍待进一步研究。本文将以欧盟《通用数据保护条例》GDPR 及各国立法为视角对算法解释权展开分析,试图厘清算法解释权的争议、内涵以及其在自动化决策规制中的有效性与限度。

一、问题的提出:为何需要算法解释

算法解释权是算法治理的一种路径,其缘起于算法决策治理的必要性。随着大数据时代的到来,自动化决策(automated decision-making)[3]系统应用更加广泛,带来巨大的经济效益。但是,自动化决策系统比以往任何时候都具有更高的社会和经济风险。由于缺乏关于自动化决策系统的信息,自动化决策系统很可能成为偏见、错误和歧视的根源。

(一)效率与风险:算法技术发展

自 20 世纪 60 年代,使用算法进行自动化决策的技术已经发展起来。[4] 从最广泛的意义上讲,算法是指"通过特定计算将输入数据转换为输出结果的编码过程"[5]。随着算法技术的深入,算法的应用形式已不仅仅限于传统的特定

---

〔2〕 See for example, Bryce Goodman & Seth Flaxman, *European Union Regulations on Algorithmic Decision Making and a "Right to Explanation"*, AI Magazine 3, 2017, p. 50; Andrew D. Selbst & Julia Powles, *Meaningful Information and the Right to Explanation*, International Data Privacy Law 7, 2017, p. 233 - 242; Isak Mendoza & Lee A. Bygrave, *The Right not to be Subject to Automated Decisions Based on Profiling*, in Tatiani Synodinou et al., EU Internet Law: Regulation and Enforcement, Cham, Springer International Publishing, 2017, p. 1.

〔3〕 "自动化决策"即"算法决策"。欧盟《通用数据保护条例》使用的是自动化决策的概念。

〔4〕 See T. Grandon Gill, *Early Expert Systems: Where Are They Now?*, MIS Quarterly 19, 1995, p. 51.

〔5〕 Tarleton Gillespie, *The Relevance of Algorithms*, in Tarleton Gillespie et al., Media Technologies: Essays on Communication, Materiality, and Society, Cambridge, The MIT Press, 2014, p. 167.

任务型算法(specific-task algorithms),包括机器学习和深度学习的人工智能也是算法应用的形式。相比于人工决策,自动化决策能够更高效地收集信息并做出更为准确的决策,为社会带来经济效益。[6] 自动化决策的应用范围亦随之扩张到社会的每一个方面。正如在社会活动当中一样,每个人在网络上的活动都将获得一定的评价,收集到的信息可以用来生成在许多情况下使用的排名,如工作申请、社会福利、信贷等情形。[7] 这意味着在自动化决策的深入发展下,各种社会活动也将发生变化,如金融活动、市场营销、教育、政治选举、司法裁判等。例如,在招聘员工时可以通过自动化决策系统对其进行能力测试并对个人特征进行评估;在银行信贷前可以利用自动化决策系统评估个人的还款能力和风险。在算法技术与大数据的共同作用下,任何信息都可以被收集和编码,形成对个人的评价。

由于自动化决策所带来的经济高效性,我们很容易将效率作为自动化决策的正当性基础,陷入"效率即正义"的困境。[8] 实际上,在讨论算法问题时,不能一味通过"技术中立"原则抵抗规制。因为,算法决策过程并非完全中立。首先,自动化决策所收集的数据并非中立。这些数据为已有的社会数据,掺杂着社会中所存在的刻板印象,其输出的结果可能因为输入数据的非中立性而导致原有的社会刻板印象固化。[9] 其次,算法决策过程并非完全客观中立,因为其设计者仍然是人类。某些用于训练算法的数据经由人类筛选,人类的偏见仍然有可能渗入算法当中,如关于量刑和逮捕的训练数据。这也是为何"卢米斯上

---

[6] See Jay Thornton, *Cost, Accuracy, and Subjective Fairness in Legal Information Technology: A Response to Technological Due Process Critics*, New York University Law Review 91, 2016, p. 1822.

[7] See Danielle Keats Citron & Frank Pasquale, *The Scored Society: Due Process for Automated Predictions*, Washington Law Review 89, 2014, p. 1 – 33; Frank Pasquale, *The Black Box Society: The Secret Algorithm That Control Money and Information*, Cambridge, Harvard University Press, 2015, p. 10 – 11.

[8] See Celine Castets-Renard, *Accountability of Algorithms in the GDPR and Beyond: A European Legal Framework on Automated Decision-Making*, Fordham Intellectual Property, Media & Entertainment Law Journal 30, 2019, p. 101.

[9] See Anupam Chander, *The Racist Algorithm?*, Michigan Law Review 115, 2017. p. 1023.

诉美国威斯康星州案”(又称“Compas案”)[10]会引来社会的担忧与争议。[11]伴随着大数据技术、人工智能技术和机器学习能力的显著发展,越来越多的“用户画像”和自动化决策将被建立起来,并有可能最终影响个人权利和自由,特别当算法决策在入学申请、就业申请或社会福利保障中被使用。

因此,在促进与利用算法技术的同时,我们需要理解算法及其产生的决策,保证人类能够控制机器所作出的决定并对此负责。

(二)算法不透明性:信息不对称与算法解释

算法不透明性制造了信息不对称,人们无法理解并控制机器所做的决定,这将加剧社会对算法风险的担忧。[12]

首先,这种信息不对称来源于技术的复杂性。最初,算法设计者可以设计算法的工作方式和细节,直到这些算法达到期望的结果。然而,随着人工智能、机器学习技术的出现,自动化决策的复杂性和不透明性愈发明显。学习算法不同于传统的算法过程,学习算法将数据与期望的结果转换成新的算法,从而使计算机能够编写自己的程序。因此,不仅个人难以知晓自动化决策的过程,连设计者也越来越难以解释自动化决策。[13] 其次,信息不对称来源于系统的侵入性和先发制人性。例如,在实施先发制人策略的情况下,数据驱动(data-driven)

---

[10] Loomis v. Wisconsin, 881 N. W. 2d 749 (Wis. 2016), cert. denied, 137 S. Ct. 2290 (2017).

[11] See Jeff Larson et al., *How We Analyzed the COMPAS Recidivism Algorithm*, Propuplica (May 23, 2016), https://www.propublica.org/article/how-we-analyzed-the-compas-recidivism-algorithm; Alexandra Chouldechova, *Fair Prediction with Disparate Impact, A Study of Bias in Recidivism Prediction Instruments*, Library of Cornell University (Feb. 28, 2017), https://arxiv.org/pdf/1610.07524.pdf.

[12] See Lilian Edwards & Michael Veale, *Slave to the Algorithm: Why a Right to an Explanation Is Probably Not the Remedy You Are Looking for*, Duke Law & Technology Review 16, 2017 – 2018, p. 18 – 84.

[13] See Celine Castets-Renard, *Accountability of Algorithms in the GDPR and Beyond: A European Legal Framework on Automated Decision-Making*, Fordham Intellectual Property, Media & Entertainment Law Journal 30, 2019, p. 101; Jenna Burrell, *How the Machine "thinks": Understanding Opacity in Machine Learning Algorithms*, Big Data & Society 3, 2016, p. 1 – 12; Emre Bayamlıoğlu & Ronald Leenes, *The "rule of law" Implications of Data-driven Decision-making: A Techno-regulatory Perspective*, Law, Innovation and Technology 10, 2018, p. 295.

系统可以通过消除不想要的选择，将个人引导到某些行为或某种思维方式中。这类分析系统通过制定默示的“合理”行为来降低风险和危害，但是这可能会给个人信息自决和人类自主权带来威胁。[14] 最后，信息不对称来源于保护秘密的法律和制度。保护秘密的法律文化，如保护知识产权、商业秘密、涉及公共利益的国家秘密，在现代社会已经取得其正当性地位，成为法治传统的一部分。然而，企业和组织对于保护秘密的天然推崇不仅模糊了决策系统的内部运作，也可能使得某些政治、经济、社会等情况被掩盖。可见，对于不同类型的决策系统以及受决策影响的群体来说，信息不对称具有多种原因，但是所有的信息不对称的原因都指向算法的不透明性。

因此，为了解决算法歧视与不透明的问题，社会要求算法系统具有更多的公平性、透明性与可问责性。[15] 算法解释权成为国内外学者倡导的实现这一目标的重要途径。

二、算法解释权的起源、争议与内涵

2018 年，GDPR 正式实施。[16] GDPR 明确指出其对个人数据的保护源于《欧洲联盟基本权利宪章》第 8 条的基本人权保护规定。[17] 由此，GDPR 针对自动化决策规定了一系列的权利，被学界统称为“算法解释权”。自此，国内外学者开始基于 GDPR 的文本内容对“算法解释权”展开激烈讨论。然而，算

---

〔14〕 See Lilian Edwards & Michael Veale, *Slave to the Algorithm: Why a Right to an Explanation Is Probably Not the Remedy You Are Looking for*, Duke Law & Technology Review 16, 2017 – 2018, p. 18 – 84.

〔15〕 See Brent Daniel Mittelstadt et al., *The Ethics of Algorithms: Mapping the Debate*, Big Data & Society 3, 2016, p. 1 – 22; Mireille Hildebrandt, *The New Imbroglio Living with Machine Algorithms*, in Liisa Janssens, The Art of Ethics in the Information Society, Amsterdam, Amsterdam University Press, 2016, p. 55 – 60.

〔16〕 Regulation (EU) 2016/679 of the European Parliament and of the Council of 27 April 2016 on the protection of natural persons with regard to the processing of personal data and on the free movement of such data, andrepealing Directive 95/46/EC (General Data Protection Regulation).

〔17〕 Charter of Fundamental Rights of The European Union, 2010/C 83/02. 转引自谢琳、曾俊森：《数据可携权之审视》，载《电子知识产权》2019 年第 1 期。

法解释权的实质内容远比其名称重要。本部分将通过梳理算法解释权的争议,分析并讨论算法解释权的实质内涵。

(一)形式之争:GDPR 是否存在“算法解释权”?

主流观点认为,算法解释权是指在进行自动化决策的场景下,数据主体有权要求控制者在事后对特定决策进行有意义的、涉及算法逻辑的解释。[18] 早在20世纪90年代,欧盟担心人们会依赖自动化决策而认为其是理所当然的,从而降低了控制者调查和对相关决策负责的责任。[19] 因此,早在1995年欧盟《数据保护指令》(Data Protection Directive,以下简称“95 指令”)便围绕自动化决策规定了一系列的权利。[20] GDPR 则在“95 指令”的基础上将所有的权利进一步拓宽。其中,GDPR 的绪言71、数据主体知情权(right to be informed,第13、14条)与数据访问权(right of access,第15条),以及对自动化决策的直接规定(第22条)成为争论和构建算法解释权的基础。根据 GDPR,在进行自动化决策时,控制者需要通知数据主体其正在从事此类活动,并提供涉及自动化决策逻辑的有意义的信息以及解释处理的重要性和设想的后果(数据知情权与数据访问权的要求)[21]。在此基础上,GDPR 第22条赋予数据主体针对自动化决策的“要求人工干预权”、“表达观点权”与“质

---

[18] See Bryce Goodman & Seth Flaxman, *European Union Regulations on Algorithmic Decision Making and a "Right to Explanation"*, AI Magazine 3, 2017, p. 50 – 57; Sandra Wachter et al., *Why a Right to Explanation of Automated Decision-Making Does Not Exist in the General Data Protection Regulation*, International Data Privacy Law 7, 2017, p. 76 – 99; *Wikipedia under notion "Right to explanation"*, https://en.wikipedia.org/wiki/Right_to_explanation#cite_note-:2-8, July 17, 2021.

[19] European Community, Amended Proposal for a Council Directive on the Protection of Individuals with Regard to the Processing of Personal Data and on the Free Movement of Such Data: COM (92) 422 Final—SYN 287, 26.

[20] Directive 95/46/EC of the European Parliament and of the Council of 24 October 1995 on the Protection of Individuals with Regard to the Processing of Personal Data and on the Free Movement of Such Data, OJ L 281/31,这一系列权利包括数据主体访问权(subject access right)、删除权(right to erasure)、修改权(right to rectify)等。

[21] General Data Protection Regulation, Art. 13 (2) (f), Art. 14 (2) (g) & Art. 15 (1) (h).

疑权”。[22]

“算法解释权”的形式之争最早由学者 Bryce Goodman 与 Seth Flaxman 引发,他们基于 GDPR 的“数据主体知情权”与“数据访问权”认为欧盟已建构起算法解释权。因为这两种权利均要求控制者“提供涉及自动化决策逻辑的有意义的信息”。而且,GDPR 绪言 71 亦明确数据主体有权在相关评估后获得对该决定的解释。[23] 这种论调很快引起了社会与学界的关注。Wachter 教授等学者对算法解释权的存在表示质疑。首先,他们认为 GDPR 并未在正文中直接赋予数据主体算法解释权,所谓的算法解释权只是学者们对欧盟相关权利的扩张解释。其次,即使 GDPR 在绪言 71 中为算法解释权留下了适用基础(相关主体在决策后有获取解释的权利),但是绪言在欧盟法律中并无法律效力,“绪言是对法律规则的解释,但它本身不能构成规则”。只有在 GDPR 正文模糊不清时,绪言才能作为权威的解释。[24] 最后,他们认为“数据主体知情权”与“数据访问权”仅仅要求数据控制者在决策前提供一般性的系统信息,而并不需要针对特定决策作出事后的深入解释。[25] 然而,这种质疑很快遭到其他学者的反对。反对的学者认为,虽然绪言 71 并非具有强制力的法律规则,但是随着自动化决策的发展,法律规则可能会相对滞后,绪言 71 作为相对宽泛的规定能够为企业提

---

〔22〕 这三项权利被称为自动化决策的“正当程序”(due process)。See Danielle Keats Citron & Frank Pasquale, *The Scored Society: Due Process for Automated Predictions*, Washington Law Review 89,2014,p. 1 – 33; Kate Crawford & Jason Schultz, *Big Data and Due Process: Toward a Framework to Redress Predictive Privacy Harms*, Boston College Review 55, 2014,p. 93; Margot E. Kaminski, *Binary Governance: Lessons from the GDPR's Approach to Algorithmic Accountability*, Southern California Law Review 92,2019,p. 1529.

〔23〕 See Bryce Goodman & Seth Flaxman, *European Union Regulations on Algorithmic Decision Making and a "Right to Explanation"*, AI Magazine 3,2017,p. 50 – 57; General Data Protection Regulation, Recital 71. “适当的保障措施……应包括提供给数据主体具体的信息、(数据主体)获得人为干预并表达其观点的权利,在相关评估后获得对该决定的解释并质疑该决定的权利。”

〔24〕 Casa Fleischhandels-GmbH v. Bundesanstalt für landwirtschaftliche Marktordnung, Case215/88,ECLI:EU:C:1989:331,https://eur-lex.europa.eu/legal-content/EN/TXT/? uri = CELEX%3A61988CJ0215.

〔25〕 See Sandra Wachter et al. , *Why a Right to Explanation of Automated Decision-Making Does Not Exist in the General Data Protection Regulation*, International Data Privacy Law 7, 2017,p. 76 – 99.

供更为清晰的指引。而且绪言71的内容曾多次出现于《自动化个人决策与识别指南》[26],从中可以看到官方对算法解释权的重视。[27] 英国信息专员办公室(ICO)在2020年5月20日发布的《人工智能决策解释指南》[28]同样指出绪言71具有解释正文立法目的的作用,算法解释权毫无疑问存在于GDPR。此外,对系统的事后深入解释是可行且应当的。其中,Powles教授与Selbst助理教授认为算法解释权的构建基础为"数据主体知情权"与"数据访问权"。[29] Bygrave教授与Mendoza研究员则认为可以基于数据访问权的规定构建算法解释权,因为数据访问权并未排除事后解释的可能,可以将算法解释权视为"质疑自动化决策权"(right to contest,GDPR第22条第3款)的默示条款。[30] Casey等学者则认为,即使欧盟没有明确规定算法解释权,但是在执行GDPR的过程中执法结构必然会要求数据控制者提供解释,GDPR实际上引入了明确的算法解释权。[31]

以上争议的核心在于GDPR是否存在算法解释权,这在一定程度上体现了学者要求通过提高算法透明度实现自动化决策规制。但是,这种争论过度纠结于算法解释权的存在,不能有效推动算法规制研究的发展。[32] 实际上,至今欧

---

[26] Article 29 Data Protection Working Party, Guidelines on Automated individual decision-making and Profilingfor the purposes of Regulation 2016/679, WP251. rev. 01.

[27] See Margot E. Kaminski, *The Right to Explanation, Explained*, Berkeley Technology Law Journal 34, 2019, p. 189.

[28] Information Commissioner's Office & The Alan Turning Institute, *Explaining decisions made with AI*, (May. 20, 2020), https://ico.org.uk/for-organisations/guide-to-data-protection/key-data-protection-themes/explaining-decisions-made-with-ai/.

[29] See Selbst & Julia Powles, *Meaningful Information and the Right to Explanation*, International Data Privacy Law 7, 2017, p. 233 – 242. 类似观点还可以参见:Gianclaudio Malgieri & Giovanni Comande, *Why a Right to Legibility of Automated Decision-Making Exists in the General Data Protection Regulation*, International Data Privacy Law 7, 2017, p. 262 – 265.

[30] See Isak Mendoza & Lee A. Bygrave, *The Right Not to be Subject to Automated Decisions Based on Profiling*, in Tatiani Synodinou et al., EU Internet Law: Regulation and Enforcement, Cham, Springer International Publishing, 2017, p. 1.

[31] See Bryan Casey, Ashkon Farhangi & Roland Vogl, *Rethinking Explainable Machines: The GDPR's "Right to Explanation" Debate and the Rise of Algorithmic Audits in Enterprise*, Berkeley Technology Law Journal 34, 2019, p. 143.

[32] 我国亦有学者加入相关的争论,参见张恩典:《大数据时代的算法解释权:背景、逻辑与构造》,载《法学论坛》2019年第4期。

盟官方都没有正式肯认算法解释权的存在。算法解释权研究的核心不在于其是否存在,算法解释权的实质远比其是否存在更为重要。[33] 而算法解释权是否存在的症结恰恰在于算法解释权的内涵界定不明。

(二)实质之争:算法解释权的内涵界定

算法解释权本质上是赋予数据主体一定的透明权利,使得数据主体能够在充分理解自动化决策后对决策发表意见甚至质疑。然而,算法解释权到底需要实现何种程度的透明?向数据主体揭示什么?这项权利应当如何构建?解释必须有多详细?这些问题都是决定算法解释权内涵的重要因素。算法解释权的内涵受到多种要素影响,包括算法解释的标准、算法解释的时机、算法解释的可理解性以及解释的详细程度。每种要素内部又存在差异化的选择,如系统功能解释与特定决策解释(解释标准)、事前解释与事后解释(解释的时机)、以机器为中心的解释与以数据主体为中心的解释(解释的可理解性)、有限解释与完整算法披露(解释的详细程度)。(见表1)

表1 算法解释权影响因素与差异选择

影响因素	差异选择	
解释的标准	系统功能解释	特定决策解释
解释的时机	事前解释	事后解释
解释的可理解性	以机器为中心的解释	以数据主体为中心的解释
解释的详细程度	有限解释	完全算法披露

首先,对系统功能解释与特定决策解释的区分影响算法解释权的解释标准。系统功能解释意味着数据控制者只需要向数据主体解释自动化决策系

〔33〕 国内外有部分学者也认识到形式之争所存在的局限性,开始探寻算法解释权的实质。参见 Selbst & Julia Powles, *Meaningful Information and the Right to Explanation*, International Data Privacy Law 7, 2017, p. 233 – 242; Maja Brkan, *Do Algorithms Rule the World? Algorithmic Decision-making and Data Protection in the Framework of the GDPR and Beyond*, International Journal of Law and Information Technology 27, 2019, p. 91; Sam Wrigley, *BOTS, Artificial Intelligence and the General Data Protection Regulation: Asking the Right Questions*, Trinity College Law Review 22, 2019, p. 199; Lilian Edwards & Michael Veale, *Slave to the Algorithm: Why a Right to an Explanation Is Probably Not the Remedy You Are Looking for*, Duke Law & Technology Review 16, 2017 – 2018, p. 18 – 84; 张欣:《算法解释权与算法治理路径研究》,载《中外法学》2019年第6期。

统的通用功能,如系统运行的逻辑、目的及其重要性、预想结果。[34] 例如,提供有关预期或未来处理的信息,以及自动决策可能如何影响数据主体的信息。[35] 而特定决策解释是指数据控制者必须基于特定的决策进行详细解释,譬如解释特定自动化决策的基本原理、推理情况、算法运作的参数、参数特征的加权比重、配置文件信息等。[36] 一般情况下,如果自动化决策系统相对简单或者使用特定任务型算法,系统功能解释与特定决策解释并无太大差别。但是,在复杂的算法系统(如机器学习技术)中,特定决策解释比系统功能解释更有意义。

其次,对事前解释与事后解释的区分影响算法解释权的解释时机。事前解释是指在进行自动化决策前对决策进行解释。事前解释在逻辑上一般只能解释系统功能,因为在作出决策之前无法知道具体决策的基本原理。事后解释是指在自动化决策后进行解释,解释的对象包括系统功能和特定决策的基本原理。可见,算法解释时机与解释标准有一定关联。同样,在较为复杂且多变的算法系统中,事后解释较事前解释更具意义。[37]

再次,以机器为中心的解释与以数据主体为中心的解释影响算法解释权的可理解程度。以机器为中心的解释主要为工程学的解释方法,这类解释聚焦于整个算法系统,通过算法模型的计算行为考虑其使用场景及其目的。这类解释所提供的信息一般包括:配置信息、训练的元数据、决策的总体逻辑、处理过程的信息、性能标准等。以机器为中心的解释为所有人提供了一系列的信息,但是其无法保证信息的详细程度以及解释对个人而言是否有意义。以数据主体为中心的解释是指通过数据主体可理解的方式进行解释,解释聚焦于系统的输入数据,更注重数据主体的可理解性。解释的内容包括:输入数据的变化将如

---

〔34〕 See Sandra Wachter et al. , *Why a Right to Explanation of Automated Decision-Making Does Not Exist in the General Data Protection Regulation*, International Data Privacy Law 7, 2017, p. 76 – 99.

〔35〕 Article 29 Data Protection Working Party, Guidelines on Automated individual decision-making and Profilingfor the purposes of Regulation 2016/679, WP251. rev. 01.

〔36〕 See Sandra Wachter et al. , *Why a Right to Explanation of Automated Decision-Making Does Not Exist in the General Data Protection Regulation*, International Data Privacy Law 7, 2017, p. 76 – 99.

〔37〕 See Selbst & Julia Powles, *Meaningful Information and the Right to Explanation*, International Data Privacy Law 7, 2017, p. 233.

何影响结果、哪些用于训练算法模型的数据记录与特定主体最相似、得出同样结果的主体具有哪些共同特征以及算法系统的误报率等。以数据主体为中心的解释在算法系统和数据主体之间建立互动关系，从而提供“有意义”的解释。[38]

最后，对有限解释与完全算法披露的区分影响算法解释权的解释详细程度。有限解释与完全算法披露相区分的标准在于解释是否具有意义。在理想的情形下，实现算法白箱需要披露：(1)输入数据；(2)影响决策的要素；(3)影响决策的要素的权重；(4)关于决策目的的合理解释。[39] 在极端的情形下甚至可以要求数据控制者公布算法的源代码。但是实现完全的算法披露具有一定的技术阻碍。而有限解释则以数据主体理解为中心，其实质是非完全透明的可理解性解释，即数据控制者只需通过有限的解释让数据主体理解决策过程，而无需实现完全的算法透明。[40]

综上所述，算法解释权影响因素的差异组合将赋予其不同的内涵。主流观点所认为的算法解释权实际上是为实现最高层级的透明，权利由特定决策解释、事后解释、以数据主体为中心的解释与完全算法披露相结合组成。数据主体有权要求控制者在事后对特定决策进行有意义的涉及算法逻辑的解释。然而，《自动化个人决策与识别指南》在解释知情权与访问权时指出，控制者应向数据主体提供有关处理的预期结果的信息，而不是对特定决策的解释（事前解释），控制者应向数据主体提供通用信息（系统功能解释），特别是在决策过程中考虑的因素，以及它们各自在总体上的“权重”，这对数据主体质疑决策具有重要作用（以数据主体为中心的解释）。此外，《自动化个人决策与识别指南》表示 GDPR 要求控制者提供涉及决策逻辑的有意义的信息，并不意味着完整的算

---

〔38〕 See Lilian Edwards & Michael Veale, *Slave to the Algorithm: Why a Right to an Explanation Is Probably Not the Remedy You Are Looking For*, Duke Law & Technology Review 16, 2017 - 2018, p. 18 - 84.

〔39〕 Maja Brkan, *Do Algorithms Rule the World? Algorithmic decision-making and Data Protection in the Framework of the GDPR and Beyond*, International Journal of Law and Information Technology 27, 2019, p. 91.

〔40〕 Gianclaudio Malgieri & Giovanni Comande, *Why a Right to Legibility of Automated Decision-Making Exists in the General Data Protection Regulation*, International Data Privacy Law 7, 2017, p. 262 - 265.

法公开或者复杂的算法解释(有限解释)。[41] 因此,Wachter 教授等学者认为 GDPR 不存在算法解释权的论断实际是建立于较为严格的算法解释权之上,即数据主体有权要求数据控制者事后提供对特定决策的可理解的完全解释。其他学者认为 GDPR 存在算法解释权的论断则与《自动化个人决策与识别指南》的定义相一致,即数据主体有权要求数据控制者提供关于自动化决策通用信息的可理解的有限解释。对算法解释权实质之争的梳理有助于揭示形式之争的背后原因并提供解决思路,算法解释的标准、算法解释的时机、算法解释的可理解性以及解释的详细程度的差异化选择构成了不同类型的算法解释权。在算法解释权的内涵尚未确定前,关于算法解释权是否存在的争议将无法得到解决。

三、算法解释权在欧盟各国立法中的体现

GDPR 第 22 条第 1 款规定了自动化决策的禁止范围,该条第 2 款为数据控制者设置了三种例外情形,并要求数据控制者提供保障措施以保护数据主体的权利、自由和合法利益。[42] 其中一个例外情形为"国家立法授权例外",即欧盟成员国可以在本国立法中规定特定的例外情形与保障措施。[43] GDPR 为另外两种情形规定了最低程度的保障措施,即保障数据主体有要求人工干预、表达观点以及质疑决策的权利。但是 GDPR 没有限制各国对保障措施的立法,算法解释权也可以被认为是一种保障措施。[44] 各国通过立法实施 GDPR 规定的保障措施体现不同国家对于自动化决策规制以及算法解释权的态度。因此,欧盟成员国如何实施 GDPR 的相关条款是研究算法解释权的重要参考。本部分通过研究欧盟成员国关于算法解释权的相关规定,考察算法解释权在欧盟成员国立法层面的现状,为建构算法解释权探寻可借

〔41〕 Article 29 Data Protection Working Party, Guidelines on Automated individual decision-making and Profiling for the purposes of Regulation 2016/679, WP251. rev. 01, 27.

〔42〕 General Data Protection Regulation, Art. 22.

〔43〕 GDPR 第 22 条第 2 款为另外两种情形(明确同意例外与合同必须例外)规定了最低程度的保障措施,即"要求人工干预权"、"表达观点权"与"质疑权"。

〔44〕 Maja Brkan, *Do Algorithms Rule the World? Algorithmic Decision-making and Data Protection in the Framework of the GDPR and Beyond*, International Journal of Law and Information Technology 27, 2019, p. 91.

鉴之处。

(一)消极模式

消极模式是指成员国并未在 GDPR 的基础上对保障措施作出新的规定。大部分欧盟成员国均采用消极模式。[45] 实施消极模式的国家有:意大利、罗马尼亚、瑞典、丹麦、波兰、芬兰、塞浦路斯、希腊、捷克、爱沙尼亚、立陶宛、保加利亚、拉脱维亚、葡萄牙、克罗地亚、斯洛伐克、卢森堡、马耳他、西班牙、德国、比利时、荷兰、奥地利、爱尔兰、斯洛文尼亚、英国等。[46]

可以看到,大部分国家在实施 GDPR 时保持相对保守的态度。欧盟在 GDPR 层面所存在的众多争议尚未得到解决,各国采取较为保守的态度属于合理的立法考量。但是,正如前文所言,英国 ICO 发布的《人工智能决策解释指南》承认算法解释权的存在,并为算法解释提供了相关的指引。因此,虽然英国没有在立法中承认算法解释权,但是算法解释权将在英国数据保护实践中成为可能,下文将对其进行具体分析。

(二)积极模式

积极模式是指成员国对 GDPR 所提供的保障措施进行较大程度的创新。法国与匈牙利是这种模式的典型代表,英国 ICO 的《人工智能决策解释指南》同样可以视为这一模式的体现。

---

〔45〕 See Gianclaudio Malgieri, *Automated Decision-making in the EU Member States: The Right to Explanation and Other "suitable safeguards" in the National Legislations*, Computer Law & Security Review 35, 2019, p. 1 – 26.

〔46〕 例如英国《数据保护法》(2018)根据 GDPR 所规定的最低保障措施,为控制者设置了更为详细的义务。根据相关规定,控制者在使用自动化决策时必须遵循一定的程序,概括为:(1)控制者通知数据主体相关情况;(2)数据主体请求重新考虑决定或者做出不完全基于自动化处理的新决定;(3)控制者解释遵循个人请求所需的步骤和结果。这为数据主体"质疑"的权利提供了后续的保证。遗憾的是英国《数据保护法》(2018)并没有直接规定算法解释权。根据英国《数据保护法》(2018)的规定,控制者必须在合理可行的范围内,尽快以书面形式通知数据主体其已经基于自动处理做出决定。数据主体可以在收到通知的 1 个月内,要求控制者重新考虑该决定,或者做出不完全基于自动处理的新决定。如果数据主体提出了请求,那么控制者必须在一个月又两星期之内考虑请求(包括由数据主体为此提供的任何信息),并且书面通知数据主体根据其请求所需要采取的步骤以及相应的结果。See UK Data Protection Act 2018, section 14, http://www.legislation.gov.uk/ukpga/2018/12/section/14, July 17, 2021.

法国《数据保护法案》开创性地区分了使用自动化决策的三类情形,并对其作出区别规定。[47] 第一类,在司法领域使用自动化决策时,如果此类决策用于评估个人的人格,法律将完全禁止任何形式的自动化决策;第二类,在行政领域使用自动化决策时,在行政上诉(appeal)中不得使用全自动化决策,而其他情况下使用自动化决策需要符合一定的要求;[48] 第三类,对个人具有法律效力或重大影响的所有其他全自动化决策,这类自动化决策同样要符合特定的例外条款并提供保障措施。其中,第二类自动化决策提到:"(4)主管部门应有关个人的要求,将定义该数据处理的规则及其实现的主要特征传达给有关个人;(5)控制者应确保对算法处理及其开发的控制,以便能够以可理解的方式向有关人员详细解释如何实施自动化处理"。第三类自动化决策则提到一个类似的要求:"除法律保护的秘密外,数据管理员应个人的要求,将定义数据处理的规则及其实施的主要特征传达给相关人员"。可见,法国《数据保护法案》通过规定保障措施的方式明确了如绪言71所描述的算法解释权。法国"算法解释权"的内容可以概括为:除法律保护的秘密外,在涉及数据主体的特定决策中数据控制者应当根据个人的要求解释定义数据处理的规则以及决策的主要特征。换言之,法国"算法解释权"结合了事后解释、特定决策解释、以数据主体为中心的解释以及有限解释四种要素。

此外,结合GDPR所要求的知情权(法国《数据保护法案》第48条)与访问权(法国《数据保护法案》第49条)来看,法国《数据保护法案》采取了两分法,即在一般情况下,知情权与数据访问权要求数据控制者向数据主体提供有关处理的预期结果的信息(事前解释)、通用信息(系统功能解释与有限解释),以助于数据主体质疑决策(以数据主体为中心的解释)。而在涉及特定决策时,数据控制者则应当根据保障措施条款("算法解释权")提供更为详细的信息。

---

[47] Loi n78 - 17 du 6 janvier 1978 relative à l'informatique, aux fichiers et aux libertés (Version consolidée au 24 mars 2020), https://www.legifrance.gouv.fr/affichTexte.do?cidTexte=JORFTEXT000000886460&dateTexte=20200324, July 17, 2021.

[48] 特定要求包括:(1)不涉及敏感数据;(2)尊重行政程序;(3)基于算法处理的决策过程应包括明确通知有关人员;(4)主管部门应有关个人的要求,将定义该数据处理的规则及其实现的主要特征传达给有关个人;(5)控制者应确保对算法处理及其开发的控制,以便能够以可理解的方式向有关人员详细解释如何实施自动化处理。

匈牙利《GDPR 实施法》同样采取积极的立法路径。[49] 匈牙利规定了与法国相似的保障措施,可以理解为匈牙利版本的“算法解释权”。根据匈牙利《GDPR 实施法》的规定,控制者甚至需要向数据主体传达在特定自动化决策系统中使用的“方法和标准”,“方法和标准”可能会涉及用于数据主体评估和识别的加权参数,而告知加权参数被认为是算法解释的最高级形式之一。[50] 因此,匈牙利的“算法解释权”由事后解释、特定决策解释、以数据主体为中心的解释以及接近完全解释(有限解释)四种要素构成。

最后,虽然英国没有在法律中规定类似的“算法解释权”,但是英国 ICO 发布的《人工智能决策解释指南》却肯认算法解释权的存在以及其必要性。英国 ICO 认为数据控制者应该能够提供两大类型的解释:(1)基于过程的解释,即提供在设计和部署人工智能系统过程中进行管控的信息;(2)基于结果的解释,告诉数据主体在特定决策的情况下发生了什么。此外,英国 ICO 进一步细化了六种主要类型的算法解释:(1)原理解释:通过一种可理解的和非技术性的方式解释形成特定决策的原理;(2)责任解释:谁参与人工智能系统的开发、管理和实施,以及数据主体提出人工干预和审查要求时的联系人;(3)数据解释:在特定决策中使用了什么数据以及如何使用;(4)公平解释:解释为了确保人工智能系统所形成的决策是公平且非歧视的而在设计和实施人工智能系统的过程中所采取的步骤,以及个人是否得到了公平的对待;(5)安全和性能说明:解释为了最大限度地提高决策和行为的准确性、可靠性、安全性和稳固性而在设计和实施人工智能系统的过程中采取的步骤;(6)影响解释:解释为了监管人工智能决策对个人与社会产生的影响而在设计和实施人工智能系统的过程中所采取的步骤。可见,尽管英国《数据保护法》没有规定算法解释权,但是在运用人工智能进行自动化决策时,数据控制者仍然需要根据指南进行相关解释。《人工智能决策解释指南》同样强调事前的系统功能解释,但是其关于算法解释权的内涵更倾向于事后解释、特定决策解释、有限解释、以数据主体为中心的解释。尽管指南没有要求源代码

---

〔49〕 Act CXII of 2011 on the Right to Informational Self-determination and on the Freedom of Information (as in force on 26 April 2019), English version, http://njt. hu/translated/doc/J2011T0112P_20190426_FIN. pdf, July 17, 2021.

〔50〕 See Sandra Wachter et al. , *Why a Right to Explanation of Automated Decision-Making Does Not Exist in the General Data Protection Regulation*, International Data Privacy Law 7, 2017, p. 76 – 99.

公开或者对参数的解释,但是通过全面且可理解的解释,有助于数据主体提出自己的观点和质疑。

综上所述,尽管大多数欧盟成员国都采取较为保守的态度,但法国、匈牙利、英国还是在GDPR的基础上创建了一定程度的"算法解释权"。不同国家立法的差异可能是基于多种因素的考量。首先是国家在隐私保护、网络风险感知和技术法规方面的文化历史、法律历史以及经济背景。以法国为例,其在GDPR之前就形成了更严格的《数据保护法案》。[51] 其次是国家在公民个人权利与企业或公共实体义务间的考量,如权利与义务分配的成本与效益、个人信息保护与信息流转效益的平衡。最后是成员国对执行欧盟指令(或法规)标准的理解差异。[52] 无论如何,欧盟各国关于"算法解释权"的立法和指引为算法解释权内涵的建构提供了借鉴的蓝本。法国、匈牙利与英国不仅要求数据控制者提供有限的以数据主体理解为中心的事前通用信息解释,还要求其对特定决策提供可供理解的解释。这三个国家对算法解释的公开程度要求有所不同,但是算法解释权的构成要素离不开事后解释、特定决策解释、以数据主体为中心的解释与有限解释的组合。

四、算法解释权的限度与建构

如上文所述,算法解释权的构建主要围绕算法解释的标准、算法解释的时机、算法解释可理解性以及解释的详细程度进行差异性选择。但是,如何在这些要素当中作出选择需要进一步明确算法解释权的边界与限度。算法解释权实际上是为个体配置透明权利,由数据控制者履行相应的透明义务,从而使得个体成为监督与质疑自动化决策的力量之一。诚然,基于权利话语路径赋予个体算法解释权体现了对个人尊严与个人主体性的尊重。为个人提供透明信息、解释和参与权,有助于个体参与修正系统的错误、偏见和歧视,从而减少社会对

---

〔51〕 See Rho et al. ,*Differences in Online Privacy & Security Attitudes Based on Economic Living Standards: A Global Study of 24 Countries*, Twenty-Sixth European Conference on Information Systems 2018,Research Paper,2018,http://ecis2018.eu/wp-content/uploads/2018/09/1534-doc.pdf,July 17,2021.

〔52〕 See Gerda Falkner et al. , *Non-Compliance with EU Directives in the Member States: Opposition through the Backdoor?*,West European Politics 27,2004,p.452 –473.

算法决策系统合法性与正当性的担忧。[53] 然而,算法解释权同样具有一定的限度。面对复杂且不断演变的系统时,通过算法解释纠正系统的问题并非一个特别好的方法。因此,建构算法解释权应当充分考虑其对算法决策规制的有效性及限度。

(一)算法解释权的限度

算法解释权的限度体现在行权主体所具有的局限性,以及算法解释本身存在的局限性。

1. 个体赋权的局限性

算法解释权的行权主体为个人,在复杂的自动化决策系统面前,个体的知识与能力往往是有限的。解释的关键在于公众能够掌握并理解其真正含义,这时自动化决策系统的解释才真正具有意义。[54] 因此,即使公布算法的源代码,对于大多数人而言,也并不存在理解算法源代码的能力。就算源代码透明成为法律规则,对于绝大多数人来说这并非具有意义的解释方式。正如行为经济学告诉我们的那样,许多用户对隐私风险的错误理解来源于信息不对称,以及人类未能正确评估未来的潜在风险。如果无法解决个体对于复杂算法系统理解力不足的问题,依赖于算法解释权进行自动化决策规制的有效性将大打折扣。

此外,由于部分自动化决策系统存在高度复杂性、多变性以及隐蔽性,即使能够以数据主体理解的方式解释算法,数据主体也未必能够发现系统所存在的问题。在使用机器学习的场景下,决策的过程甚至不为算法设计者和决策操作者所知。由于部分机器学习系统存在其独立的复杂性,这类机器学习系统的决策结果比其他结果更难以预测。[55] 即使系统存在歧视与偏差,个体也难以发现其存在。

总之,赋予个体算法解释权在面临高度复杂的系统时具有较大的局限性。个人大多缺乏时间及必要的专业知识与资源来有意义地行使这项个人权利。

---

〔53〕 See Danielle Keats Citron & Frank Pasquale, *The Scored Society: Due Process for Automated Predictions*, Washington Law Review 89, 2014, p. 1 – 33; Tal Z. Zarsky, *Transparent Predictions*, University of Illinois Law Review 4, 2013, p. 1503.

〔54〕 See Danielle Keats Citron & Frank Pasquale, *The Scored Society: Due Process for Automated Predictions*, Washington Law Review 89, 2014, p. 1 – 33.

〔55〕 See Sauvik Das & Adam Kramer, *Self-Censorship on Facebook*, Proceedings of the Seventh International AAAI Conference on Weblogs and Social Media, 2013, https://ojs.aaai.org/index.php/ICWSM/article/view/14412, July 17, 2021.

在某些方面,由于解释本身可能没有足够的意义,即使具有一定能力的主体也未必能够通过算法解释权实现其对自动化决策的自主决定。

2. 算法解释的局限性

过去的经验让我们产生了"看到某种东西便有可能控制它"的感觉。[56] 事实上,在许多情况下,实现全部或部分的透明的确是实现算法决策规制的有用工具。然而过度依赖提高透明度存在较大的局限性,不能有效地解决算法黑箱问题。

首先,算法解释可能会面临其他合法利益的挑战。在公共领域中,政府信息公开透明是实现法治政府的重要举措。为了保证政府的合法性与正当性,除了涉及国家利益的重大机密,政府的所有行为都应当被默认为是透明的。[57] 然而,在私人领域当中要求透明和公开往往会受到其他合法利益的挑战,如商业秘密、知识产权、隐私权等。GDPR 绪言 63 中亦明确指出,在行使权利时应当避免对他人的权利或自由产生不利影响,包括商业秘密和知识产权,尤其是保护软件的版权。[58] 在纽约大学法学院布伦南司法中心诉纽约州警察部门一案中,被告纽约州警察部门便以保护帕兰蒂尔(Palanti)系统制造商的商业秘密为由,拒绝了原告布伦南司法中心要求公开系统相关信息的请求。最终,纽约州最高法院驳回了原告要求公开输入数据的请求。[59] 尽管在《自动化个人决策与识别指南》第 29 条中,数据保护工作组认为不能以保护商业秘密为借口来拒绝数据主体访问数据或提供信息的请求,[60]但是算法解释权所带来的利益冲突仍然是不可避免的。前文所提到的法国《数据保护法案》同样要求数据控制者只能

---

〔56〕 See Frank Pasquale, *The Black Box Society: The Secret Algorithm That Control Money and Information*, Cambridge, Harvard University Press, 2015, p. 10 – 11.

〔57〕 See Tal Zarsky, *Transparency in Data Mining: From Theory to Practice*, in Bart Custers et al., Discrimination and Privacy in the Information Society, Berlin, Springer, 2013, p. 310.

〔58〕 General Data Protection Regulation, Recital 63. 关于算法规制与商业秘密关系的论述可参见李晓辉:《算法商业秘密与算法正义》,载《比较法研究》2021 年第 3 期。

〔59〕 Brennan Ctr. for Justice at N. Y. Univ. v. N. Y. C. Police Dep't, 2017 N. Y. Misc. LEXIS 5138, at *5 (N. Y. Sup. Ct. Dec. 22, 2017).

〔60〕 Article 29 Data Protection Working Party, Guidelines on Automated individual decision-making and Profilingfor the purposes of Regulation 2016/679, WP251. rev. 01, 17.

公开法律保护的秘密外的相关信息。[61]

其次,仅凭算法解释无法实现有效的算法规制。算法解释的本质是提高算法决策的透明度,但是我们往往会陷入一种"透明度谬误"(transparency fallacy)[62]中,认为提高透明度便可以进一步控制算法决策。但归根结底,社会与个体需要的不是算法解释,而是让自动化决策在合理风险下运行,确保自动化决策的危害不会发生。假如危害不幸发生,算法解释也不是最佳的救济方法,如何对自动化决策实施问责制才是事后救济的关键。不可否认,算法解释有助于对算法决策的监管与问责,但是仅凭算法解释并不足以在所有情况下都实现对算法决策的监管与问责。因此,算法解释权本质上只是提高透明度的一种方法,而透明度实际上与问责制是紧密相连的概念,只有当人们知道了一个组织的行动,才能够对其进行问责。[63] 两者作为自动化决策规制的工具,目的在于实现公平、非歧视的自动化决策。

综上所述,算法解释权只是提高透明度的具体措施,在自动化决策规制中算法解释权存在较大的局限性。透明度工具只是规制自动化决策的一项工具,但是仅凭高透明度工具并不能实现有效的算法决策规制。因此,在构建算法解释权时,我们应当考量其存在的局限性与限度,充分考虑算法解释权建构的成本与效益。

(二)算法解释权的建构

如前文所述,算法解释权存在一定的局限性。在建构算法解释权时应当认识到其本质上是一种透明度工具。作为一种工具,其有效性应当考虑以下因素:(1)工具所服务的目的是什么;(2)算法决策过程中哪些要素应当透明;(3)什么类型的算法解释权效益最高且成本最低;(4)实现目标的替代方案。

首先,建构算法解释权的目的在于保证自动化决策的公平性与非歧视性。

---

[61] Loi n78 – 17 du 6 janvier 1978 relative à l'informatique, aux fichiers et aux libertés (Version consolidée au 24 mars2020), https://www. legifrance. gouv. fr/affichTexte. do?cidTexte = JORFTEXT000000886460&dateTexte = 20200324, July 17, 2021.

[62] See Frank Pasquale, *The Black Box Society: The Secret Algorithm That Control Money and Information*, Cambridge, Harvard University Press, 2015, p. 10 – 11.

[63] See European Parliamentary Research Service, *A Governance Framework for Algorithmic Accountability and Transparency*, Panel for the Future of Science and Technology, 2019, https://www. europarl. europa. eu/stoa/en/document/EPRS_STU(2019)624262, July 17, 2021.

如前文所述,建构算法解释权是为了解决算法决策系统所带来的信息不对称以及相应的风险问题。例如,检查数据和算法中是否存在影响系统公平性的偏差、防止恶性数据的输入等。此外,在算法决策功能方面,算法解释权还有助于修正系统的数据偏差、修复系统漏洞等。当然,算法解释权还体现了个人尊严以及信息自决权。〔64〕 但总的来说,算法解释权的预期目标是保证自动化决策的公平性与非歧视性。此外,在实现算法解释权的预期目标时,还应当衡量算法决策系统潜在的风险与效益。算法决策技术为网络产业的发展带来了经济效益,在进行规制时应当注意个人信息保护风险与产业发展利益的平衡,否则过度规制有可能会阻碍技术与产业的进一步发展。在个人信息保护法领域,平衡个人信息保护与信息自由流通价值已然成为个人信息立法的基本准则。〔65〕

其次,算法决策过程中需要透明要素时应当考虑其效益与成本。由于算法决策过程中的透明要素与算法解释权类型有关,因此在考虑算法过程的透明要素时,应当同时考虑算法解释权类型的效益与成本。如文章第二部分所分析,影响算法解释权内涵的要素有:算法解释的标准、算法解释的时机、算法解释可理解性以及解释的详细程度。在这些因素当中,解释的详细程度与算法解释可理解性的争议较小。解释的详细程度只能是有限解释,算法解释可理解性则应当以数据主体理解为中心。由于算法解释权的行权主体大多缺乏相关的知识与资源,完全公开源代码等信息不仅无法为数据主体所理解,过度公开的成本还极高,甚至有可能会影响商业秘密与知识产权对技术的激励效果。而算法解释的时机与算法解释的标准应当区分情况加以选择。在较为简易的算法程式中,如特定任务型算法、变量较简单的算法,事前的系统功能解释与事后的特定决策解释没有较大的区别。〔66〕 数据控制者只需如《自动化个人决策与识别指南》所规定的解释系统的通用信息即可,无需对特定决策进行解释,包括预设的后果、考虑的因素以及因素各自的权重等。在面对复杂度较高的算法系统时,解释的标准与时机需要进一步考虑。以机器学习为例,事后甚至定期质疑个别

---

〔64〕 参见 Margot E. Kaminski, *Binary Governance: Lessons from the GDPR's Approach to Algorithmic Accountability*, Southern California Law Review 92, 2019, p. 1529;谢琳、曾俊森:《数据可携权之审视》,载《电子知识产权》2019 年第 1 期。

〔65〕 参见谢琳:《大数据时代个人信息使用的合法利益豁免》,载《政法论坛》2019 年第 1 期。

〔66〕 See Selbst & Julia Powles, *Meaningful Information and the Right to Explanation*, International Data Privacy Law 7, 2017, p. 233 – 242.

决定比不上在一开始就设计一个好的系统或进行持续监测有效。而且由于机器学习大部分工作发生在设计和训练阶段,决策后再评估和纠正运行模型可能非常困难,甚至不可能。部分算法也会随着时间的推移而发展,[67]试图通过个人的挑战来规范这些系统的可能性微乎其微。面对复杂的算法决策系统,特定决策的过程逻辑可能难以向个人解释。即使可以解释,其所导致的合规成本也可能会很高。因此,面对复杂的算法决策系统时,数据控制者难以提供针对特定决策的深度信息。除了在事前解释系统的通用功能,数据控制者可以进一步公开更多关于特定决策的处理过程和处理结果的解释。如提供英国 ICO《人工智能决策解释指南》所建议的六种解释:原理解释、责任解释、数据解释、公平解释、安全和性能说明、影响解释。但是,所有的解释都必须以数据主体可理解为核心。

总而言之,从效益与成本的角度进行考量,"算法解释权"应当定义为有限的透明度工具。算法解释权的内容应当为以数据主体可理解的方式进行解释:在一般情况下对系统的通用信息进行解释;面对复杂系统时,数据控制者可以应数据主体的要求进一步公开更多关于特定决策的处理过程和处理结果的解释,以便于数据主体质疑和提出观点。

最后,除了算法解释权以外,实际上还有其他可以有效实现目标且成本较低的替代方案。这些方案包括:定期进行质量保证检查、算法审计(可以交予独立的第三方审查)、涉及机器学习审核过程的行为准则、伦理审查委员会、[68]反事实解释(counterfactual explanation)[69]、数据影响评估(data protection impact assessment,DPIA)等。其中 DPIA 在 GDPR 第 35 条、我国《个人信息保护法》[70]

---

[67] Mike Ananny & Kate Crawford, *Seeing Without Knowing: Limitations of the Transparency Ideal and Its Application to Algorithmic Accountability*, New Media & Society 20, 2018, p. 983 – 984; Joshua A. Kroll et al., *Accountable Algorithms*, University of Pennsylvania Law Review 165, 2017, p. 633 – 705.

[68] Article 29 Data Protection Working Party, Guidelines on Automated individual decision-making and Profilingfor the purposes of Regulation 2016/679, WP251. rev. 01, Annex 1.

[69] Sandra Wachter, Brent Mittelstadt & Chris Russell, *Counterfactual Explanations without Opening the Black Box: Automated Decisions and the GDPR*, Harvard Journal of Law & Technology 31, 2018, p. 841.

[70] 《中华人民共和国个人信息保护法》,2021 年 8 月 20 日全国人大常委会发布,2021 年 11 月 1 日实施。

第56条以及《个人信息安全影响评估指南》[71]中均有规定。DPIA体现了一种公私协作治理的方法,其在提供多维度透明度、评估并降低算法决策风险、公私协作探索治理规则以及算法问责方面均具有较大的作用。[72]

综上所述,算法解释权的目的在于保证自动化决策的公平性与非歧视性,算法解释权只是实现这一目标的一种透明度工具。鉴于个体存在的局限性以及算法解释的实现难度,算法解释权不应当被宽泛解释。其内容应当为数据控制者以数据主体可理解的方式,在一般情况下对系统的通用信息进行解释;面对复杂系统时,数据控制者可以应数据主体的要求进一步公开特定决策的处理过程信息与结果信息,以便于数据主体质疑和提出观点。

结　语

算法解释权的本质是一种透明度工具,通过个体的力量挑战算法决策以实现算法决策的公平性与非歧视性。未来我国的个人信息保护制度可以在立法上为个体提供一定的透明权利,以凸显对个人的自主性和个人尊严的尊重。然而,我们应该认识到算法解释权所存在的限度,不应过度依赖于算法解释权甚至提高透明度进行算法决策规制。目前,我国的互联网发展尚处于起步阶段,在进行算法决策规制时,应当综合考量不同工具的有效性与成本并建立起综合、有效的规制框架,最终实现个人信息保护与信息自由流通的平衡。

---

〔71〕 国家市场监督管理总局、国家标准化管理委员会《信息安全技术　个人信息安全影响评估指南》,GB/T 39335-2020,2020年11月19日发布,2021年6月1日实施。

〔72〕 Margot E. Kaminski, *Binary Governance: Lessons from the GDPR's Approach to Algorithmic Accountability*, Southern California Law Review 92, 2019, p. 1529.

以软法导正规避

——不良资产融资中的金融创新

陈尔博*

摘要：

金融资产管理公司配资业务与分期付款在实务中难以区分，现行金融监管法律法规对配资持不予认可的消极态度，但银保监会的规范性文件允许资产管理公司与受让方约定分期付款。由此，分期付款、共同合伙、分级资金等法律规避行为层出不穷。本文在阐析分期付款及相关法律规避行为的合理性与合法性的基础上提出，在现阶段改革金融监管制度难度较大的情形下，不应禁止分期付款等法律规避行为，而是应制定行业规范，以软法推动不良资产业务健康发展，扩大直接融资规模，真正实现消化不良资产，化解金融风险的初心，推动金融创新。

关键词：

分期付款；不良资产；法律规避；金融创新；软法

引　　言

在不良资产行业中，配资即资产管理公司出借资金给不良资产的受让人。资产管理公司都对配资业务讳莫如深，甚至谈之色变，但同时表示它们在支付款项时可以以合同形式约定分期付款。商业银行痛恨资产管理公司的配资业务，认为资产管理公司用银行廉价的贷款加息转贷，抢占了银行的贷款业务，扩大了金融风险。而交易所等中介机构的业内人士却表示，配资业务和分期付款只是不同角度的说法，它们的实质效果和目的相同，都是不良资产行业融资的一种方式。既然是相似的融资方式，银行等金融机构为何偏爱提分期付款，却对配资严防死守？金融监管部门是否应当放开资产管理公司的配资业务？

---

* 中山大学法学院民商法专业2019级硕士研究生。

党的十九大报告在加快完善社会主义市场经济体制部分中提出,深化金融体制改革,提高直接融资比重,促进多层次资本市场健康发展;健全金融监管体系,守住不发生系统性金融风险的底线。国务院公布的《优化营商环境条例》第27条也规定,国家促进多层次资本市场规范健康发展,拓宽市场主体融资渠道,扩大直接融资规模。[1] 我国《国民经济和社会发展第十四个五年规划和2035年远景目标纲要》提出:要守住不发生系统性风险的底线,完善宏观审慎管理体系,保持宏观杠杆率以稳为主、稳中有降。在维护金融稳定,防范金融风险的前提下,资产管理公司应如何合理合法地推动扩大直接融资规模的政策落地?

一、不良资产融资中的监管规定

我国《商业银行法》将发放贷款规定为商业银行的经营业务之一,[2] 并规定未经国务院银行业监督管理机构批准,任何单位和个人不得从事吸收公众存款等商业银行业务。《银行业监督管理法》也规定从事银行金融业务必须经国务院银行业监督管理机构批准。[3] 互联网金融风险专项整治工作领导小组办公室、P2P网络借贷风险专项整治工作领导小组办公室《关于规范整顿"现金贷"业务的通知》规定:"设立金融机构,从事金融活动,必须依法接受准入管理。未依法取得经营放贷业务资质,任何组织和个人不得经营放贷业务。"[4]《非存款类放贷组织条例(征求意见稿)》将以发放贷款为业并从中获取收益的行为纳入金融监管的范围。该征求意见稿第4条还规定不以经营为目的的贷款情形

---

[1] 《优化营商环境条例》,国务院令第722号,2019年10月22日发布。

[2] 《商业银行法》第3条:"商业银行可以经营下列部分或者全部业务:(一)吸收公众存款;(二)发放短期、中期和长期贷款;(三)办理国内外结算;(四)办理票据承兑与贴现;(五)发行金融债券;(六)代理发行、代理兑付、承销政府债券;(七)买卖政府债券、金融债券;(八)从事同业拆借;(九)买卖、代理买卖外汇;(十)从事银行卡业务;(十一)提供信用证服务及担保;(十二)代理收付款项及代理保险业务;(十三)提供保管箱服务;(十四)经国务院银行业监督管理机构批准的其他业务。经营范围由商业银行章程规定,报国务院银行业监督管理机构批准。商业银行经中国人民银行批准,可以经营结汇、售汇业务。"

[3] 《银行业监督管理法》第19条:"未经国务院银行业监督管理机构批准,任何单位或者个人不得设立银行业金融机构或者从事银行业金融机构的业务活动。"

[4] 《关于规范整顿"现金贷"业务的通知》,整治办函〔2017〕141号,2017年12月1日发布。

不属于放贷业务。[5] 现行法律没有明确规定金融资产管理公司为客户提供分期付款业务为发放贷款,也没有明确禁止该类合同行为,但以上法律无一例外地都表达了吸收资金、发放贷款属于持牌特许经营业务这一态度倾向。[6]

对于信达、东方、长城、华融四大金融资产管理公司的业务范围,《金融资产管理公司条例》中并无为受让人提供贷款或者融资等相关规定。[7] 而对于近年来设立的地方资产管理公司,相关文件也仅仅允许其以债务重组、对外转让等方式处置不良资产,没有批准其提供贷款融资服务。[8] 如果把为二级市场的受让人提供资金理解为向公众发放贷款,按照存贷款属于特许经营业务的传统监管理念,各级金融资产管理公司不得为二级市场的受让人配资。

"配资"一词在金融监管中更为敏感,"场外配资"被称为2015年"股灾"爆发的导火线,监管层已多次对该类行为开展专项整治及清理,对市场施以强力干预。[9] 在最高人民法院《全国法院民商事审判工作会议纪要》[10]中,最高人

---

〔5〕《非存款类放贷组织条例(征求意见稿)》第4条第2款:"有以下情形之一的,不属于本条例所称的经营放贷业务:(一)雇主给雇员提供的帮扶性质的贷款;(二)日常业务或主要业务不涉及发放贷款的组织或个人偶尔发放的贷款;(三)集团控股公司成员之间发放的贷款;(四)基于人情往来不以营利为目的发放的贷款;(五)保险公司提供的保单质押贷款;(六)融资租赁业务;(七)其他不以经营为目的的贷款情形。"

〔6〕参见刘伟明:《公司融资资金来源和用途与金融监管穿透问题研究》,载《西南金融》2018年第4期。

〔7〕《金融资产管理公司条例》第10条:"金融资产管理公司在其收购的国有银行不良贷款范围内,管理和处置因收购国有银行不良贷款形成的资产时,可以从事下列业务活动:(一)追偿债务;(二)对所收购的不良贷款形成的资产进行租赁或者以其他形式转让、重组;(三)债权转股权,并对企业阶段性持股;(四)资产管理范围内公司的上市推荐及债券、股票承销;(五)发行金融债券,向金融机构借款;(六)财务及法律咨询,资产及项目评估;(七)中国人民银行、中国证券监督管理委员会批准的其他业务活动。"

〔8〕中国银行业监督管理委员会办公厅《关于适当调整地方资产管理公司有关政策的函》(银监办便函〔2016〕1738号)第二点:"放宽《金融企业不良资产批量转让管理办法》(财金〔2012〕6号)第三条关于地方资产管理公司收购的不良资产不得对外转让,只能进行债务重组的限制,允许以债务重组,对外转让等方式处置不良资产,对外转让的受让主体不受地域限制。"

〔9〕参见郭玲:《后危机时代我国金融监管与司法实践中的法益权衡——以我国股市场外配资为视角》,载《人民论坛·学术前沿》2019年第15期。

〔10〕《全国法院民商事审判工作会议纪要》,法〔2019〕254号,2019年11月8日发布。

民法院认为不受监管的场外配资业务不仅盲目扩张了资本市场信用交易的规模,也容易冲击资本市场的交易秩序。融资融券作为证券市场的主要信用交易方式和证券经营机构的核心业务之一,依法属于国家特许经营的金融业务,未经依法批准,任何单位和个人不得非法从事配资业务。同时其第86条明确规定,法院在案件审理过程中,除依法取得融资融券资格的证券公司与客户开展的融资融券业务外,对其他任何单位或者个人与用资人签订的场外配资合同应认定为无效。

中国银行保险监督管理委员会(以下简称银保监会)《关于开展"巩固治乱象成果 促进合规建设"工作的通知》附件2《2019年非银行领域"巩固治乱象成果 促进合规建设"工作要点》提出,要治理金融资产管理公司"以收购金融或非金融不良资产名义变相提供融资"的行为。[11] 银保监会办公厅《关于加强地方资产管理公司监督管理工作的通知》第二点要求为回归本源,专注主业,地方资产管理公司应坚持依法合规、稳健经营,以市场化方式、法治化原则、专业化手段开展不良资产收购处置业务,以防范和化解区域金融风险、维护经济金融秩序、支持实体经济发展为主要经营目标,不得设置任何显性或隐性的回购条款,不得以任何形式帮助金融企业虚假出表掩盖不良资产,不得以收购不良资产名义为企业或项目提供融资。[12] 在针对不良资产行业的调研中,[13]有一种观点认为,文件中"回归主业"的精神以及"不得以收购不良资产名义为企业或项目提供融资"是对资产管理公司配资业务的禁止。

资产管理公司为二级市场的不良资产受让人提供资金的配资业务,最直接的方式是签订配资协议。根据调研单位提供的信息,通常银行抵押率是七成,所以一般资产管理公司的配资可以达到资产包价格的70%;风险偏好低的话,就会配40%~50%,受让人用资产包担保,暂不交割资产包,本息还清后才可以

[11] 《关于开展"巩固治乱象成果 促进合规建设"工作的通知》,银保监发〔2019〕23号,2019年5月8日发布。

[12] 《关于加强地方资产管理公司监督管理工作的通知》,银保监办发〔2019〕153号,2019年7月5日发布。

[13] 2019年,中山大学法学院民商法研究所所长、广东民商法学会会长周林彬教授组织了一批长期从事不良资产相关理论研究和实务工作的学者、专家形成课题组,通过集体座谈、单独访谈、派发问卷等方式先后对包括银行、资产管理公司、交易所等在内的数十家金融不良资产市场主体进行了深入调研。笔者有幸参加了此次调研,了解到不良资产行业的现实需求和分期付款的交易模式。

从资产管理公司取得不良资产包的完整权利,但受让人可以继续转让该不良资产包。此种业务模式是最明显的配资,虽说配资是为了推动资产管理公司的基本业务——不良债权的转让,但直接将其放到监管规定中,难免有超出业务范围发放贷款、违规配资的嫌疑。因目前金融监管日趋严格,在监管压力下资产管理公司表示对此业务十分谨慎,甚至表示很少或者已经停止经营该类业务。

二、市场主体融资中的法律规避

法律对向借款人借出本金并按约定收回本金及其收益的行为,包括以各种其他名义支付款项但实质是以放贷为业的行为实行特许经营。不良资产处置的配资业务与发放贷款的关系扑朔迷离,至今难有定论。且证券市场场外“配资”被监管部门禁止,不良资产行业的市场主体也欲和“配资”划清界限,以免受到规制和禁止。不良资产的转让方和受让方都从法律法规和政策的态度中意识到配资协议的风险,但在规模巨大的不良资产市场面前,[14]市场主体不会因为国家法律、部门规章对配资的消极态度而止步不前。他们开始开辟更加合法化、低风险的融资渠道。精明的不良资产市场主体发现,在交易时与受让人约定分期付款等方式,可以规避法律对放贷、配资的规定,规避监管部门可能对配资采取的禁止行为。

具体而言,分期付款与配资业务难以区分。从资金流向上看,受让人都是先交一部分价款(如30%)给出让人,其余的一般在三年之内交完;从权利交割上看,在全款付完之前,资产包都是抵押物,其所有权没有完全转移到受让人手中;从效果上看,它们都能使二级受让人以小资本撬动大资产包,从而获得更强大的购买力。然而,法律又对这两种难以区分的行为有不同的处理态度,即在规范性文件中肯认分期付款而对配资协议有所顾忌。所以,在市场交易中,理性的市场主体总是规避不利于自己的法律而趋向选择适用有利于自己的法律,而原本法律意欲建立的秩序、意欲规制的行为很可能难以实现。

法律规避是指行为人通过借助本不应适用的另一项法律依据,构建形式合法的行为方式来掩盖其真实行为目的,进而绕开某一项强制性法律规范的规

〔14〕 根据中国东方资产管理股份有限公司发布的《中国金融不良资产市场调查报告(2021)》,2020年不良贷款处置规模为3.02万亿元,2018年、2019年分别为2.4万亿、2.5万亿元规模。载青年创投网,http://www.scgqt.org.cn/yinxing/2021/0420/36657.html。

制,从事法律禁止的行为,或者逃避其本应承担的法律义务或责任,或者取得法律本不予授予的资格或利益的行为。[15] 我们可将各种避法行为区分为以下三类:变换行为类型之规避、变换主体之规避以及变换标的物之规避,[16]在不良资产融资过程中常见的为前两种法律规避。

(一)转变行为类型

转变行为类型可以规避金融监管规定,转而适用他们意欲适用的分期付款规定。笔者从调研单位了解到,受让人分期付款,第一笔为总金额的30%,后续的付款期限可为一年到三年。很多机构做的时候还可以变通使用,将原来30%的保证金变成分期付款的第一笔交易资金,将实际操作变成分期付款的程序。分期付款的总金额由资产包总额加上利息计算而出,总额包括资金的使用费。我们发现,分期付款往往第一笔也是总金额的30%,分期付款起到的效果与配资相似,却很好地规避了融资的监管。这种法律规避行为不仅不违反法律,而且还能在部门规章中找到依据。

2005年银行业监督管理委员会(以下简称银监会)、财政部出台的《不良金融资产处置尽职指引》第28条第6项规定,金融机构或者资产管理公司转让资产时,原则上要求一次性付款;确需采取分期付款方式的,应将付款期限、次数等条件作为确定转让对象和价格的因素,在落实有效履约保障措施后,方可向受让人移交部分或全部资产权证。[17] 2012年财政部、银监会《金融企业不良资产批量转让管理办法》第20条规定:“转让协议生效后,受让资产管理公司应在规定时间内将交易价款划至金融企业指定账户。原则上采取一次性付款方式,确需采取分期付款方式的,应将付款期限和次数等条件作为确定转让对象和价格的因素,首次支付比例不低于全部价款的30%。采取分期付款的,资产权证移交受让资产管理公司前应落实有效履约保障措施。”[18]不论国有资产管理公司是受让方还是二级市场受让方,分期付款都是被监管部门的部门规章等规范性文件允许的。所以市场主体趋向于避开配资,表明自己采用分期付款方式,选择性适用以上规定。

---

〔15〕 参见董淳锷:《法律为何被规避》,载《人民法治》2018年第2期。

〔16〕 参见王军:《法律规避行为及其裁判方法》,载《中外法学》2015年第3期。

〔17〕 《不良金融资产处置尽职指引》,银监发〔2005〕72号,2005年11月18日发布。

〔18〕 《金融企业不良资产批量转让管理办法》,财金〔2012〕6号,2012年1月18日发布。

（二）变换持有主体

在对不良资产行规的调研中，笔者还发现另一种分期付款或者配资的方式，即变换主体之法律规避。资产管理公司同受让人成立一个有限合伙企业持有资产包，以新企业的名义处置不良资产。一般3∶7的出资比例是最常见的，投资人一方出30%，配资方出70%。在完成交易之前，双方都会持有份额。只有等受让人把70%的本金和利息还清之后，资产管理公司才会把有限合伙企业的份额全部转让给受让人。《关于加强地方资产管理公司监督管理工作的通知》要求资产管理公司“回归本源，专注主业”，所以资产管理公司不以本身的名义为受让人提供融资，而是与受让人合作成立企业受让、处置不良资产包，以合法化的合作处置不良资产名义避开了目前法律上似乎是灰色且偏向违法的配资协议，以另一企业主体避开了监管部门对资产管理公司的监督。

三、相关规避行为的合理性与合法性

面对监管规定，市场主体总是趋利避害，理性地选择融资模式参与到不良资产交易中。市场主体通过转变行为类型、变换持有主体等规避行为绕开配资协议的监管风险，衍生出分期付款、分级资金、设立有限合伙等为不良资产交易服务的新模式。这些规避行为是市场主体在法律允许范围内的理性选择，体现了社会主义市场经济中商事主体的意思自治。

（一）规避行为的合理性

我国《民法典》删除了“以合法形式掩盖非法目的的合同无效”这一对规避行为的效力完全否定的规定，回应了法律规避行为中新的积极因素。法律规避不一定完全消极，从法律经济学上看，“法律规避”是行为人通过合法的表面手段，绕开强制性规范，以避免与强制性规范直接发生冲突，从而实现自身利益最大化的一种经济理性行为。[19] 更有学者认为，法律规避实际起到了制度创新的作用，在强调和保持法制权威的同时，必须充分肯定法律规避的制度创新意义。[20] 从制度变迁的角度看，国家制定法与民间法的相互沟通、理解以及在此

---

〔19〕 参见周林彬、孙琳玲：《法律规避的法律经济学新探：以公司融资中的法律规避为例》，载山东大学经济研究院主编：《2012年度（第十届）中国法经济学论坛论文集》，第689页。

〔20〕 参见苏力：《再论法律规避》，载《中外法学》1996年第4期。

基础上的妥协和合作将是制度创新的一个重要途径,并且必然是一种渐进式的制度创新。回顾历史,进行改革的人们往往以各种方式规避对他们不利的法律,这是特定制约条件下的一种理性选择。[21]

1. 法律规避与金融创新

金融创新有利于转移和分散金融机构的风险,降低金融交易成本,有效优化资源配置,提高生产效率,促进经济发展。[22] 金融创新的基本类型有三种:适应需求变化的金融创新、适应供给变化的金融创新和规避现行监管的金融创新。[23] 实际上,中外金融市场的法律规避大大创新了金融业务模式,为金融市场带来了不竭的生机活力。

《证券公司融资融券业务管理办法》颁布实施前,证券公司融资融券业务仍未正式展开,证券公司推出的融资也被视为非法配资。[24] 1995 年,我国颁布了《商业银行法》(2015 年已修正),从法律上正式确立了我国金融业分业经营、分业管理的体制。证券公司不能进入拆借市场进行交易,凡是场外交易均属违法。1998 年 12 月,经全国人大批准颁布的《证券法》(2019 年已修订)在有关股市与券商融资的条款中规定:严禁银行资金违规进入股市,证券公司只能使用自有资金和合法取得的资金进行经营活动。[25] 证券公司通过融资融券为客户提供资金进入股市,并非特许经营范围内的业务,还曾被视为股灾的罪魁祸首。但是,我国的股市只靠股民和证券机构的自有资金是无法运作的,证券市场要想发展,必须融资。为了避开证券"融资"监管,证券公司将其为客户提供的融资业务称为"透支"。其中以证券公司挪用客户保证金为股民"透支"最为普遍。[26] 这些法律规避行为蕴含了金融创新的因子,推动了证券融资方式的扩大和发展,为后来融资融券业务的合法化积累了经验和教训,使得证券市场的资

---

〔21〕 参见苏力:《法治及其本土资源》,中国政法大学出版社 1996 年版,第 66 页。

〔22〕 参见罗萍:《商业银行金融创新与系统性风险》,载《金融发展研究》2020 年第 2 期。

〔23〕 参见[美]弗雷德里克·S. 米什金:《货币金融学》,郑艳文、荆国勇译,中国人民大学出版社 2016 年版,第 200 ~ 206 页。

〔24〕 参见缪因知:《证券交易场外配资合同及其强平约定的效力认定》,载《法学》2017 年第 5 期。

〔25〕 参见贺强:《我国股市融资政策的演变与融资模式的选择》,载《价格理论与实践》2006 年第 8 期。

〔26〕 参见陈建瑜:《适时开展证券融资融券交易》,载《中国金融》2004 年第 13 期。

金规模与股票业务规模相匹配。

20世纪60~80年代美国通货膨胀率和利率的上升使得金融行业面对的监管压力骤增,从而导致了金融创新。监管机构强制银行将一定比例的存款作为准备金,对于每一美元来说,法定准备金制度给银行带来的成本是银行将这些准备金贷放出去可能获取的利息。美联储还根据《Q条例》对定期存款的利率设置了上限。

面对这种情形,银行通过金融创新,规避准备金制度带来的存款税负和对存款利息支付的限制,从而增加利润:第一,货币市场共同基金发行的份额以签发支票的形式,按照固定价格赎回。事实上,货币市场共同基金份额的功能相当于付息的支票账户存款,但在法律上它们不是存款,不必缴纳法定准备金,也不受利息支付的限制,出于这个原因,它们所支付的利率要高于银行存款的利率。第二,流动账户也可以帮助银行规避法定准备金"税"。每个工作日结束时,企业支票账户余额中一定金额以上的部分都会被"清除"出该账户,并投资于隔夜证券,从而可以向企业支付利息。"清除出去"的资金不再属于支票存款,因此无须缴纳法定准备金。[27] 货币市场共同基金和流动账户规避了货币政策的限制,提高了金融行业的效率。

2. 不良资产融资规避行为的创新意义

2020年,受疫情的影响,大量小微企业陷入困境,商业银行不良贷款"时滞性"上升压力仍然较大,另外,非银行金融机构不良资产的数量也呈快速上升势头。[28] 面对日益增长的市场规模,企业"贷款难"的问题仍然存在。银行放贷标准高,总是追着优质客户放贷。中小微企业、"风险"企业追着银行放贷,但基于贷款条件等限制及银行不良贷款率的增加,新增贷款愈加困难。[29] 如果不扩大直接融资,那么市场中的资金成为稀缺要素后,将压低资产价格,阻碍不良资产真实价值的实现。有理论研究充分证明,当一个国家经济体系达到均衡状态时,如果适当增加直接融资业务比重,能够明显减少社会融资成本消耗,增加企

---

〔27〕 参见[美]弗雷德里克·S.米什金:《货币金融学》,郑艳文、荆国勇译,中国人民大学出版社2016年版,第200~206页。

〔28〕 参见陈延庆:《疫情对不良资产市场的影响及应对》,载《中国金融》2020年第18期。

〔29〕 参见李虎、柯愈华、付强、聂桂平:《新常态下企业"贷款难"与银行"难贷款"现象调查》,载《金融与经济》2015年第10期。

业及社会生产成本积累,进而提高经济增长率。[30] 分期付款等融资业务的存在使得不良资产投资者不需要通过银行等金融机构进行间接融资,而可以直接与资金方通过合同约定,使富余资金流向资金短缺者。点对点的直接交易减少了中间商介入,进一步降低了我国中小企业融资成本,从而减少了社会融资总成本。

不良资产融资是金融市场创新变革的摇篮,规避行为衍生出各种新兴交易方式。分期付款是货物买卖合同中的常见付款方式,《民法典》合同编和最高人民法院司法解释对此予以规定。《民法典》第634条规定,分期付款的买受人未支付到期价款的数额达到全部价款的1/5,经催告后在合理期限内仍未支付到期价款的,出卖人可以请求买受人支付全部价款或者解除合同。最高人民法院《关于审理买卖合同纠纷案件适用法律问题的解释》第27条规定,《民法典》第634条第1款规定的"分期付款",系指买受人将应付的总价款在一定期限内至少分三次向出卖人支付。

分期付款买卖起源于买受人购买消费品不能一次性支付价款的情况,其目的是缓解买受人的付款压力,促进消费。随着经济的发展,因为资金周转问题,经营者之间的交易也经常采用分期付款的支付方式。[31] 目前买卖合同中的分期付款已经有相对固定的交易模式和法定规则,其他合同领域的分期付款也在实践中逐步探索。分期付款方式的使用范围经历着从消费者之间向经营者之间,再向其他合同领域扩大的实践。不良资产行业中认可度低的分期付款、分级资金等新交易模式在发展初期需要一定的制度空间,允许规避行为的存在有利于在实践中培育新的金融交易模式,在为不良资产行业提供金融支持的同时,也为其他行业的金融创新提供试验平台。

相关规避行为推动监管实践和理论创新。规避行为五花八门难以一一列举,事前监管成本高昂,将推动传统监管理论创新以回应现实监管需要。若法律采用事前禁止的方式杜绝不良资产受让人向资产管理公司分期付款等融资行为,并不能减缓市场交易主体对融资的强烈需求,法律规避仍会层出不穷。"新时代中国社会治理理论"提出"共建共治共享"的社会治理理念,强调市场

---

[30] 参见刘伟明:《公司融资资金来源和用途与金融监管穿透问题研究》,载《西南金融》2018年第4期。

[31] 参见郝丽燕:《〈合同法〉第167条(分期付款买卖)评注》,载《法学家》2019年第5期。

主体、行业协会、社会组织等在治理体系现代化中的重要作用。[32] 如果由社会组织、行业协会等非官方组织自上而下引导相关融资行为的规范化发展，实施的成本将更低，推行的效果将更佳。“激励型监管”强调通过经济奖励、荣誉褒奖或义务责任减免等措施，促使市场主体规范经营。不良资产行业协会对规范经营、诚信履约的市场主体可以提供荣誉褒奖或者更优于其他会员的差异化服务，以此推动行业成员自律。

（二）相关融资行为的合法界限

市场经济是法治经济，对金融行业的监管必须以法律为支撑。市场监管必须坚持合法原则。对被监管主体来说，只要法律不禁止的行为就是被允许的。市场监管行为是一个公法行为，应将违法行为法定作为合法原则的核心内容。为了保证市场监管行为的合法性，法律还必须对监管权进行必要限制。[33]

我国《民法典》摒弃了原《民法通则》和原《合同法》“以合法形式掩盖非法目的的行为无效”的规则，在第 146 条规定“以虚假的意思表示实施的民事法律行为无效”。[34] 通过允许法官对当事人隐藏的真实意思表示（隐藏行为）的效力进行个案评价，该规则成为民法领域规制法律规避行为的主要规则。[35] 但通谋虚伪表示仅限于双方表示与真意不一致，表意人和相对人一致同意表示的事项不应该发生法律效力，不欲使其发生法律行为上的效果。[36] 市场主体选择适用分期付款规则的融资行为不构成通谋虚伪表示。因为合同双方都希望分期付款发生法律效力，都意欲通过分期付款缓解资金压力，推进不良资产交易，实现资产价值。此时合同双方约定的分期付款条款与其意欲实现的目的是一致的，不构成通谋虚伪表示而无效。

在公开可查的不良资产融资的监管法律法规和行政处罚案例中，并没有明

---

〔32〕 参见张文显：《新时代中国社会治理的理论、制度和实践创新》，载《法商研究》2020 年第 2 期。

〔33〕 参见王卫国、李东方主编：《经济法学》，中国政法大学出版社 2019 年版，第 191 页。

〔34〕 原《民法通则》第 58 条规定：以合法形式掩盖非法目的的民事行为无效；原《合同法》第 52 条规定：以合法形式掩盖非法目的的合同无效。

〔35〕 参见董淳锷：《规制“规避”：中国民商法的技术选择、制度演进与改进策略》，载《北方法学》2020 年第 3 期。

〔36〕 参见冉克平：《论〈民法总则〉上的通谋虚伪表示》，载《烟台大学学报（哲学社会科学版）》2018 年第 4 期。

确配资及其相关规避行为违法,分期付款等规避行为倒是出现于监管部门的规章、规范性文件中。《民法典》也在买卖合同、技术合同等典型合同中肯定了分期付款的方式。与资产管理公司配资业务最相关的禁止性规定出现于银保监会发布的《关于加强地方资产管理公司监督管理工作的通知》中,其中提到:地方资产管理公司不得以任何形式帮助金融企业虚假出表掩盖不良资产,不得以收购不良资产名义为企业或项目提供融资。

那么何为该条文禁止的行为?从实践中监管部门的处罚案例中可见其涵摄的范围。在《关于加强地方资产管理公司监督管理工作的通知》发布之前,银保监会贵州监管局对中国长城资产管理股份有限公司贵州省分公司以重组问题企业的名义,向"四证"不全的商业性地产项目提供融资的违规行为罚款人民币20万元。[37] 可见金融监管部门针对此种法律规避行为将予以行政处罚,对资产管理公司进行罚款。在此案例中,禁止资产管理公司提供融资的对象为不良资产债务人企业,禁止的行为是利用处置重组不良资产的名义,违规为相关企业提供融资的行为。金融监管部门很可能是根据此种案例中的违法行为,总结出《关于加强地方资产管理公司监督管理工作的通知》中的"不得以收购不良资产名义为企业或项目提供融资"。

文义解释上,该条文实际上不是对配资业务的禁止,而是禁止名义上处置不良资产,实际上为项目提供融资的纯粹提供资金业务。该条文是对没有不良资产交易目的,只为满足融资需求的配资业务的禁止。适用对象上,更多的是禁止资产管理公司向不良债务项目或者公司提供融资,而不是禁止资产管理公司向受让人即新任债权人提供融资。即使把《关于加强地方资产管理公司监督管理工作的通知》的适用对象扩大到资产管理公司向受让人提供融资的行为,其针对的也是虚假收购不良资产并提供配资的行为,不禁止真实处置消化不良资产的配资业务。

不良资产市场的参与者大多是深知市场风险与商业机会的专业人士、专业机构。每个资产包价格不菲,进入不良资产的市场门槛大大高于股市。资产管理公司是不良资产评估处置的行家里手,对不良资产价值的判断更加专业,对借款风险的把握更加准确。在股民众多、金融风险更大的证券市场,证券公司融资融

---

〔37〕 贵州银保监局机关行政处罚,贵银保监银罚决字〔2019〕3号,2019年3月14日发布。载中国银行保险监督管理委员会官方网站,http://www.cbirc.gov.cn/branch/guizhou/view/pages/common/ItemDetail.html?docId=212356&itemId=1921,2021年6月25日最后访问。

券尚且合法,[38]资产管理公司为处置不良资产开展的“场内”配资业务更不应为违法。

所以,对不良资产中的融资行为不应以名称或形式划分合法界限,应探求融资背后的基础交易的目的。法律法规明令禁止的不法融资行为是脱离不良资产处置为企业或项目提供融资的行为。配资协议、分期付款等创新的交易模式都是为真实的不良资产基础交易服务,具有其合理性与合法性,不应“一刀切”地禁止。此外,我们必须看到,通过规避行为推动制度创新的改革方式仍然有损于法律制度的权威性和统一性,影响法制的建设。若允许改革而违法,将会形成一种无视法律的行为惯习。[39] 如果金融资产管理公司不以处置不良资产为基础,专门从事利润可观的配资协议、分期付款、配资项目公司等形式的配资业务,实际上是经营着商业银行的贷款业务,与《关于加强地方资产管理公司监督管理工作的通知》第二点“回归本源,专注主业”的要求不符,也与设立资产管理公司化解金融风险的初心相悖。如果对相关规避行为保持宽松态度,为金融创新留出一定空间,就应为配资划定合法性界限。

第一,合法配资应当为真实的不良资产交易服务。在配资的基础交易中,一是要有真实的资产转让活动,二是必须存在不良资产。应禁止资产管理公司虚构资产交易,纯粹经营银行信贷业务。同时资产管理公司不得把优质资产当作不良资产收购处置,虚构不良资产为项目提供资金。

第二,合法配资应向不良资产受让人提供。如果向不良资产债务人的项目提供融资,很可能造成二次不良,并大大提高资产管理公司的经营风险,此时资产管理公司只是把不良风险从左手转移到右手,对消化不良资产没有实际意义。而向不良资产受让人提供配资可以使更加广泛的市场主体参与处置不良资产,发动市场主体参与处置不良资产的积极性,使处置消化不良资产的智慧源泉充分涌流。

第三,合法配资应当遵守信贷监管规定。在上文行政处罚案例中,资产管理公司违反了人民银行、银监会《关于加强商业性房地产信贷管理的通知》[40]中的监管规定。该通知明确规定,对未取得土地使用权证书、建设用地规划许

---

〔38〕 2015 年 7 月 1 日修订发布《证券公司融资融券业务管理办法》继续允许证券公司开展场内融资融券业务。

〔39〕 参见苏力:《法治及其本土资源》,中国政法大学出版社 1996 年版,第 47 ~ 61 页。

〔40〕 《关于加强商业性房地产信贷管理的通知》,银发〔2007〕359 号,2007 年 9 月 27 日发布。

可证、建设工程规划许可证和施工许可证的项目,商业银行不得发放任何形式的贷款。可见金融监管部门适用银行贷款的规定监督资产管理公司,资产管理公司在提供直接融资服务中应当遵守相关信贷监管规定。

四、以软法推动分期付款业务规范化发展

规避是法律的一个普遍问题,所有事先阐明的法律都受到立法者远见的局限。[41] 只要存在融资监管,规避监管的行为就会层出不穷。法律规避也许并不完全是应当或能够避免的现象。其实,分期付款不是洪水猛兽,其在货物买卖、不良资产权利转让等合同中十分常见,并且推动了金融行业融资模式的创新与进步。但是期限过长、首期款过低的分期付款会大大增加买方的购买力,购买的物品可能大大超出其偿还能力。这将扩大金融风险,影响金融秩序和社会稳定。在允许分期付款的前提下,应当把分期付款的风险控制在一定范围。

(一)以行业规范降低避法风险

现有的金融监管法律法规没有对金融资产管理公司开展的融资业务进行系统化规范,如果参照证券市场的先融资融券试点、再颁布监管条例的监管历程,分期付款、配资等业务还会在相当长的一段时间内处于"灰色地带"。国务院原法制办公室《非存款类放贷组织条例》的制定进程也止步于征求意见,迟迟没有正式出台。改革现有金融监管制度以明确规范合法配资行为是一个成本高、时间长的浩大工程,现阶段可行性比较低。在这一背景下,恰当利用法律多元化可以促进社会规范秩序的形成,实现或辅助实现社会安定和行为规范、有序的功能。[42] 在严谨审慎的立法跟不上金融创新步伐的不良资产行业,通过行业协会整理、归纳、公布不良资产行业规范,对法律规避下的分期付款业务加以规范,亦能实现扩大直接融资,纾解不良资产,防范金融风险之目的。

商业行规是指由商业行业组织制定的,或者在长期商业实践中自发形成的,用于调整因商业活动产生的各种关系的社会规范。[43] 以行业规范调整商业秩序,是一种用"软法"导正法律规避行为的监管手段和治理机制。这种机制虽

---

〔41〕 Samuel W. Buell, *Good Faith and Law Evasion*, UCLA Law Review 58, no. 3 (February 2011): 611-666.

〔42〕 参见苏力:《法治及其本土资源》,中国政法大学出版社1996年版,第47~61页。

〔43〕 参见周林彬:《商业行规的类型化及法律适用》,载《浙江工商大学学报》2019年第5期。

然牵涉到某种规范性承诺，但并不依赖于约束性规则或正式制度。早在中世纪，欧洲的法律秩序便高度多元化，允许商人自我调节，商人具有广泛的自治权。目前欧洲也出现了用自治规范等软法统一欧洲私法的呼吁，软法在金融监管和治理中发挥着日益重要的作用。[44] 党的十九届四中全会通过的《中共中央关于坚持和完善中国特色社会主义制度 推进国家治理体系和治理能力现代化若干重大问题的决定》提出完善共建共治共享的社会治理制度，这肯定了社会组织在社会治理现代化过程中的作用，发挥行业协会商会的自律功能，有利于实现政府治理和社会调节、居民自治的良性互动。我国《民法典》第 10 条明确了习惯的法源地位，惯例型行规除可被用作证据或合同默示条款之外，也可被直接引为判决依据。[45] 这为不良资产行业规范发挥引导示范作用提供了政策支持和法律依据。

在金融领域，金融场外交易自治规范补充了法律空白，起到了确认信用衍生品的合规种类、提高其市场准入条件、减少市场投机性等作用；[46] 信托业协会所倡导的行业自律规范了银信合作业务，结束了信托公司竞相压价的恶性竞争局面，初步建立了银信合作业务的竞争秩序，对提高信托公司自主管理能力起到了积极的促进作用，得到了全体会员单位的认同和积极响应。[47] 相近行业的成功经验说明用行业规范推广不良资产行业的成熟业务和成功经验，推动不良资产融资规范纳入正式立法，是为分期付款正名的可取之道。行业规范作为正式规则的补充，在降低法律规避的金融风险、引导市场主体健康有序发展方面具备有效性。

不良资产行业规范产生于融资过程中各个市场主体的长期实践，是自下而上形成的，具备坚实的实践基础。分期付款的行业规范产生于最接地气的市场主体，“从群众中来”的形成过程增进了市场各方对规范的理解和支持。相对于国家机关颁布法律法规等其他规制方式，不良资产行业规范在实施上更有优越性，更容易“到群众中去”。由于不良资产行业规范产生于市场，遵守规范的交

---

〔44〕 Anna di Robilant, *Genealogies of Soft Law*, American Journal of Comparative Law 54, no. 3 (Summer 2006): 499 – 554.

〔45〕 参见董淳锷：《商业行规的司法适用——实证考察与法理阐释》，载《清华法学》2020 年第 1 期。

〔46〕 参见时晋、吴锦宇：《试论金融创新中的自律规范——以中国信用衍生品创新为研究对象》，载《经济与管理》2011 年第 10 期。

〔47〕 参见王丽娟：《中国信托业的自律与发展》，载《中国金融》2010 年第 11 期。

易方占大多数,行业规范执行的监督成本也大大降低。

(二)分期付款规则的具体设计

> 金融资产管理公司及地方资产管理公司转让资产时,原则上要求受让方一次性付款。
>
> 在向客户充分揭示风险的前提下,资产管理公司可以与受让方约定采取分期付款或者其他融资模式。受让方首期付款不得低于总价款的30%,并在不良资产转让协议生效之日起五个工作日内支付;其余款项应当自转让协议生效之日起三年内支付,并办理合法的担保手续。
>
> 分期付款业务应当为真实的不良资产交易服务,资产管理公司不得以收购不良资产名义为企业或项目提供融资。

一次性付款的方式可以完全使不良资产与资产管理公司剥离,有利于避免融资风险,绝对隔离金融风险。一次性付款也是《不良金融资产处置尽职指引》中的倡导规定,不良资产行规应保留这一倡导性指引规定。允许分期付款或者其他配资模式为不良资产行业融资模式留下一定的创新空间,有利于鼓励市场竞争和业务创新。最后一款的禁止性规范又依法划定了配资业务的"红线",维护金融安全与稳定。

《证券公司融资融券业务管理办法》[48]第15条规定:证券公司与客户签订融资融券合同前,应当采用适当的方式向客户讲解业务规则和合同内容,明确告知客户权利、义务及风险。类比证券市场融资融券,资产管理公司为了处置不良资产开展分期付款等配资业务,必须详细了解客户的征信情况和风险承担能力,杜绝向已经"不良"的市场主体提供资金。同时资产管理公司必须向客户充分揭示业务风险,不诱导不合适的市场主体从事与其资金实力不相匹配的不良资产投资。

根据相关规范性文件的规定和行业中的惯常做法,购买不良资产的首期付款不得低于总价款的30%。按这个数目计算,不良资产融资的金额为本金的2.3倍,远低于证券市场融资融券的4倍最高限额。[49] 可见30%的首付款低于证券市场融资融券的风险,在市场主体长期实践的风险控制范围内,且30%以

---

〔48〕《证券公司融资融券业务管理办法》,中国证券监督管理委员会令第117号,2015年7月1日发布。

〔49〕《证券公司融资融券业务管理办法》第20条:"证券公司融资融券的金额不得超过其净资本的4倍。"

上的首付款已经基本成为行业惯例,可以予以保留。规定自转让协议生效之日起5个工作日内支付,是为了避免市场主体首期款未付而不良资产已经转让处置或者对首付款再进行分期拖延付款等带来的风险。

根据不良资产行业的惯常做法,剩下的款项依照合同约定一般在3个月到3年内还清。这个期限是不良资产价值实现的最大公约数,适应不良资产交易的特点和资金周期需求。不良资产价格从低点翻转进入升值周期的时间大约为2年;从不良资产经营的业务种类看,收购处置类不良资产业务的处置周期一般为2~3年,收购重组类不良资产业务的处置周期一般为1~3年。[50]行业实践中很少约定超过3年的付款期限,而且过长的付款期限将提高资金使用成本,高杠杆增加金融风险。为了防范融资的高杠杆风险,引导市场可持续发展,把分期付款的期限控制在3年以内为宜。

结　语

法律规避行为将孕育创新因素,甚至将发展出新机制。由于中世纪禁止遗赠土地,领主生前将土地转让给他人经营,通过用益设计转让了土地,使得土地不列入遗产范围,在本人死后,利益由所有子女享有,从而规避了长子继承制度,发展出英格兰的土地用益权制度。[51] 允许法律规避行为给交易创新留下了空间,同时为了维护金融安全,可用软法规范、引导交易中的行为。

法律明文禁止的配资包括证券市场场外配资业务以及资产管理公司处置虚假不良资产,实际上为企业或项目提供融资的行为。金融监管部门和不良资产交易市场对不良资产融资中的配资业务及相关法律规避现象不应全盘否定,应该认识到其对缓解融资难、扩大直接融资规模、提高不良资产价值、推动金融创新能够发挥积极作用。在符合当前法律规定的范围内允许相关规避行为存在,为金融创新留出空间,有利于提高市场化水平和竞争效率。在各种模式的融资业务的设计中,行业协会可以发挥引导示范作用,自下而上形成良好的市场交易秩序,降低不良资产行业的金融风险,推动市场持续健康发展。不良资产行业的软法可以指引、导正难以避免的法律规避行为,使其在合法合理的轨道上推动金融行业创新发展。

---

〔50〕 参见周礼耀:《不良资产处置的周期策略》,载《中国金融》2016年第7期。

〔51〕 参见钱思澈:《灵活创新与秉持信义——罗马信托观念、英国信托制度的演变》,载《金融博览(财富)》2020年第10期。

内地与香港关于跨境破产认可与协助的路径探究

施时栩*

摘要:

中国香港在近些年来一直是内地投资最主要的资本输入地,同时也是内地最大的境外投资来源地。内地与香港频繁的经贸往来需要建立完善的跨境破产规则,在破产程序的认可和协助上探索合作路径以保障破产债务人的资产最大化和对债权人权益的平等保护。本文通过分析内地与香港目前在跨境破产领域的理论和实践情况,基于"华信案"中体现的规则与经验,并结合最新政策动态,试图对内地与香港关于跨境破产程序认可与协助的路径探究提供进一步完善的建议。

关键词:

跨境破产;认可与协助;内地与香港

据商务部、外汇局统计,2020年我国对外全行业直接投资9169.7亿元人民币(1329.4亿美元),在国际经贸受到疫情和单边主义严重冲击,全球经济陷入低迷的背景下仍实现了3.3%的增长。[1] 同2002年相比,2019年中国的对外直接投资流量是2002年的51倍,占全球对外直接投资比重连续4年超过一成。[2] 中国对世界经济的贡献日益显著,国际影响力也不断扩大,越来越多的企业"走出去",中国内地企业的境外资产也越来越多。中国香港是内地投资最

---

* 复旦大学法学院国际法专业硕士研究生。

〔1〕 参见《2020年我国对外全行业直接投资简明统计》,中华人民共和国商务部2021年1月22日,http://fec.mofcom.gov.cn/article/tjsj/ydjm/jwtz/202101/20210103033327.shtml。

〔2〕 参见中华人民共和国商务部、国家统计局、国家外汇管理局编:《2019年度中国对外直接投资统计公报》,中国商务出版社2020年版,第8页。

主要的资本输入地。2019 年,内地对香港的投资流量高达 905.5 亿美元,占当年内地对外直接投资流量的 66.1%;截至 2019 年末,内地共在香港设立直接投资企业近 1.4 万家,年末投资存量达 12,753.6 亿美元,占内地对境外直接投资存量的 58%。[3] 同时,香港特区在"一国两制"的方针下,凭借其优越的营商环境,成为内地最大的境外投资来源地。据统计,2019 年港商对内地实际投资金额 963 亿美元,占内地引进境外投资总额的 69.7%。[4]

粤港澳大湾区的建设将进一步推动内地与香港的经贸往来,而频繁的经贸交流无疑需要完备的法律保驾护航。香港的法律体系和司法程序同内地存在较大差异,对内地与香港开展司法合作提出了较高的要求。其中,破产案件较之一般的民商事案件更为复杂、敏感,且关涉基本民生和社会稳定,不同法域间难以相互妥协达成共识,这也是为什么 2019 年初签署的《关于内地与香港特别行政区法院相互认可和执行民商事案件判决的安排》排除了破产案件的适用,且内地目前同其他法域签署的双边条约中没有任何一个涉及跨境破产的认可与协助问题。内地与香港就跨境破产的认可与协助问题形成明确指引,促进内地与香港在跨境破产问题上开展良性合作不仅有利于最大程度上实现债务人资产最大化,保护债务人和债权人利益,从而吸引更多投资,也有利于在法律设计上发现问题、积累经验,对内地与其他法域在跨境破产的认可和协助上具有借鉴意义。

一、跨境破产的认可与协助概述

破产程序中长久存在"抢夺规则"(grab rule),即债务人在陷入经济危机、濒临破产前后,个别债权人往往通过各种方式"争相抢夺"债务人财产。破产制度建立的基本目标和破产程序最重要的特征就是通过集体性程序公平有序地处理债权债务关系,保证债务人资产在同一顺位的债权人间平等分配。

当一个破产程序中涉及的主体或资产分属不同法域时,就会出现跨境破产问题。涉外因素以及破产事务的特殊性质使得不同法域在跨境破产中的认可

---

[3] 参见中华人民共和国商务部、国家统计局、国家外汇管理局编:《2019 年度中国对外直接投资统计公报》,中国商务出版社 2020 年版,第 201 页。

[4] 参见中华人民共和国商务部:《中央政府驻港联络办 2020 年度对外投资合作国别(地区)指南之中国香港》,载 http://fec.mofcom.gov.cn/article/gbdqzn/,2021 年 8 月 10 日最后访问。

与协助尤为重要。规则与合作的缺乏意味着精明的债务人可以利用经济全球化迅速隐匿或转移资产,导致破产管理人实际上难以获得和管理债务人资产。同时,消息更灵通或拥有更多财富的债权人相较同一顺位的其他债权人就处于更为优势的地位,可以利用挑选法院或其他手段获得更大比例的清偿,从而导致其他债权人利益受损。

跨境破产的认可与协助中最基本的问题就是破产程序的域外效力问题,即在某一法域内启动的破产程序是否对债务人位于其他法域内的资产发生效力。在这个问题上存在属地主义、普及主义和修正的普及主义三种立场。属地主义认为在某地启动的破产程序其效力仅及于债务人在本法域内的资产,本法域破产程序不具有任何域外效力,也没有义务认可与协助域外破产程序。属地主义有利于保护本法域内的债权人利益,使他们免受外法域破产程序中的诉讼风险和额外费用,[5]但由于违背了对所有债权人平等保护的原则一直饱受批评。普及主义来源于法国"破产之上再无破产"(faillite sur faillite ne vaut)的法律格言,该原则认为全球范围内应当只存在一个破产程序,债务人财产应由同一破产管理人进行收集和分配,所有债权人在同一个破产程序中申报债权及获得清偿。其理论基础在于坚持所有债权人的平等性、债务人财产的统一性以及债务人无支付能力的普遍效果,[6]但由于各国家或地区不愿轻易放弃其司法管辖权,且存在债权人依据本法域法律本可享有的优先权在外法域程序下很可能得不到保障,本法域债权人难以被公平对待等弊端,在实践中较难被采用。

作为属地主义和普及主义的折中方法,修正的普及主义兼顾本法域利益保护和对域外破产程序的认可与协助,成为跨境破产协助的主流理念,为大多数国家或地区所采纳。[7] 其中最具代表性的例子就是1997年联合国贸易法委员会颁布的《跨境破产示范法》(以下简称《示范法》)。该法以"为各国提供协助,使各国破产法具有一个现代、协调和公平的框架"为宗旨,目前共有美国、日本、韩国、新加坡等48个国家的52个司法辖区采纳该法并以其为蓝本制定本法域的法律。[8]

---

〔5〕 参见石静遐:《跨国破产的法律问题研究》,武汉大学出版社1999年版,第24页。

〔6〕 参见石静遐:《跨国破产的法律问题研究》,武汉大学出版社1999年版,第20页。

〔7〕 参见司艳丽、刘琨:《香港法院认可与协助域外破产程序简介》,载《人民法院报》2020年6月11日,第8版。

〔8〕 参见联合国国际贸易法委员会官网,https://uncitral.un.org/zh/texts/insolvency/modellaw/cross-border_insolvency/status,2020年2月10日最后访问。

二、内地与香港跨境破产认可与协助的历史沿革

(一)理论规则

我国将跨境破产的认可与协助规定在2006年发布的《企业破产法》第5条中。[9] 该条款表明我国目前采取的是为现代各国所普遍采纳的修正的普及主义,肯定了在本法域内开始的破产程序对债务人域外财产的法律效力,同时,以满足互惠原则,不违反我国法律基本原则,不损害我国主权、安全和社会公共利益,不损害我国债权人合法权益等要件为限制条件,对境外破产案件的判决、裁定做出承认和执行。相较于2002年以前我国立法采取的严格的属地主义,[10]《企业破产法》在跨境破产的认可与协助上已经提供了同大多数法域开展合作的大前提。但由于《企业破产法》第5条第2款的规定过于原则性,缺乏具体的标准,在实践中难以进行运用。该条款的模糊性使其并未发挥指引作用,长期以来也为学者所批评。此外,内地与境外签订的民商事司法协助条约也尚未就破产程序的协助问题做出特别规定,中国(包括香港特区)也未加入《示范法》。

香港特区在跨境破产的认可与协助上也采用修正的普及主义原则,但其并没有成文的法律规定,实践中主要依靠普通法规则对外法域破产程序予以认可和协助,法官在个案中有较大的自由裁量权。香港破产法包括自然人和企业法人的破产,而涉及外法域公司的破产问题则主要规定于《公司(清盘及杂项条文)条例》中。其法律中的"清盘"相当于内地法律中的"破产"(为方便叙述,下文统称破产),"清盘人"(liquidator)相当于内地法律中的"管理人"(administrator)(为方便叙述,下文统称管理人)。

可见,内地与香港在跨境破产的认可与协助上长期存在没有成文法律依据或者立法不清、无法提供实际指引的问题。在普通法背景下,如果没有成文法

---

[9] 《企业破产法》第5条规定:"依照本法开始的破产程序,对债务人在中华人民共和国领域外的财产发生效力。对外国法院作出的发生法律效力的破产案件的判决、裁定,涉及债务人在中华人民共和国领域内的财产,申请或者请求人民法院承认和执行的,人民法院依照中华人民共和国缔结或者参加的国际条约,或者按照互惠原则进行审查,认为不违反中华人民共和国法律的基本原则,不损害国家主权、安全和社会公共利益,不损害中华人民共和国领域内债权人的合法权益的,裁定承认和执行。"

[10] Emily Lee, *Comparing Hong Kong and Chinese Insolvency Laws and Their Cross-Border Complexities*, The Journal of Comparative Law 9(2), 2015, p. 280.

律规定,从先例中寻找相关规则是十分繁琐且耗时的。[11] 尽管香港在实践中已经通过先例形成了一些较为完善的规则,但现代跨境破产案件的审理以高效为主要特征,内地与香港以成文形式确定相关规则有利于债权人和债务人更为清晰地了解规则,也有利于法官在审理案件时快速找到法律依据,提高办案效率。

在经过长期的商讨和研究后,2021年5月14日,最高人民法院与香港特别行政区政府正式签署了《关于内地与香港特别行政区法院相互认可和协助破产程序的会谈纪要》(以下简称《纪要》)。为进一步配合《纪要》的实施,最高人民法院发布了《关于开展认可和协助香港特别行政区破产程序试点工作的意见》(以下简称《试点意见》)。香港律政司则发布了《内地破产管理人向香港特区法院申请认可和协助的程序实用指南》(以下简称《实用指南》),[12] 为内地破产程序到香港寻求认可与协助提供了确定性的指引和相关的参考范本。框架性的《纪要》同进一步细化的《试点意见》和《实用指南》的出台,构建了内地与香港跨境破产认可与协助的初步机制,回应了内地与香港在跨境破产领域开展合作的迫切需要,具有里程碑式的意义。

(二)实践经验

1. 香港与外法域间的实践

2014年,香港公司法庭在 Joint Official Liquidators of A Co. v. B & C 一案中开认可之先河,[13] 基于开曼法庭提交的请求函(letter of request),对开曼法庭的破产程序予以认可。该案主审法官夏利士(Harris J.)在判决中表明香港法庭已经做好根据域外法院的请求函,对其破产程序予以认可的准备,并提出了域外案件必须满足的三个要件:破产管理人应当根据公司注册地法律任命;该域外的破产法实体规则同香港相似或运行的破产程序同香港相似;管理人或临时管理人寻求的特定命令(the specific order)在香港破产体系下是可授予的。[14]

---

〔11〕 Hon Mr Justice Harris, *Understanding Cross-Border Insolvency in the Hong Kong Context*, Hong Kong Law Journal 47(1), 2017, p. 59.

〔12〕 《内地破产管理人向香港特区法院申请认可和协助的程序实用指南》,载香港律政司网站,https://www.doj.gov.hk/sc/mainland_and_macao/pdf/RRECCJ_practical_guide_sc.pdf,2022年3月12日最后访问。

〔13〕 [2014] 5 HKC 152.

〔14〕 Kingsley Ong, Duncan Watt, Joanne Chan & Faith Lee, *Mutual Recognition Between China and Hong Kong*, Law Business Research 2019, p. 93.

在 Joint Administrators of African Minerals Ltd. v. Madison Pacific Trust Ltd. 一案中,[15]香港法庭拒绝了英格兰和威尔士高等法庭的请求函,理由就是其寻求的协助在香港法律中并没有规定,如果英国管理人获得该协助,实际上就超过了香港破产管理人根据香港法律所享有的权利。

自 Joint Official Liquidators of A Co. v. B & C 一案以来,[16]香港法庭在实践中逐渐形成了对外法域破产程序给予认可与协助的较为完善的普通法规则,但其认可与协助的对象主要集中于开曼群岛、百慕大群岛和英属维尔京群岛等普通法辖区,其中很大的原因在于其相似的法系背景和破产法律规定。2019年,在 Re Kaoru Takamatsu 一案中,香港法庭对日本的破产程序予以认可和协助,这意味着只要满足特定条件,民法法系下启动的破产程序也可以得到香港法庭的认可。

香港法院对内地破产程序予以认可的第一案普遍被认为是 2001 年的“广信案”。[17] 2019 年的“华信案”和 2020 年的“年富案”则是内地与香港在跨境破产领域开展合作的两个“破冰”案件。[18] 从这两个案子中可以看出香港法院对内地破产程序的态度以及要求,笔者将在第三部分对其进行具体分析。

2. 内地与外法域间的实践

美国对我国内地破产程序认可与协助的案件共有两个,分别是 2014 年新泽西法院的“尖山光电案”以及 2019 年纽约南区法院的“洛娃案”。[19] 新加坡高院在 2020 年的“舜船案”中也对我国内地破产程序予以认可。[20] 但在实践中,内地法院从未依据《企业破产法》第 5 条的规定对外法域的破产程序予以直接的认可和协助,虽然在一些案件中涉及对外法域清算的认可,但其并不是一种正式且明确的认可。

《企业破产法》制定以后,内地法院处理的涉及香港法院在跨境破产案件中

---

[15] [2015] HKEC 641.

[16] [2019] HKCFI 802.

[17] CCIC Finance Ltd. v. Guangdong International Trust and Investment Corp. [2005] 2 HKC 589.

[18] Re The Joint and Several Liquidators of CEFC Shanghai International Group Limited [2020] HKCFI 167;Re Shenzhen Everich Supply Chain Co. ,Ltd. [2020] HKCFI 965.

[19] Case No. 14 – 24549;Case No. 19 – bk – 12908.

[20] HC/OS 327/2020.

申请认可与协助的典型案例有:在2007年的海域集团破产案中,[21]广东省高级人民法院以申请人与被申请人之间的债权债务关系无法认定为由,维持了佛山市中级人民法院的裁决,拒绝接受香港法院的请求;在2008年的黄金时代破产案中,[22]内地法院以内地破产法中没有"接管"(receivership)概念为由,拒绝对香港法院予以认可和协助;在2009年的北泰控股公司破产案中,尽管北京第一中级人民法院认为可以依据在"广信案"中形成的互惠对香港法院予以认可和协助,但最高人民法院在复函中仍以香港法院作出的清盘令不属于最高人民法院《关于内地与香港特别行政区法院相互认可和执行当事人协议管辖的民商事案件判决的安排》规定的可以相互认可和执行的判决范围,且《民事诉讼法》第265条以及《企业破产法》第5条是对外国法院所作判决的承认和执行的规定为由拒绝了香港法院的请求。[23]

在内地与香港较难开展跨境破产协作的背景下,实践中甚至出现了香港临时管理人通过股东会决议成为内地公司管理人员,从而控制内地公司资产的迂回路径。[24] 该模式规避了内地法院难以对香港破产程序和管理人予以认可和协助的难题,通过《公司法》中的董事变更规则实现了控制债务人位于内地破产财产的目的,成为香港管理人控制债务人内地资产的主要模式。但该迂回方法只适用于香港债务人是能够对内地公司股东会决议施加实质影响的大股东的情况,对于影响力小的股东来说较难适用。[25]

三、"破冰"两案中的规则探析

在"广信案"中,吉尔(Jill)法官重点考虑了内地破产程序是否基于平等分配原则(the principle of pari passu distribution)的问题,并行使自由裁量权,

---

〔21〕 Re Ocean Grand Holdings Ltd. [2008] HKEC 664.

〔22〕 Re Golden Dynasty Enterprises Ltd. [2008] 5 HKLRD 569.

〔23〕 [2011]民四他字第19号。

〔24〕 如第一天然食品案,福建省福州市中级人民法院(2009)榕民初字第166号民事判决书;拿渡公司破产案,广东省广州市中级人民法院(2006)穗中法民四初字第44号民事判决书等。

〔25〕 参见石静霞、黄圆圆:《论内地与香港的跨界破产合作——基于案例的实证分析及建议》,载《现代法学》2018年第5期。

对广信公司的申请予以认可,[26]这是内地破产程序首次得到香港法庭的认可。但在该案中,广信破产管理人仅向香港法院请求中止诉讼,并未明确提出认可和协助内地破产程序的请求。内地破产管理人在香港普通法下正式请求认可和协助的案件分别是2019年年底的"华信案"和2020年年中的"年富案"。[27]

上海第三中级人民法院于2019年11月15日裁定于内地注册的上海华信国际集团有限公司(以下简称上海华信)进入破产清算程序,并于24日指定上海的三家律师事务所作为上海华信的破产管理人。上海华信对其香港子公司上海华信集团(香港)有限公司(以下简称香港华信)有一笔72亿港元的债权。香港华信在香港进入破产程序后,上海华信就该笔债权提交了债务证明。但早在2018年8月,好时基金(Right Time Fund)在香港获得针对上海华信的缺席判决,判决其获赔2900万欧元。为执行该判决,好时基金于2019年8月12日就该笔应收账款获得第三债务人暂准令(Garnishee Order Nisi)。

香港法中关于第三债务人的法律程序(garnishee proceedings)是指,当法院作出债权人(judgement creditor)取得一笔1000美元以上的判决或命令时,如果在香港法院司法管辖区内有任何其他人(第三债务人)(garnishee)对判定债务人(judgement debtor)负有债务,除另有规定外,法庭可以命令该第三债务人将其对判定债务人的债款直接支付给判定债权人。[28]该程序包括两个阶段:(1)判定债权人需要单方面提出申请,并附誓章(affidavit)支持以获得第三债务人暂准令;(2)法官通过开庭进一步考虑相关事宜,决定是否将该暂时扣押令转化为第三债务人绝对扣押令(Garnishee Order Absolute)。一旦转化为绝对扣押令,第三债务人就会被命令将其对判定债务人的债务直接交付给判定债权人。

"华信案"的相关听证会原定于2019年12月11日进行。为了防止好时基金获得绝对扣押令,破产管理人向夏利士法官提出了认可和协助的紧急请求,并请求法官推迟听证会的时间。该听证会被推迟到2020年1月8日进行。因为事态紧急,2019年12月10日,上海第三中级人民法院发出了请求函以推动

---

[26] 参见张烁:《从"广信案"到"华信案":香港对内地公司跨境破产清算承认与协助的新发展》,载《法律适用》2020年第14期。

[27] Re The Joint and Several Liquidators of CEFC Shanghai International Group Limited [2020] HKCFI 167;Re Shenzhen Everich Supply Chain Co. ,Ltd. [2020] HKCFI 965.

[28] 参见第4A章《高等法院规则》第49号命令第1条规则。

管理人发出的认可申请的办理。香港法院最终于2019年12月18日听审后签署命令(order)。该案中值得关注的有以下几个要点:

1. 明确了香港法院对在民法法系下启动的破产程序予以认可和协助的两个要件:(1)该程序必须是集体性的破产程序;(2)该程序于破产公司注册地所在司法辖区内启动。[29]

2. 赋予破产管理人的权利是有限制的。夏利士法官援引了岑耀信(Jonathan Sumption)法官在Singularis Holdings Ltd. v. Pricewaterhouse Coopers一案中的判决内容,[30]对普通法规则下赋予破产管理人的权利作出了以下限制:(1)法院对外法域公司予以协助,是为了解决法院在全世界范围内对公司事务进行破产时面临的领土限制问题。因此,对于外法域管理人根据被任命地法律不享有的权利,协助法院也不会予以认可;(2)只有对外法域管理人履行职责确有必要时,才对其予以认可;(3)授予协助令必须与协助法院的实体法和公共政策相一致。[31] 而此前,在Re Joint Liquidators of Supreme Tycoon Ltd.一案中,夏利士法官认为,在破产制度与香港相似的法域内委任清盘人的情况下,协助可扩展至给予外法域清盘人实质上与权力相似的命令。[32]

3. 香港法院已经形成了较为成熟的标准形式协助令(a standard-form recognition order)。实践中香港法院在跨境破产的认可与协助上已经形成了较完备的规则,法院通过提供标准形式协助令对外法域申请者予以协助。协助令的内容首次出现于Re Joint and Several Liquidators of Pacific Andes Enterprises (BVI) Ltd.一案中,[33]并在Re Joint Provisional Liquidators of Hsin Chong Group Holdings Ltd.一案中有所添加修改。[34] 法院的标准格式令对债权人在香港针对债务人提起的诉讼具有中止的作用,正如债务人是在香港进行破产程序一样。中止诉讼的目的主要是提供一种机制,准许法院监督在香港的债权人的行为,以促进公司有序清算或重组,正如香港《公司(清盘及杂项条文)条例》

---

[29] Re The Joint and Several Liquidators of CEFC Shanghai International Group Limited [2020] HKCFI 167 at [8].

[30] [2014] UKPC 36; [2015] AC 1675 at [25].

[31] [2020] HKCFI 167 at [11].

[32] [2018] 1 HKLRD 1120 at [12].

[33] HCMP 3560/2016, [2017] HKEC 146, 27 January 2017.

[34] [2019] HKCFI 805, [2019] HKEC 945, 28 March 2019.

第186条规定的一样。[35]

4. 明确标准形式协助令对第三债务人程序的影响。如果债务人在香港破产,不论债权人是在破产开始前还是开始后取得第三债务人暂准令,有关债务人应收账款的第三债务人程序都将中止。如果债务人在中国香港外的国家或地区破产,债权人在外法域破产程序开始后启动第三债务人程序,根据认可外法域破产程序的原则,该第三债务人程序应当终止。这也是英国法的传统观点。正如贺辅明(Hoffmann)法官在Cambridge Gas一案中所言:任何人都不应该因为碰巧居住在一个资产较多或债权人较少的司法管辖区而享有优势。[36] 如果债权人在外法域破产程序开始前就已经在香港获得了暂准令,香港法院也具有拒绝将暂准令转换为绝对扣押令的自由裁量权,并且法院一般都会这么做。因为,债务人的所有资产都依据地方法院所认可的程序处于同一外法域清算人的控制和管理下是跨境破产中最理想的状况。夏利士法官在本案中并未遵从Galbraith v. Grimshaw一案的先例,[37] 并批评该种分析方法与当代跨境破产法不符,其推理也不适用于现代普通法下的跨境破产协助。[38]

5. 内地和香港破产法的部分规定和总体理念具有一致性。尽管内地和香港的破产法存在一些概念和制度上的区别,但夏利士法官指出,《企业破产法》的相关规定与香港破产法律具有实体上的相似性,具体包括《企业破产法》第19条规定的"程序中止"、第25条规定的"管理人权力和职责"以及第113条规定的"平等分配"。这些规定与香港破产法律的规定及其所体现的理念相一致。[39] 在总体理念上,也都遵循了集体原则(the principle of collectivity)和平等分配原则。

由于"年富案"所涉争议与"华信案"区别不大,夏利士法官直接援引了在

---

[35] 香港《公司(清盘及杂项条文)条例》第186条规定:清盘令作出后诉讼须予搁置;当已有清盘令作出或已委出一名临时清盘人,除非获得法院许可,否则不得针对公司进行或展开任何诉讼或法律程序,而获法院许可者须在符合法院所施加的条款下进行或展开该等诉讼或法律程序。

[36] [2007] 1 AC 508 at [16].

[37] [1910] AC 508,在该案中债权人向英格兰法庭申请的第三债务人暂时扣押令先于在苏格兰进行的破产程序。尽管破产程序已经在苏格兰进行,但债权人仍可对英格兰的债务强制执行绝对扣押令。

[38] [2020] HKCFI 167 at [19].

[39] [2020] HKCFI 167 at [24].

"华信案"中的说理证明予以认可和协助的合理性。在该案中,注册于内地的深圳市年富供应链有限公司于2018年12月19日在广东省深圳市中级人民法院启动破产程序。2020年4月3日,深圳破产法庭法官向香港法庭发出请求函,请求认可内地的破产程序以及管理人的任命和地位,并授予管理人一定权利以在香港处理相关事务,以推进破产程序的进行。值得注意的是,尽管本案在本质上所寻求的权利和"华信案"是相同的,此次深圳中级人民法院发出的请求函仍没有遵循"华信案"中的命令格式。夏利士法官在判决中建议内地管理人参考"华信案"中的命令格式统一请求函的结构,以方便法院更快更容易地审查这些书面文件。[40]

四、内地与香港合作路径新发展

"华信案"和"广富案"释放的积极信号和积累的经验对内地与香港进一步开展合作具有重要意义。《香港特别行政区基本法》第95条是内地与香港开展司法联系与互助的法律依据。立足于内地与香港已经签署的8项民商事司法协助安排,在借鉴《示范法》《欧盟破产条例》的规定以及新加坡等国家或地区实践的基础上,缔结专门的内地与香港的跨境合作安排,是内地与香港在跨境破产领域展开合作的方法之一。但是,由于此种方案耗时较长,难以及时回应实践需求,且内地与香港在跨境破产领域的经验较少,在规则制定上难以一步到位,[41]通过发布《纪要》、《试点意见》和《实用指南》,在上海、厦门和深圳这3个同香港破产程序联系最为频繁的城市先行开展试点工作,积累个案经验,逐步完善合作机制,是一种更符合实践需求且更为灵活的创新性方法。

(一)新发展的主要内容

1.确定认可与协助的对象

《纪要》和《试点意见》明确了跨境破产程序认可的对象是内地与香港具有相似性的集体性债务清理程序。其中内地的破产程序限于破产清算、重整以及和解,而香港的破产程序限于法院强制清盘程序、债权人自动清盘程序和公司债务重组程序三种,公司股东自动清盘程序和个人破产程序被排除在外。此外,香港管理人包括清盘人和临时清盘人,可以在破产程序得到认可后,依据

〔40〕[2020] HKCFI 965 at [5].

〔41〕参见司艳丽:《内地与香港开展跨境破产协助的背景、思路和主要内容》,载微信公众号"上海破产法庭"2021年5月19日。

“最大公约数原则”,在不超出内地与香港相关法律规定的前提下,在内地履行相关职责。

2. 明确管辖要求

《试点意见》第4条引入了“主要利益中心”的概念,明确提出香港法院对破产程序的管辖要满足香港地区是债务人主要利益中心地(the center of the debtor’s main interests,COMI)的要求。债务人主要利益中心地的概念来自《示范法》的规定。《示范法》中的“主要利益中心”是一个弹性概念,只要没有相反证据可以推翻,债务人的注册地或惯常居所地就被推定为债务人的主要利益中心地。此种具有一定灵活性的特定概念的引入,可以统一内地和香港对于跨境破产案件管辖权的判断标准。《试点意见》中的“主要利益中心”,是指债务人的注册地,同时,债务人主要办事机构所在地、主要营业地、主要财产所在地等也是综合考虑的因素。这意味着,有权在内地法院寻求认可的债务人主体不再以在香港注册为固定条件,只要其主要利益中心在香港且在香港启动破产程序都有可能被纳入内地法院认可的管辖范围。这为实践中大量存在的离岸案件,比如注册于开曼群岛、百慕大等避税天堂,在香港融资上市,而主要营业活动又发生在内地的公司提供了更多的选择可能性。

为了避免“挑选法院”等情形的发生,《试点意见》从多个角度对此进行了防范。首先,在时间要求上,香港管理人申请认可和协助时,债务人主要利益中心应当已经在香港地区连续存在6个月以上。其次,在连结点的规定上,该香港破产程序应当在“主要财产所在地、营业地和代表机构所在地”这三个方面中至少有一个方面与内地试点地区存在联系。最后,通过列举不予认可和协助的消极条件,比如对内地债权人不公平对待、存在欺诈、违背公序良俗等情形,进一步保护内地债权人的合法权利,明确法院在认可跨境破产程序时的管辖权依据。

此外,《试点意见》第5条规定,内地与香港的跨境破产案件由内地试点地区的中级人民法院管辖;向两个以上有管辖权的人民法院提出申请的,由最先立案的人民法院管辖。

3. 规定认可与协助的法律效力

对于认可和协助的法律效力问题,《试点意见》同《企业破产法》的相关规定基本一致,即试点法院在收到认可与协助申请后、作出裁定前,可以根据香港管理人的申请,依法采取保全措施;香港破产程序得到认可后,债务人的个别清偿行为无效,与债务人相关的诉讼、仲裁和执行应当中止;认可不具有溯及力,债务人已进行的,不与《企业破产法》相抵触的清偿,原则上不可撤销。

(二)合作路径进一步完善的建议

《试点意见》的具体条款反映了内地与香港在跨境破产领域合作的新发展,但其24条的篇幅难以涵盖认可与协助的方方面面。为了进一步完善内地与香港在跨境破产领域的认可与合作机制,可从以下四个方面进行补充和完善:

1. 明确关于跨境破产程序衍生诉讼的问题。不同于一般民商事案件,一个破产程序可能会产生多个来自司法机关或者行政机关的衍生判决、裁定或命令,比如关于破产程序的启动、破产代表的任命、清偿方案的提出、重整计划的批准等程序性事项的裁决,以及关于破产撤销权、取回权、抵销权等实体性事项的裁决。联合国国际贸易法委员会于1997年制定的《示范法》在其适用范围上就存在疑问,关于认可对象是否包括与破产相关的判决和执行的规定并不清晰。联合国国际贸易法委员会于2018年通过的《关于承认和执行与破产有关的判决示范法》(以下简称《2018示范法》),是对1997年《示范法》的补充与升华,其认可对象包括与破产程序有关的判决和裁定,适用范围更广。在确定认可对象时,可以立足于《示范法》和《2018示范法》的规定,同时吸收两部示范法的认可对象,避免一些联系密切的破产事项被割裂处理。在此后的规则制定中,可以将与破产程序相关的判决、裁定、命令等都作为可授予认可的对象,但对于不同性质的法律文书,应当作出不同的认可要求和条件,并提供不同程度的协助。实践中也有观点指出,在关涉实体问题的判决中,还存在一些比如涉及合同履行、违约责任等请求权基础来源于破产法之外法律的判决,这种判决在性质上更接近于一般的民商事判决,本质上同破产程序联系不大,应当按照一般民商事判决认可和协助的安排处理。对于难以判定性质的请求认可对象,可以增设一个兜底条款,通过考虑破产程序的集体性、程序启动的目的、调整该破产程序的法律等因素决定其是否属于可认可的对象。

2. 增加原则性的规定。受限于篇幅和文本,《纪要》、《试点意见》和《实用指南》并未对内地与香港在跨境破产合作问题上的基本立场和原则进行明确的声明。在未来的规则制定上,首先,对于跨境破产程序的域外效力,应当继续坚持修正的普及主义。无论是我国内地与香港,还是我国与其他国家或地区的跨境破产合作,严格的属地主义不符合我国积极参与全球化的定位,不利于开展区际或国际司法协助,而完全的普及主义不利于我国司法主权和债权人利益的维护。其次,应以公平、高效、透明和合作为总基调,在程序设计和实体规则上为促进跨境破产协作服务。公平是指要公平对待所有债权人,主要是对本法域外的债权人不得有所歧视,还要防范某些特殊利益集团利用破产法的缺漏或不完善之处攫取利益,损害其他债权人权益;高效是指尽量减少繁琐的程序或者不必要的文书要求，对每一项程序的进行尽量规定时限，以减少债务人资产流失和减损的可能性；透明是指请求认可和协助的要求应当明确具体，同时要确保债权人的知情权，保障信息传递到位；合作是指内地与香港之间应当秉持互相协助促进共同发展的理念，相互支持，求同存异，在发生争端或冲突时，以合作的精神共同妥善解决。

3. 注意保护内地债权人利益的合理界限。《试点意见》将不公平对待内地债权人、违背公序良俗等作为不予认可的理由，且特别规定债务人在内地的破产财产需要优先偿还依据内地法律所需要优先清偿的债务，为内地债权人的合法权利提供了较为充分的保障。本地债权人的利益保护固然重要，但应当有一个合理界限，以避免规则的滥用。在未来的规则制定中，一方面，应当注意限定公共政策条款的适用。公共政策没有一个明确的定义，不但在地域上有差异性，在时间上也具有可变性，主要关涉一个国家或地区的重大利益、基本政策、道德的基本观念或法律的基本原则。[42] 公共政策充当着“安全阀”的作用，但应注意避免其模糊性和扩张性适用，可以借鉴《欧盟破产程序条例（2015/848号）》的规定，以辅助列举的方式限制其滥用。[43] 另一方面，对本法域债权人利益的保护应侧重于程序公正。有的国家或地区采用“围栏规则”来维护本法域债权人利益，即债务人位于本法域内的资产只有在清偿本法域内债务人的债务后才交由外法域破产程序进行统一分配。该规则实质上导致破产财产无法进行集中统一的安排，造成不同法域债权人地位的不平等，是对本法域债权人的过度保护。除了需要在一些特殊弱势群体利益的保护上开展进一步讨论以达成共识外，应当尽量避免因破产法的差异使得本法域债权人参与另一法域破产程序获得的利益低于参与本法域破产程序获得的利益，应将本法域债权人利益保护的范围限定于程序上的正义，比如本法域债权人是否具有知情权，是否享有参与破产程序的权利等。[44]

4. 构建并完善沟通协作机制。跨境破产程序的顺利推进需要法院之间、管理人之间以及法院与管理人之间的协调与合作。法院间的交流可以通过

---

〔42〕 参见李双元等：《中国国际私法通论》，法律出版社2003年版，第169页。

〔43〕 《欧盟破产程序条例（2015/848号）》第33条规定，如果存在明显违反某一成员国的公共政策，尤其是违反其基本原则和宪法规定的个人权利和自由的，该成员国可以拒绝承认在其他成员国启动的破产程序，并拒绝执行该程序有关的裁决。

〔44〕 参见张玲：《我国与“一带一路”沿线国家跨境破产司法合作的现实困境与解决路径》，载《暨南学报（哲学社会科学版）》2020年第6期。

特定网上平台的建设实现信息的快速传递。此外,也可借鉴2019年新加坡破产司法交流联盟通过的《法院间沟通方案》(Modalities of Court-to-Court Communication)中的协调人机制建设,即在主从程序同时存在的情况下,[45]由启动平行破产程序的不同司法辖区的法院任命协调人作为法院间交流程序的发起法官(Initiating Judge)和接受法官(Receiving Judge)进行沟通的桥梁。美国法学会出台的《适用于跨境案件法院间交流的指引》(Guidelines Applicable to Court-to-Court Communications in Cross-Border Cases)则规定了联合听证制度,即破产程序在某一地法院进行时,两地法院可以在案件审理之前传递相关证据材料,就联合听证程序与管理问题进行协调,在联合听证之后进行交流决定双方是否可以共同做出判令。由于内地和香港法系不同,该制度在适用上存在的难度较大,但可以通过部分地区法院试点,积累经验。

《纪要》、《试点意见》和《实用指南》的出台初步构建了内地与香港在跨境破产领域的认可与协助机制,其里程碑式的作用不言而喻。2021年7月20日,夏利士法官就注册于香港的森信纸业有限公司的破产案件向深圳市中级人民法院发出司法协助请求函,请求认可香港公司管理人及其权力。[46] 如果深圳市中级人民法院根据请求书的内容进行认可和协助,这将是首例内地法院正式认可香港法院任命的破产管理人的案件。可见,该跨境破产合作机制在实践中已经开始得以应用,并将在接受实践检验的基础上不断发展和进步。

内地与香港关于跨境破产的认可与协助已经由"摸着石头过河"的个案试探阶段,走向相关政策出台后更具确定性的"试验田"探索阶段。如何在实践中进一步发现问题、解决问题、积累经验并进一步推广适用,将是需要持续关注的问题。借助粤港澳大湾区建设的契机,立足于内地与香港之间已经建立的紧密的经贸投资关系,在跨境破产领域合作机制的构建与完善不仅能进一步促进内地与香港之间的互商互信,优化营商环境,还能为中国与其他国家或地区的跨境破产合作提供经验和范本,并通过释放合作的信号,不断增强国际社会对中国境外立法的信心,吸引更多境外投资。

---

[45] 主程序是指在债务人主要利益中心地启动的破产程序,而从程序则是在主要利益中心地以外的,债务人进行过营业活动或者拥有资产的地点所启动的程序。

[46] Re Samson Paper Company Limited (in Creditors' Voluntary Liquidation) [2021] HKCFI 2151.

民事执行和解“双轨制”救济路径的内部衔接问题研究

饶淑慧*

摘要：

2018年最高人民法院出台的《关于执行和解若干问题的规定》丰富完善了民事执行和解程序机制，确立了执行和解协议之诉制度。但从实践案例窥见，因诉讼这一路径的增加，执行和解情形下狭义执行程序在暂停、恢复、终止等阶段存在立法或实践缺漏。其解决需进行理论思考，如执行和解在执行程序流转中的地位、执行中程序性审查的内在要求、民事程序救济的基本规律等面向。在理论指引下，可通过调整执行中止与终结的相关规定、增加恢复执行裁定的判断依据、合理应对“恢复执行”约定等方式对执行和解“双轨制”救济路径的内部关系进行澄清与完善，使执行和解制度具备更好的适用前景。

关键词：

民事执行和解；执行和解协议之诉；民事狭义执行程序；恢复执行

2018年最高人民法院出台的《关于执行和解若干问题的规定》（以下简称《规定》）解决了民事执行和解纠纷无法诉诸诉讼、只能统一恢复执行的难题，且完善了执行和解相关程序机制，是一大进步；2020年末最高人民法院出台的《关于适用〈中华人民共和国民事诉讼法〉的解释》（以下简称新《民事诉讼法解释》）与《关于适用〈中华人民共和国民事诉讼法〉执行程序若干问题的解释》也将执行和解协议之诉制度的相关内容纳入其中。[1] 伴随着新制度的确立，民事执行和解“双轨制”救济路径为执行当事人带来更全面的程序保障，然而从相关裁判文书可以窥见，由于执行和解协议之诉制度首次确立，缺乏配套文件的细

---

* 浙江大学光华法学院诉讼法学专业博士研究生。

[1] 新规定在内容上未有突破性进展，因此本文分析主要以《关于执行和解若干问题的规定》为规则基础。

化与完善,该创设在原有的单行路径基础上产生了适用上的空白点,引起一些规范解释或实践问题。这些问题会造成执行程序的混乱无序甚至对当事人的权益保障不足,因此是“双轨制”救济路径内部衔接上需要澄清的关键点。[2]具体而言,一方面,制度规定存在不当之处或对一些常见的实践问题缺少细致规定;另一方面,司法实践中也存在一些对规则的误用现象。本文以民事法律基本理论为工具对相关问题进行解读与分析,试图得出解决方案,在新的制度背景下为民事执行和解“双轨制”救济路径的内部衔接铺平道路。

一、民事执行“双轨制”救济路径中的立法缺陷与实践误用

(一)语词瑕疵:狭义执行程序中止、终结相关规定不当

《规定》第2条规定:“和解协议达成后,有下列情形之一的,人民法院可以裁定中止执行:(一)各方当事人共同向人民法院提交书面和解协议的;(二)一方当事人向人民法院提交书面和解协议,其他当事人予以认可的;(三)当事人达成口头和解协议,执行人员将和解协议内容记入笔录,由各方当事人签名或者盖章的。”[3]第14条规定:“申请执行人就履行执行和解协议提起诉讼,执行法院受理后,可以裁定终结原生效法律文书的执行。……”上述条文存在两个问题:

第一,执行和解协议达成后法院亦可以不裁定中止狭义执行程序吗?假使如此,若执行法院未裁定中止执行,随后执行和解协议之诉又被受理,就可能形成另诉程序与执行程序并行的尴尬局面。其弊端体现在相关案例中,例如,在某集团有限公司与某置业发展有限公司合同纠纷案(以下简称某集团公司与某置业公司案)中,[4]因被执行人不履行执行和解协议,申请执行人欲另诉,以“一审法院未裁定中止执行”为由主张“该案不存在恢复执行,只能另诉”。虽法院未认可其意见,但确实显现了和解协议达成后法院不裁定中止执行的缺

---

〔2〕 理论上而言,“执行和解”包含于广义“执行程序”中,但由于规范中“恢复执行”语词的存在,就有了在认识上对广义执行程序与狭义执行程序进行区分的必要,否则内嵌于“执行程序”的“执行和解”何以“恢复”执行?因此本文在表述“执行程序”时会作出区分,除引用的法条外,用“执行程序”指代广义含义,用“狭义执行程序”指代除执行和解之外的一般意义上的执行过程。

〔3〕 新《民事诉讼法解释》第466条亦采用“可以裁定中止”表述。

〔4〕 参见江苏省高级人民法院(2020)苏民终247号民事裁定书。

陷:只要狭义执行程序不中止就会使"恢复执行"路径面临文义上的适用障碍。与其情形类似但出现相反意见的李某、某房地产开发有限公司与刘某合同纠纷案中,[5]法院认为"虽双方在执行过程中达成了执行和解协议,但原生效法律文书的执行程序一直在进行中,故在原生效法律文书的执行过程未有结果的情况下,申请执行人无权提起诉讼,应依法驳回起诉"。同样是在狭义执行程序未中止的情况下,前一案件中当事人认为"恢复"执行欠缺事实基础而只能另诉,后一案件中法院认为执行程序仍在进行中因而不能另诉。前者意见被法院否定,后者意见也显然与《规定》第 9 条的立法宗旨相悖,剥夺了申请执行人的起诉权,其问题根源都在于《规定》第 2 条中"可以"裁定中止表述的不严谨。[6]

第二,另诉被受理后法院是否可以裁定终结狭义执行程序?本文认为不应作此处理,分析如下。执行终结是指执行过程中因遇到某种法定的特殊情形,执行程序不能或没有必要继续进行而结束,属于非正常结案方式。[7] 而当事人就执行和解协议另诉时很可能得到胜诉判决,在此情形下,原生效法律文书确定的权利义务并非不能实现,因此另诉被受理后的境况显然与执行终结制度的意旨不符,与《民事诉讼法》(2021 年修正)第 264 条规定的执行终结事由相比,也导向完全不同的实体法结果;另一方面,我们知道诉讼审理必然兼有胜诉与败诉的可能,若另诉中原告败诉,此时若执行程序已终结,[8]则权利人的实体权益保障就面临困境。故而另诉被受理后法院裁定终结执行程序的做法难谓妥当。故此《规定》第 2 条、第 14 条中"可以"之不当表述给执行和解程序的运行带来一系列难题。

(二)规则缺陷:恢复执行的判断标准简单化与被否定后的程序救济不足

从《规定》第 11 条看,裁定是否恢复执行的判断标准似乎很明确,只要被执行人无"违约"情形就裁定不予恢复执行,但实务情况较为复杂,故而现行规则

---

[5] 参见山东省高级人民法院(2019)鲁民终 2803 号民事裁定书。

[6] 司法实践中执行法院往往不裁定中止执行,一是因为申请人一般不懂得主动提出中止执行申请,二是因为执行办案系统中的中止执行并非结案方式,即使裁定中止后续仍需作结案处理,因而中止执行更像是"走弯路"的操作,往往被忽略。参见邢璐:《执行和解并长期履行案件的办理》,载《人民司法》2019 年第 25 期。

[7] 参见张卫平主编:《民事诉讼法》,高等教育出版社 2006 年版,第 417 页。

[8] 理论上执行终结意味着执行程序彻底结束,再无"恢复执行"可能。参见常怡主编:《民事诉讼法》(第 3 版),中国政法大学出版社 2013 年版,第 445 页。从《民事诉讼法》第 264 条也可看出,执行终结的事由全部是可以断定执行程序彻底无法或无需继续进行的情况。

就显得简单化、片面化,难以应对需求。实践中也会出现执行和解协议属于双务合同的情形,[9]这就存在任意一方违约的可能性。如在某海洋航务工程打捞有限公司与杨某合同纠纷案(以下简称某航务公司与杨某案)中,[10]执行和解协议约定:被执行人履行第一笔款项并协助将其所有的货轮过户至申请人名下后,申请人需将该货轮交付于被执行人使用,此后被执行人需在一定期限内依次支付后三笔款项,若被执行人完全履行,则申请人届时将该货轮返还过户至被执行人,否则申请人有权收回该货轮。此协议履行中发生的纠纷是,被执行人完成支付第一笔款项和过户登记手续之首轮义务后,申请人并未按约返还该货轮的使用权,导致被执行人无法运营以赚取后续还款资金。此时仅在申请人违约情况下,执行法院依据《规定》第11条不能裁定恢复执行,这显然不符合恢复执行制度的实质目的;且依据《规定》第9条,若申请恢复执行被否定就会丧失通过另诉路径寻求救济的权利,那么此时被申请人将处于实体权利无法受偿或救济的境地,导致"无救济即无权利"的窘况,这亦明显不符合实体法的公平精神。

(三)制度漏洞:恢复执行后违约责任的承担欠缺规定

恢复执行后执行和解协议的违约条款能否实现?从逻辑上看,可以说绝大部分恢复执行案件都存在对和解协议的违约行为,尽管已回转到狭义执行程序,但和解协议中守约方的实体与程序权益与自始就只适用狭义执行程序相比必然遭受损失。实践中"和而不解"现象突出,和解协议的债务人对其肆意违约、拖延时间之不诚信行为并不承担不利后果,损害权利人利益的同时也有损司法权威、法律秩序。这时执行和解协议的违约方是否需承担违约责任,法律对此未有规定。

根据《规定》第9、13条,恢复执行后就"履行"和解协议不能另诉,但未排除对和解协议违约责任的诉权,因而留下空间;但根据第9、16条,当事人只能就履行和解协议与效力瑕疵问题另诉,未规定违约责任为起诉事由;再依据第15条,执行和解协议履行完毕,申请执行人只能就被执行人迟延履行、瑕疵履行遭受的损害提起诉讼。有学者认为,从解释论上说,被执行人不履行或不完全履行"限制性"和解协议而未造成申请执行人额外损害的,若提起诉讼,法院可基于不具备诉的利益裁定不予受理或驳回起诉。[11] 而从一般民事实体法角度,我

---

[9] 张立平、李佳:《论执行和解的法理基础》,载《甘肃政法学院学报》2008年第1期。

[10] 参见湖北省高级人民法院(2016)鄂民终996号民事裁定书。

[11] 陈杭平:《论民事"执行和解"制度——以"复杂性"化简为视角》,载《中外法学》2018年第5期。

国确立的违约金制度兼具惩罚性与赔偿性,《民法典》第 585 条基本延续了原《合同法》第 114 条的意旨,其第 3 款规定:"当事人就迟延履行约定违约金的,违约方支付违约金后,还应当履行债务。"说明普通民事法律关系中违约责任的承担并不以违约行为造成损害为前提,但此处对执行和解协议之违约责任的请求却要求具备损害,其中缘由并不明确。

(四)实践误用:约定恢复执行的必要性及其含义分歧

执行和解协议中约定一方违约则对方可申请恢复执行是否有必要性,如何处理?如在某集团公司与某置业公司案中,执行当事人约定的违约条款是"若被执行人未在协议签订一年内办理过户手续则视为违约,恢复原判执行"。此类约定的问题是,《规定》第 11 条本就规定了被执行人不履行时申请执行人可申请恢复执行,故此事项无需约定;此外,若双方作此约定,作为契约的一部分,当事人容易以为可就此事项另诉,而事实上恢复执行与另诉是两条不同的救济通道,一为程序通道、一为实体审理通道,不能并用。本案即是债权人依据约定诉请恢复执行,本案诉讼前申请人就已申请恢复执行且被裁定不予恢复,对此,本案的再审法院认为"原审法院立案受理本案存在重复救济问题,但因最终处理意见系驳回诉讼请求,故不予调整。"但问题不仅仅是重复救济,即使此前申请人未申请恢复执行,也无理由依此约定诉请恢复执行,另诉只解决和解协议的效力与履行争议问题,不解决恢复执行问题。而对约定恢复执行的唯一可能解释是,此约定是双方当事人达成的一种诉讼契约,代表着双方和解过程中的某种利益博弈,仅在此层面上理解,此约定才不无意义。

当执行和解协议约定在义务人违约时可恢复执行,当事人较多以起诉方式要求恢复执行,可能并未使用诉请"恢复执行"的显性表述,而是直接以要求对方支付某某价款(原生效法律文书确定的权利义务)为诉求,杜某与某镀膜科技有限公司、某集团有限公司合同纠纷案即为此例。[12] 前文已述,恢复执行无需约定,亦不是诉讼事项,但在实践案例中发现,当事人可能有其他意图:约定的"恢复执行"是建立在双方合意基础上的、在实体法上具有惩罚性质的"不平等契约",只要协议约定的期限届满被执行人未完全履行义务就可恢复执行原债权,而不论此时和解协议已履行至何种程度。此情况属于权利人玩弄文字游戏以"钓鱼上钩"的结果,还是双方在协议时的共同意思表示,不得而知,事后也很难重述和证明当时的真实意思。但无论如何这种情形似乎使得"恢复执行"不再是一种单纯的程序性选择,而是变成一种双方自愿约定的惩罚性契约,使单

[12] 参见江苏省无锡市中级人民法院(2020)苏 02 民终 333 号民事判决书。

纯的程序性问题演变成实体问题。对此,多个案例中法院都认为和解协议已履行完毕,案件结案,不支持另诉请求,即不认可双方约定的实体上二次清偿的契约,以维护以原生效法律文书为基础的实体正义。但从实体法理论上说,似乎有继续争辩的空间。归结问题的本质是,执行和解协议中约定的"恢复执行"条款成为"疑似"的实体违约责任承担方式时如何处理?

二、民事执行"双轨制"路径中的问题分析与解决路径

(一)执行和解与狭义执行程序的路径匡正

1. 执行和解与狭义执行程序应秉行单行路线

执行和解是执行程序中为破解执行压力、帮助权利人更快实现债权的变通执行方式,使强制执行获得一种"救济性"的程序出口。虽然平和性、经济性的执行和解使强制性、资源消耗型的强制执行获得"解脱",但前者往往以一方在实体权利上的让步与妥协为代价,以换取程序性利益。因而两种路径并不存在绝对优劣,只是当事人根据自身价值偏好进行的自主选择。基于司法公正这一最高价值追求,执行和解协议达成后,和解协议履行与强制执行两条路径只能以"单行道"形式实现救济,即使狭义执行程序因和解协议达成而中止时,可能存在前期查封、扣押、冻结等保全性措施并未解除的局面,但毕竟阻止了进一步的处置性措施的进行。正如纠纷当事人只能在调解、仲裁与诉讼等救济路径中择一适用一样,执行和解协议履行与强制执行在实体上不能对权利人实现程序重叠与二次清偿。并且,若不秉行单行路线,一方面不利于被执行人整理和处置财产以履行和解协议,另一方面会造成不必要的司法资源浪费,在外在形式上也会出现程序并行的尴尬局面。

2. 执行中止、终结相关规定应予调整

对于《规定》第2条"可以"中止执行的规定,从体系解释看,《规定》第9条中的"双轨制"救济路径说明达成和解协议时需中止狭义执行程序,如此后续才谈得上"恢复"执行或产生另诉的条件基础;并且《民事诉讼法》中关于中止执行的条文使用的是"应当"的表述;[13]学者也认为和解协议生效后,法院"应当"

---

〔13〕《民事诉讼法》第263条:"有下列情形之一的,人民法院应当裁定中止执行:(一)申请人表示可以延期执行的;……(五)人民法院认为应当中止执行的其他情形。中止的情形消失后,恢复执行。"

裁定中止执行;[14]达成和解协议这一事由与《民事诉讼法》第263条中止执行的前四款规定情形并无本质差别,理论和实践中也并不存在该事由下"可以"不裁定中止执行的情形,因此可认为该事由属于前述条文第5款"人民法院认为应当中止执行的其他情形"范围中。故应将《规定》第2条改为"应当"裁定中止,[15]避免后续出现两程序并行的局面;基于此,《规定》第14条前句就失去必要,因为一旦达成执行和解协议则引起狭义执行程序中止,这时无论在协议履行还是另诉过程中,都不会产生两程序的并行局面,故在另诉被受理后,执行法院失去裁定终结执行的必要。

而在另诉判决后则应当规定对执行程序的处理方式,应区分几种情形处理。若胜诉则"应当"裁定执行终结,此时意味着在"双轨制"路径中,[16]另诉路径获得成功而使前诉之执行程序彻底终结,原有裁判的执行力由另诉判决的确定力、执行力取代,实体权利人依此获得救济。而在另诉败诉情况下,[17]能否恢复前诉之执行程序法律并未明确。依笔者浅见,从实体权利救济角度,应当认为当事人仍有权申请恢复执行。反之,若当事人在"双轨制"路径中选择申请恢复执行未被准许,是否可依据《规定》第9条提起另诉?《规定》第12条规定:"当事人、利害关系人认为恢复执行或者不予恢复执行违反法律规定的,可以依照民事诉讼法第二百二十五条规定提出异议。"该条文间接否定了另诉权,此问题将在后文阐述。

(二)恢复执行裁定之考量因素的理性回归

1.程序性审查中融入实体因素

程序性审查与实体审理是民事诉讼中的一组对立概念,前者重在对程序性事项进行审查,如立案受理审查、管辖权异议审查等,后者是通过诉讼方式对实体权利义务关系进行审理,此划分是为了加速对实质性问题的审理,达到程序分流以提高诉讼效率的目的。一般而言,对程序性事项的审查相对简单,对照相关条文的字面意思进行形式判断即可,无需通过实质性审理。而在我国目前

---

〔14〕 参见张卫平:《民事诉讼法》(第5版),法律出版社2019年版,第556页。

〔15〕 有学者也认为达成执行和解协议后,对原生效法律文书的执行,法院应及时裁定中止执行。参见洪冬英主编:《民事诉讼法学通论》,北京大学出版社2013年版,第346页。

〔16〕 参见张海燕:《论执行和解申请执行人"双轨制"选择下的被执行人实体救济》,载《暨南学报(哲学社会科学版)》2020年第4期。

〔17〕 申请执行人就履行执行和解协议提起诉讼时可能的败诉情形是,被执行人以执行和解协议的效力瑕疵进行抗辩。

的执行制度框架内,使用程序性审查机制解决实体争议可能有损当事人的程序权益。如当事人、利害关系人的实体权利因执行行为受损时,由《民事诉讼法》第232条规定的执行异议与复议程序进行审查显然不合理。同样,执行和解协议的履行情况千差万别,裁定是否恢复执行需考察具体履行情况、当事人履行能力等多种因素,甚至在被执行人是否、如何履行上发生争议时,需双方举证质证或辩论,因此恢复执行申请显然非程序性审查所能应对。

在当前"案多人少"现状与程序分流这一改革背景下,对司法效率的迫切需求导致无法将所有在程序保障上需实体审理的事项纳入诉讼的范围,但可寻找折中之策,在程序性审查中适当融入实体因素作为酌定事项或许是解决之道。比如,诉讼要件是典型的程序性事项,德日民事诉讼法理论中,对诉讼要件的审查很多情况下需进行言词辩论,〔18〕如不起诉抗辩、仲裁合意抗辩等适用辩论主义,由当事人主张相关事实并承担证明责任;对任意管辖、当事人适格等诉讼要件虽由法院依职权调查,但并不适用职权探知,而是由当事人进行证明。〔19〕这意味着部分程序性事项的裁判并非仅依赖法院审查,当事人亦需在其中发挥辨明真相的作用。这在英美法系也并非无经验可循,如美国对管辖权异议、当事人资格等程序事项以一种被称为"依据诉答状作出的判决"形式的简易程序进行裁判,该程序是由双方当事人参与、具有对抗性质和辩论主义的审理程序。〔20〕再者,程序性审查的目的是解决程序性事项,但并非意味着只能进行形式审查,排除实质审查,这涉及两组不同的概念,不应混淆对待。一些程序性审查工作若只进行形式审查则根本无法进行,如当事人适格这一要件的确认就需法官调查了解相关实体情况。〔21〕因此,即使是程序性审查也应视具体情况考量实体因素。目前我国有地方探索的在执行异议审查中采纳听证方式,〔22〕就是为了消减人们对程序设计的非议。虽此做法不能赋予当事人完整的诉讼权利,但毕竟是

---

〔18〕参见[德]奥特马·尧厄尼希:《民事诉讼法》,周翠译,法律出版社2003年版,第178页。

〔19〕参见[日]伊藤真:《民事诉讼法》(第4版补订版),曹云吉译,北京大学出版社2017年版,第122页。

〔20〕参见傅郁林:《繁简分流与程序保障》,载《法学研究》2003年第1期。

〔21〕参见[德]奥特马·尧厄尼希:《民事诉讼法》,周翠译,法律出版社2003年版,第105页。

〔22〕参见王柏东、程立:《生效法律文书执行力的阻却与回归:以执行外和解对执行程序的影响为视角》,载《法律适用》2020年第2期。

在现行制度框架下的有益尝试,在外观和实质上都能达到一定效果。以上尝试在保障当事人实体权利的同时,也能使《规定》第11条酌定不予恢复执行规定不至于形同虚设。而如何设置合理、精细化的程序性审查规则需要后续研究。

2. 恢复执行裁定应全面考量协议履行情况

《规定》第11条显示的粗略意图是,恢复执行裁定以“是否违约”为主要考量因素,但根据前文理论分析与实践需要,也应将履行的“可恢复性”与被执行人的“继续履行可能性”视为辅助考量因素。某集团公司与某置业公司案中,被执行人虽未按期履行完毕,但和解协议的义务内容仅剩一步(过户登记),具有较大的“继续履行可能性”,并且由于以房抵债的房屋已经交付使用和收租,申请人获得事实上的占有、使用、收益权,因而履行内容的“可恢复性”不大,故本案中否定恢复执行的裁定较为合理。

某航务公司与杨某案中情形也大致相似,相比恢复执行,此时更适宜的应对方法是由被执行人诉请对方继续履行,因为此种情形中一般被执行人并无其他财产可供执行,该货轮可能是其唯一资产,若恢复执行很可能陷入执行不能甚至破产,从被执行人挽救角度看,此和解协议不失为一种“曲线救企”方式;且在此协议履行中,虽申请人一方中途违约、不予配合,但该协议仍具有“继续履行可能性”,在当时情况下已履行部分并不具备“可恢复性”(基于被执行人经济情况艰难,申请人对已过户至己方名下的货轮必定不愿意在对方未清偿完毕情况下返还登记至对方),因此协议的“继续履行可能性”亦是重要考量因素。

(三)程序救济路径的方向补正

1. 程序救济的贯穿性

“无救济即无权利”,民事诉讼与执行中,当事人应享有贯穿全程的程序救济,而不应在某个程序环节丧失自我救济的渠道,如此才能实现其民事权益。当事人在民事审判中的程序救济体现为贯穿诉讼审理的一切诉讼权利;生效法律文书规定的履行期满后,权利人有申请强制执行权;双方达成执行和解协议而对方违约后,权利人享有程序上的申请恢复执行或另行起诉权。除去期待履行的法定或约定期间以外,当事人的程序性救济权应是贯穿始终的,否则不能期待私力救济,这为现代司法所禁止;亦不能任由对方违约而无能为力,这就会使此前的系列程序救济功亏一篑。

程序救济贯穿性包含的一个基本要求是,能够终止当事人救济权的“终审”程序必定是实体审理程序,程序性审查过程无法通过齐全完备的程序保障保证当事人实体权利的完整实现,在外在形式上亦不具有“终审”结束争议的说服力。这与强调“诉讼是公正和正义的最终保障手段”的“司法最终解决”原则不谋而合。[23] 执行程序这一"诉讼延伸过程"中发生的纠纷也应适用该原则,即使执行中的程序性审查亦属于司法职能,但与审判程序相比并不能作为最终救济。如《民事诉讼法》第234条规定的执行案外人先提出执行异议,仍不服时可启动审判监督程序或提出案外人异议之诉制度就是此理。

2. 不予恢复执行后赋予当事人另诉权

裁定不予恢复执行后当事人无权另诉的制度使得善意履行方的实体权利救济成为制度漏洞。我国有学者提出要在此时赋予被执行人另诉权,促进实体救济。[24] 本文对此予以认同,此时恢复执行并非实现债权人实体权利的最佳路径,一方面,执行异议作为一种非讼程序无法进行充分的实体审理从而不足以保障实体权利;另一方面,从逻辑上而言,"双轨制"路径是当事人只能择一适用的权利救济通道,任一路径都能达到实现或变通实现原生效法律文书确定的权利义务之结果。当权利人寻求恢复执行无果时,说明司法机关认为此时恢复执行并非本案的最适宜路径,即使该方再提出执行异议很大程度上也无法获得支持。实际上,此类问题的出现多由执行当事人未全面了解"双轨制"救济路径的要旨和差别所致,从而"病急乱投医"。针对个案情况应当存在更为适宜的救济路径,若选择不当可能会延误获得清偿的时机,甚至得到"空头判决"或"空头支票"的灾难性后果,[25] 有学者就认为"双轨制"路径仅是宣示性规范,具体案件是否可诉要看协议类型,[26] 故而执行法官也应进行适当释明。

以上论述的是法院因双方对和解协议履行已有一定基础而裁定不予恢复执行时,应赋予另诉权;反之情况则不同,当法院裁定恢复执行时,善意履行一方仅可依据《民事诉讼法》第232条提起异议,而无权再行另诉。法理依据是,当"双轨制"路径中的一条被公权力机关认可,结合实体公正与执行效率两种价值考量,就应依此路径开展后续履行工作,否则若再给予对方另诉权一方面会

---

[23] 参见陈桂明:《诉讼公正与程序保障——民事诉讼程序之优化》,中国法制出版社1996年版,第4页。

[24] 参见张海燕:《论执行和解申请执行人"双轨制"选择下的被执行人实体救济》,载《暨南学报(哲学社会科学版)》2020年第4期。

[25] 执行阶段由执行法官对执行当事人进行必要的释明是完善执行和解制度的重要部分。参见陈杭平:《论民事"执行和解"制度——以"复杂性"化简为视角》,载《中外法学》2018年第5期。

[26] 参见夏定乾、邓朝华:《恢复执行抑或另行起诉:以执行和解规定第9条为中心》,载《现代法治研究》2020年第2期。

造成司法资源浪费与讼累，另一方面也会引起执行程序与另行诉讼程序并行的不合理局面。综上分析，《规定》第 12 条应按照两种裁定结果分别规定，调整为“当事人、利害关系人认为恢复执行违反法律规定的，可以依照民事诉讼法第二百三十二条规定提出异议；当事人、利害关系人认为不予恢复执行违反法律规定的，可以依照民事诉讼法第二百三十二条规定提出异议，异议被裁定驳回的，可就履行执行和解协议向执行法院提起诉讼，也可不经异议直接提起诉讼。”同时《规定》第 9 条与《民事诉讼法》（2021 年修正）第 237 条第 2 款忽略了实践中双务型执行和解协议中申请执行人违约的可能性，故同样应赋予被执行人申请恢复执行或提起诉讼的权利。

（四）违约责任救济与恢复执行“约定”的理论应对

1. 和解协议之违约责任视有无损害，决定有无诉权

虽民事实体法规定违约金数额应与实际受损害金额大致匹配，[27]但在无损害发生时亦认可违约责任的承担，而《规定》第 15 条之“有损害才能起诉赔偿”规定的可能解释是对执行效率价值的考量。有学者倡导赋予执行和解协议实体法上的约束力，当事人未履行和解协议等行为都需承担责任，以保证债权人的利益得以实现；[28]也有实务界人士认为即使恢复执行也可主张和解协议之违约责任，并提出“单独另诉”的建议：执行和解之诉独立于原执行案件，申请恢复执行的同时提起单独主张违约责任或损害赔偿的执行和解之诉。[29] 以上观点虽有利于保障实体权利实现，但在“执行难”背景下，相比实体法对公正的绝对服从，执行程序更加注重效率的实现，以另诉方式解决这一相对小的问题有小题大做之嫌，从唯物辩证法的矛盾论来看，只要能实现实体债权这一“主要矛盾”，履行方式瑕疵这一“次要矛盾”就可忽略。退一步而言，一旦违约方拖延履行的时间较长或瑕疵履行的程度较大，就在事实上不可避免地对守约方造成不容小觑的经济损害，如产生金钱债权的利息损失等，此时就产生违约之损害赔偿。更重要的理由在于，民事违约责任的原理是违约行为对守约方精神利益、时间等“看不见的

---

〔27〕《民法典》第 585 条第 2 款规定：“约定的违约金低于造成的损失的，人民法院或者仲裁机构可以根据当事人的请求予以增加；约定的违约金过分高于造成的损失的，人民法院或者仲裁机构可以根据当事人的请求予以适当减少。”

〔28〕参见孙丽娟：《论我国民事执行和解效力》，载《淮海工学院学报》2019 年第 11 期。

〔29〕参见唐荣刚：《是否确立执行和解之诉辨析》，载《人民法院报》2013 年 6 月 26 日，第 8 版；朱婧、何东宁：《执行和解协议对原裁判文书未涉及或不能恢复执行的部分具有可诉性》，载《人民司法》2012 年第 8 期。

权益”的损害,前者使守约方基于诚实信用原则的期待利益丧失,造成某些精神上的“痛苦”,[30]后者使守约方不能按时实现权利。而执行和解违约则不同,守约方立即取得程序性救济权利,可以申请恢复执行或另行起诉要求履行,即在最短的时间内转换权利救济渠道,进入公权力保护状态。基于这一制度保障,在和解协议遭违约时,除实际物质损害以外,守约方在精神利益、时间上发生的损失可谓微乎其微,因此不具备主张这些“看不见的、微小权益”的必要性。

况且,几乎所有恢复执行案件都伴随和解协议的违约,若允许对此起诉则会陷入此类案件“尾大不掉”的困境,故对未发生损害的和解协议违约行为,不允许起诉是现实之选,防止过多耗费不必要的司法资源。实际上恢复执行这一制度设计本身就是对执行和解协议违约行为的惩罚,[31]在“执行难”背景下,由国家强制力保障原生效文书确定的权利义务实现,相比于弥补因执行和解而多走一遭的损耗要重要得多。因此,恢复执行后对于履行和解协议中未造成损害的违约事项,当事人无起诉权;而在发生损害的情形下,当事人有权另行起诉主张赔偿。两种情况(和解协议履行与恢复执行)下能就违约行为起诉的都只能是损害赔偿之诉,而非单纯的违约之诉(见图1)。

执行和解协议履行完毕→违约{无损害→不能起诉；有损害→能起诉(《规定》第15条)}

恢复执行履行完毕→对此前执行和解协议的违约{无损害→更加不能起诉；有损害→能另行起诉}

图1 两种情况下就违约行为的起诉

2.“恢复执行”之实体约定应予无效处理

从义务人角度,若约定“恢复执行”以实现二次清偿的违约责任属于“钓鱼上钩”行为,则可以重大误解主张撤销该条款,而若经一方证明或法院查明,此协议内容确实属于双方当时真实意思表示,应如何处理,进而立法是否应对执行和解协议的内容进行适当规制?

---

[30] 王利明:《违约责任论》,中国政法大学出版社2000年版,第540~541页。

[31] 有学者认为,恢复执行的惩罚作用有限,立法者所设想的恢复执行原生效法律文书对债务人的惩戒预警并不一定能起到预想的作用。参见山东省青岛市中级人民法院课题组:《论执行和解协议对原生效裁判文书执行力的替代》,载《人民司法》2018年第19期。笔者认为产生这种观点的原因是,一般执行和解发生在债务人无偿还能力的情况下,此时即使恢复执行也很可能执行不能,因而对债务人不能产生明显的惩罚作用。但正基于此,对原生效文书的强制执行尚属艰难,那么要求其承担执行和解协议的违约责任就更加无法实现。

依前文内容,和解协议约定的违约条款在未发生损害时并不能实现,那么相比约定违约金条款,和解协议中约定损害赔偿的计算方式才有意义。基于此,"恢复执行"以实现二次清偿的约定条款应归于无效。此约定属于惩罚性违约责任,但制度规定和执行理论并不支持违约责任的落实,就是希冀在执行程序中更好地实现效率价值。那么无论约定何种实体上的违约责任承担方式都无济于事。更何况,从实体公正角度而言,这种实体性惩罚约定过于沉重,在和解协议已履行大半甚至全部履行的情况下,仅因稍有迟延或微小瑕疵就不顾被执行人的已有付出,要求全部二次清偿的做法不公平也无必要。因此,此约定应属无效,法官无需有所顾忌,在裁判中回避"恢复执行"诉讼请求,并找寻其他理由敷衍应对当事人的此项约定。受诉法院需查明和解协议中约定的"恢复执行"属程序还是实体含义,方式可以是查看协议中是否有明示双倍赔偿的意思表示。若为程序含义则告知当事人向执行法院申请恢复执行,原理是当事人以诉讼契约在程序规范中提前作出合意,[32]从而排除了权利人依据《规定》第9条的程序选择权;若确实为实体含义,则认定为无效条款,由当事人依据上述条文进行程序选择。

结　语

在全力破解"执行难"背景下,执行和解协议之诉制度丰富和细化了执行程序体系,有利于执行当事人以更灵活的方式解决纠纷、实现权益。但制度补给带来程序体系复杂化的同时也需要精细的细节设计,才能保障规则自洽与实践的流畅运行。规则完善方面,狭义执行程序之中止、终结的相关规定应与执行和解、执行和解协议之诉机制建立合乎逻辑的承接关系;是否恢复执行的考量因素应更加全面、理性化;应考虑"双轨制"路径之一未能实现时的后续性救济安排以及"两轨道"之间的取舍关系;和解协议之违约责任的承担以及"恢复执行"约定的法律意义与适用方式应予澄清。司法实务方面,执行和解当事人应在司法人员释明下对恢复执行与执行和解协议之诉制度尽可能掌握、合理取舍。总之,应在多方面注重执行和解"双轨制"救济路径的内部关系,实现精细化的程序选择与转换,以多方合力共同促进执行程序在合法合理的框架下更好地实现执行当事人的合法权益、提高司法效益。

---

[32] 参见汤维建、许尚豪:《论民事执行程序的契约化——以执行和解为分析中心》,载《政治与法律》2006年第1期。

实务探微

论受贿罪“其他较重情节”中的非数额情节

——以人身危险性要素的反思与清理为线索*

郭力瑄**

摘要：

最高人民法院、最高人民检察院《关于办理贪污贿赂刑事案件适用法律若干问题的解释》将“曾因故意犯罪受过刑事追究”等非数额情节纳入受贿罪“其他较重情节”的做法存在诸多法理问题，其背后共通的深层症结是以人身危险性要素充当受贿罪成立条件，使该罪的认定偏离了行为刑法的基本立场。这种情况的出现与传统刑法理论对受贿罪“其他较重情节”的犯罪论体系定位有关。根据受贿罪“其他较重情节”的条文表述和规范目的，其体系定位理应是不法构成要件要素。据此，建议删除该解释中“曾因故意犯罪受过刑事追究”等规定，保留“多次索贿”等规定，新增“国家机关领导干部受贿”等非数额情节。

关键词：

受贿罪；非数额情节；人身危险性；不法构成要件

《刑法修正案（九）》将成立受贿罪的定量条件修改为“数额较大或者有其他较重情节”，2016年4月18日公布的最高人民法院、最高人民检察院《关于办理贪污贿赂刑事案件适用法律若干问题的解释》（以下简称《贪贿解释》）又进一步明确，“其他较重情节”是指受贿额达一万元以上不满三万元并且存在八项

* 本文系北京师范大学刑事法律科学研究院学术型研究生专项科研基金课题“刑法中罪量要素的具体化理论”（2019CCLS043）研究成果。

** 北京师范大学刑事法律科学研究院2019级硕士。

非数额情节之一的情况。[1] 虽然《贪贿解释》的规定使受贿罪“其他较重情节”的适用有了相对清晰的标准,但是自该解释出台以来,针对它的理论批评就不绝于耳。

例如,学界对《贪贿解释》将“曾因故意犯罪受过刑事追究”“曾因贪污、受贿、挪用公款受过党纪、行政处分”“赃款赃物用于非法活动”“拒不交代赃款赃物去向或者拒不配合追缴工作,致使无法追缴”等非数额情节纳入受贿罪“其他较重情节”的做法,指出了一系列法理问题。怎样看待学界指出的法理问题?受贿罪“其他较重情节”中的非数额情节理应是什么?这是现有研究基础上需要进一步思考的问题。[2]

一、对《贪贿解释》所含人身危险性要素的反思

学界对《贪贿解释》所设非数额情节的批评主要有:第一,针对“曾因故意犯罪受过刑事追究”和“曾因贪污、受贿、挪用公款受过党纪、行政处分”,有学者认为这两类情节甚至不构成累犯,而累犯的法律效果无外乎是从重处罚。举重以明轻,成立门槛更高的累犯仅影响量刑,而成立门槛更低的这两类情节却影响定罪,这与累犯制度不相协调,亦违反罪刑法定原则。[3] 第二,关于“赃款赃物用于非法活动”,有研究指出,这类情节不影响受贿罪的违法和责任程度,而将其作为受贿罪的成立条件,当“非法活动”不构成犯罪时,就属于间接处罚刑法所不禁止的行为;而当“非法活动”构成犯罪时,处罚这一新罪之余还要对其

---

[1] 这八项非数额情形是指:(1)曾因贪污、受贿、挪用公款受过党纪、行政处分的;(2)曾因故意犯罪受过刑事追究的;(3)赃款赃物用于非法活动的;(4)拒不交代赃款赃物去向或者拒不配合追缴工作,致使无法追缴的;(5)造成恶劣影响或者其他严重后果的;(6)多次索贿的;(7)为他人谋取不正当利益,致使公共财产、国家和人民利益遭受损失的;(8)为他人谋取职务提拔、调整的。

[2] 需要特别说明的是,《贪贿解释》并未将受贿罪“其他较重情节”的具体内容规定为纯粹的非数额情节,而是设置了一万元的最低受贿额,亦即“基础数额+非数额情节”的认定模式。对于这种做法是否合理学界亦有讨论,但是“数额和非数额情节的关系”与“非数额情节的选定”是两个问题,前者不是本文的研究内容。

[3] 参见周光权:《论受贿罪的情节——基于最新司法解释的分析》,载《政治与法律》2016年第8期。

以受贿罪评价,这违反了禁止重复评价原则。[4] 第三,关于“拒不交代赃款赃物去向或者拒不配合追缴工作,致使无法追缴”,有学者提出,毁灭证据、转移赃物是犯罪后的常态,将其作为受贿罪成立条件而禁止行为人事后实施这类行为,不具有期待可能性。[5]

本文认为,学界指出的“与累犯制度不相协调”“间接处罚”“重复评价”“不具有期待可能性”等法理问题确实存在,但是,这只是孤立地、零散地说明了相关非数额情节的表层法理问题,而没有阐明这些非数额情节背后共通的思想渊源和深层症结,更没有揭示出问题背后的理论成因。

(一)“曾因故意犯罪受过刑事追究”等非数额情节的思想渊源

虽然上述四项非数额情节涉及的法理问题各不相同,但值得注意的是,这些非数额情节在实体内容上均属于人身危险性要素。所谓人身危险性,是指行为人的再犯可能性。[6] 从广义上理解,除了犯罪前后的表现外,犯罪过程中的故意、过失等也反映再犯可能性的大小,但是这些事实并非人身危险性要素。在刑法意义上,故意、过失等影响行为对法益侵害的程度,而非纯粹反映再犯可能性,因此,所谓人身危险性要素是指那些纯粹表征再犯可能性而与当下法益侵害无关的事实。

受贿罪保护的基本法益是职务行为的不可收买性及民众对此之信赖。[7] “曾因故意犯罪受过刑事追究”和“曾因贪污、受贿、挪用公款受过党纪、行政处分”作为行为前表现,发生在受贿行为实施之前;“赃款赃物用于非法活动”和“拒不交代赃款赃物去向或者拒不配合追缴工作,致使无法追缴”作为行为后态度,发生在受贿行为终了之后。四者均与“当下”行为人是否出卖职权或者出卖职权的程度无关,只是纯粹说明行为人的反社会性格,“将来”更有可能再次受

---

[4] 参见段阳伟:《受贿罪非数额情节“降格升档”之功能与重构》,载《江西社会科学》2018 年第 1 期。

[5] 参见陈洪兵:《“情节严重”司法解释的纰缪及规范性重构》,载《东方法学》2019 年第 4 期。

[6] 参见马荣春:《人身危险性之界定及其与主观恶性、社会危害性的关系——基于刑法学与陈兴良教授商榷》,载《华南师范大学学报(社会科学版)》2010 年第 5 期。

[7] 我国传统刑法理论认为受贿罪保护的法益是国家工作人员的职务廉洁性,而当前理论上的有力观点是不可收买性说和纯洁性说。本文主张不可收买性说,即职务行为的不可收买性与民众对此之信赖是受贿罪所保护的法益。关于各类学说的比较参见张明楷:《刑法学》(第 5 版),法律出版社 2016 年版,第 1199 ~ 1204 页。

贿。所以,学界批判的四类非数额情节实际上均属于人身危险性要素。

将人身危险性要素作为犯罪成立条件,是行为人刑法思想下的产物。行为人刑法,或称主观主义刑法,是19世纪末兴起的刑法思潮。该理论认为,犯罪是行为人自身素质和社会环境的产物,刑罚是针对犯罪的社会防卫手段,刑罚处罚的对象在于行为人的反社会性格,行为与结果只是行为人反社会性格的表征。[8] 虽然行为人刑法的代表人李斯特在犯罪论领域仍然坚持客观主义立场,但是在行为人刑法的逻辑中,行为与结果仅是认识犯罪人反社会性的资料,如果将这一理论"彻底化",就会得出"人身危险性要素这类表征行为人反社会性的资料,也可以充当犯罪成立条件"的结论。是故,尽管"曾因故意犯罪受过刑事追究"等四项非数额情节的表层法理问题各不相同,但是它们在实体上均是人身危险性要素。将这四者充当受贿罪成立条件,乃是行为人刑法思想的体现。

(二)"重复评价"等法理问题背后的深层症结

在认识到"曾因故意犯罪受过刑事追究"等非数额情节与行为人刑法的密切关系后,就会发现"重复评价""间接处罚""不具有期待可能性"等法理问题背后蕴含着共通的深层症结——人身危险性要素导入受贿罪"其他较重情节",使该罪的认定偏离了行为刑法的基本立场。

虽然行为人刑法理论在揭示犯罪成因、刑罚人道化、犯罪人复归社会等方面发挥了积极作用,但是当这种理论彻底化、极端化后,会使刑事制裁丧失客观标准,使人成为实现社会防卫目的的手段,进而承担超出行为和结果范围的刑罚,有侵犯人权和刑罚恣意之虞。所以,经过长期的争论,行为刑法依然是刑事法治的基本原则。行为刑法,或称客观主义刑法,是与行为人刑法相对的刑法思想,起源于启蒙时代,并为前、后古典学派及现代古典学派所贯彻发展,其主张外在的行为及其实害或危险是刑罚的主要根据。[9] 目前,"人们公认,现行法律绝大多数是一种行为刑法"[10],人身危险性要素等原则上只在刑罚论领域

[8] 参见陈家林:《外国刑法理论的思潮与流变》,中国人民公安大学出版社、群众出版社2017年版,第33~35页。

[9] 参见陈家林:《外国刑法理论的思潮与流变》,中国人民公安大学出版社、群众出版社2017年版,第28~41页。

[10] [德]克劳斯·罗克辛:《德国刑法学总论:犯罪原理的基础构造》(第1卷),王世洲译,法律出版社2005年版,第110页。

发挥影响，不得充当犯罪成立条件。我国刑法也以行为刑法为基本立场，[11]《刑法》规定，“一切危害国家主权、领土完整……以及其他危害社会的行为”才是犯罪。

因此，在现代刑法（包括我国刑法）中，无论是基本的犯罪构成，还是禁止重复评价原则、期待可能性理论等刑法原理，抑或累犯等刑法制度，实际上都是以“犯罪是行为”作为底层逻辑和判断基准。首先，犯罪构成的事实内容，是指组成当下侵害“行为”的各类主客观要素。所以，“曾因故意犯罪受过刑事追究”等人身危险性要素不能“等价替换”受贿行为的部分内容（部分受贿额要求）。从“犯罪是行为”的角度观察，这种替换会缩小受贿罪的内涵，扩张其外延——当扩张至犯罪外的领域时，就会导致间接处罚；当扩张至其他罪名的规制领域时，就可能引起重复评价。其次，所谓的“期待可能性”也是指行为人实施或者不实施某种“行为”的可能性。在行为人刑法视野下人身危险性是评价重点，因而“赃款赃物用于非法活动”等事后表现就无所谓能否期待的问题，但是在行为刑法的立场上，能否期待行为人事后不实施这些行为就至关重要。最后，虽然累犯是人身危险性因素，但是刑法对其定位是从重处罚事由，而非定罪条件或者加重处罚事由。刑法之所以将累犯的法律效果限定在量刑领域，正是出于行为刑法基本立场的考虑。是故，学界指出的种种问题的背后隐藏着同一个症结——《贪贿解释》的相关规定偏离了我国行为刑法的基本立场。一旦基本立场产生偏差，出现大量的法理问题也就不足为奇。

（三）人身危险性要素充当受贿罪成立条件的理论路径（理论成因）

将人身危险性要素纳入受贿罪“其他较重情节”是《贪贿解释》偏离行为刑法基本立场的关键。那么，为什么会出现这种情况？对行为人刑法理论的彻底化理解可能为其提供了思想渊源。另外，我国高压反腐的刑事政策与行为人刑法偏重社会防卫的思想相契合，也可能为此举提供了某种动力。但是本文认为，除了这些原因外，我国传统刑法理论对受贿罪“其他较重情节”这类规定的犯罪论体系定位，也为人身危险性要素充当犯罪成立条件提供了理论路径。

随着我国刑法学知识的转型，阶层犯罪论体系的影响力与日俱增，但必须承认，传统四要件犯罪论体系对我国司法实践依然有巨大影响。一种权威的传统刑法理论观点认为，我国刑法中的“情节严重”“情节恶劣”这类规定是“结合犯罪构成诸方面，对行为的社会危害性大小加以衡量，认定其是否达到了犯罪

---

[11] 参见张明楷：《新刑法与客观主义》，载《法学研究》1997年第6期。

的程度”[12]的综合性标准。

将受贿罪“其他较重情节”定位为“结合犯罪构成诸要素,衡量社会危害性的综合性标准”极易导致人身危险性要素侵入犯罪论领域。具体而言,虽然传统刑法理论指出社会危害性是行为的危害,[13]但是在论述社会危害性的影响因素时,又提出社会危害性的程度由一系列主客观因素综合决定,包括被侵犯的客体、行为手段、后果、时空条件、行为人的状况及其主观因素等。这里的“行为人状况及其主观因素”,就包括有无预谋、动机卑劣程度、是否惯犯等人身危险性要素。[14] 同时,传统刑法理论在强调上述各类要素“综合”的同时,并没有明确这些要素究竟要怎样“综合”,这导致所谓的“综合”在具体判断中演变为互相补充——即使行为的客观危害不足,但当行为人的人身危险性较大时,“综合”判断后,也可以认为其社会危害性的量达到了成立犯罪的程度。这种认识体现在受贿罪“其他较重情节”的认定中,即虽然行为人受贿数额不满三万元(或者造成的客观损害小于相当于受贿额三万元的程度),但只要其存在“曾因故意犯罪受过刑事追究”等表明人身危险性偏高的情节,就能弥补客观危害上的不足,认为行为人行为的社会危害性已经达到了入罪标准。所以,传统刑法理论对受贿罪“其他较重情节”的犯罪论体系定位的不当,很可能为人身危险性要素充当受贿罪成立条件提供了理论路径。那么,要重构受贿罪“其他较重情节”中非数额情节的具体内容,就需要正确把握这一规定的犯罪论体系定位。

二、受贿罪“其他较重情节”的犯罪论体系定位

尽管针对受贿罪“其他较重情节”的体系定位目前尚无专门研究,但是对于“情节严重”“情节恶劣”等类似规定的体系定位,理论上可谓众说纷纭。这些学理方案能否恰当说明受贿罪“其他较重情节”的体系定位?传统刑法理论的

---

[12] 高铭暄主编:《中国刑法学》,中国人民大学出版社1989年版,第83页。这种观点目前对司法实务仍有重要影响,对此可参见陈胜涛、王钰楠:《违法运用资金罪的情节认定——陈某等人违法运用资金案》,载《法律适用》2020年第12期。

[13] 参见高铭暄、马克昌主编:《刑法学》(第9版),北京大学出版社、高等教育出版社2019年版,第42页。

[14] 参见高铭暄、马克昌主编:《刑法学》(第9版),北京大学出版社、高等教育出版社2019年版,第43页。

权威观点上文已经分析,下文着重检验另外三种代表性学说,[15]并在此基础上阐明本文观点。

(一)对各类学说的评析

1. 罪量要素说

陈兴良教授提出了“罪体—罪责—罪量”的犯罪论体系,在此犯罪论体系下,作为客观要件的罪体与作为主观要件的罪责表明法益侵害的质,独立于罪体与罪责的罪量表明法益侵害的程度;罪量具有综合性、法定性和程度性的特征,行为人不需要对客观罪量具有认识,刑法中的“情节严重”等规定即属于罪量要素。[16]

由于该说将刑事违法的实质理解为法益侵害,因此,以罪量要素解释受贿罪“其他较重情节”,确实可以将“曾因故意犯罪受过刑事追究”等人身危险性要素排除在外,但是,该说有违反责任主义原则的嫌疑。既然罪量要素是表明法益侵害程度的要素,那么就与不法相关;既然是不法要素,根据责任主义原则就应当要求行为人对客观罪量有所认识。但该说主张行为人无须对客观罪量有主观认识,这与责任主义原则相悖。

2. 客观的处罚条件说

有学者主张我国刑法上的“情节严重”这类规定属于或者包括客观处罚条件。[17]陈兴良教授在其著述中也提出可以将罪量要素视为客观处罚条件。[18]值得注意的是,就客观处罚条件的性质而言,理论上有不法中立说、不法相关说和否认说的争议。传统观点认为客观处罚条件是不法和责任之外的实体要素,具有不法中立的特征;但有观点认为某些客观处罚条件实际上与不法相关,应

---

〔15〕 除了下文所述的罪量说、客观处罚条件说、不法构成要件要素说外,理论上还有“类构成要件复合体”等观点。这类观点的特征是同时认可客观处罚条件与不法构成要件要素,换言之,在实质内容上并没有超出这两类要素。因此,本文不专门分析此说,而是将其归入客观处罚条件说或者不法构成要件要素说中讨论。

〔16〕 参见陈兴良:《作为犯罪构成要件的罪量要素——立足于中国刑法的探讨》,载《环球法律评论》2003年第3期。

〔17〕 参见熊琦:《论我国刑法的一个体系性困境——以中德刑法比较为视角》,载《武汉大学学报(哲学社会科学版)》2008年第4期;王莹:《情节犯之情节的犯罪论体系性定位》,载《法学研究》2012年第3期。

〔18〕 参见陈兴良:《刑法的明确性问题:以〈刑法〉第225条第4项为例的分析》,载《中国法学》2011年第4期。

当承认不法相关的客观处罚条件;还有观点认为,客观处罚条件均与不法相关,应当全部被还原为构成要件要素。[19]

对于不法中立的客观处罚条件,按照其定义,似乎任何不法、责任以外的客观要素基于刑事政策上的考量都可以纳入其中,进而影响行为的可罚性。循其思路,以客观事实为表征的人身危险性要素(如"赃款赃物用于非法活动")也可以充当不法中立的客观处罚条件被纳入受贿罪"其他较重情节",但是如前所述,这正是《贪贿解释》的问题所在。对于不法相关的客观处罚条件,理论上又有两种代表性理解,一是耶塞克、魏根特提出的不纯正客观处罚条件;二是周光权教授提出的内在客观处罚条件。在对责任主义原则的贯彻上,耶塞克、魏根特认为不纯正客观处罚条件是基于风险思想对责任主义原则的限制,行为人无须对这类要素具有认识,[20]而周光权教授认为内在客观处罚条件的性质是"非典型违法要素",行为人对其要有"高度模糊性认识"。[21] 不纯正客观处罚条件与不法相关,但又不要求行为人具有认识,这意味着这类要素与上述罪量要素相似。虽然论者以风险思想为其突破责任主义原则提供正当性论证,但是这种论证并不充足,[22]故这种方案并不可取。内在客观处罚条件与不法相关,并要求行为人至少要有"高度模糊性认识",这表明内在客观处罚条件本质上是不法构成要件要素,这种见解正是下文所要介绍的学说。

3.不法构成要件要素说

不法构成要件要素说是目前的有力学说。张明楷教授提出,当刑法分则条文对罪状的一般性描述不足以表明行为应受惩罚时,立法者就会通过增加或者强调某个要素,使客观构成要件表征的违法性升高至应受惩罚的程度;当待增加的要素难以特定化、难以预见或者难以简洁表述时,立法者就会使用"情节严重"这类表述作一个整体性的规定,可以称这类构成要件要素为

---

〔19〕 参见王钰:《德国刑法教义学上的客观处罚条件》,法律出版社2016年版,第103~109页。

〔20〕 "对不纯正的应受处罚性的客观处罚条件的处理,好似它们不属于不法构成要件,因为立法者基于刑事政策的理由排除了与故意和过失相关的内容。"参见[德]汉斯·海因里希·耶赛克、托马斯·魏根特:《德国刑法教科书》,徐久生译,中国法制出版社2017年版,第753~754页。全部论述可以参见此书第747~754页。

〔21〕 参见周光权:《论内在的客观处罚条件》,载《法学研究》2010年第6期。

〔22〕 参见王钰:《德国刑法教义学上的客观处罚条件》,法律出版社2016年版,第186~188页。

“整体的评价要素”。[23] 王莹博士认为,“情节严重”等规定是包括“整体性规范评价要素”的类构成要件复合体,其中“整体性规范评价要素”是反映行为不法和结果不法的不法构成要件要素。[24] 王彦强博士认为,“情节严重”等规定原则上均属于反映法益侵害程度的罪量构成要件要素。[25]

虽然学者们采取了不同的表述,但是就各自观点的基本立场而言,都属于不法构成要件要素说。本文的主旨并非探究犯罪成立定量条件的一般性质,但是本文认为至少可以将受贿罪“其他较重情节”理解为不法构成要件要素。

(二)本文观点:表征不法加重的不法构成要件要素

“刑法学的本体是解释论”[26],明确受贿罪“其他较重情节”体系定位的过程就是对这一规定进行解释的过程。在各类解释方法和解释理由中,具有决定性的是文理解释和目的解释。文理解释的决定性在于任何刑法解释都要从条文表述开始,且不能超出条文表述的含义射程,否则违反罪刑法定原则;目的解释的决定性在于当条文表述存在多重含义时,必须选择符合规范目的的解释结论。[27] 所以明确受贿罪“其他较重情节”的体系定位,条文表述和规范目的是根本依据。

1. 基于条文表述的考量

《刑法》第 383 条第 1 款第 1 项关于受贿罪最低档法定刑的规定是“数额较大或者有其他较重情节的,处三年以下有期徒刑或者拘役,并处罚金。”从条文表述上看,立法者使用“或者”将“其他较重情节”与“数额较大”并列规定,这表明“其他较重情节”与“数额较大”之间是替代关系。同时,立法者使用“其他”修饰“较重情节”,从文理上讲,这说明“数额较大”与之后的“较重情节”属于同一类别。据此,可以认为“其他较重情节”与“数额较大”的体系定位相同,否则便不能相互替代且归为同一类别。

那么“数额较大”的体系定位是什么?受贿罪保护的基本法益是职务行为的不可收买性及民众对此之信赖,是故,当职务行为被出卖时,该法益即遭到侵害。贿赂作为出卖职务行为的对价,正是权钱交易的标志,因此,贿赂具有表征

---

〔23〕 参见张明楷:《犯罪构成体系与构成要件要素》,北京大学出版社 2010 年版,第 238 ~ 254页。

〔24〕 参见王莹:《情节犯之情节的犯罪论体系性定位》,载《法学研究》2012 年第 3 期。

〔25〕 参见王彦强:《犯罪成立罪量因素研究》,中国法制出版社 2018 年版,第 212 ~ 222 页。

〔26〕 张明楷:《刑法学》(第 5 版),法律出版社 2016 年版,第 1 页。

〔27〕 参见张明楷:《刑法学》(第 5 版),法律出版社 2016 年版,第 35 页。

受贿罪法益受损的功能,属于不法构成要件要素。另外,按照生活经验,贿赂的量越大通常也意味着受贿人出卖职权的程度越重,因此,贿赂除了证立不法外,其具体数量还具备表征不法程度的功能。"数额较大"说明行为人收受了财产性贿赂,且财产性贿赂的数量偏高,因此,"数额较大"在体系定位上属于不法构成要件要素,同时表明行为的不法程度加重。

既然如此,按照《刑法》第383条第1款第1项中"数额较大"和"其他较重情节"之间的替代关系、同类关系,就有理由认为该项中的"其他较重情节"在体系定位上也属于不法构成要件要素,且具有表征不法加重的功能。

2. 基于规范目的的考量

主张受贿罪"其他较重情节"的体系定位是表征不法加重的不法构成要件要素,既是条文表述指引的结果,也是规范目的的内在要求。

传统理论将刑法的规范目的等同于法益保护,[28]但是随着"规范保护目的"概念被引入目的解释,[29]新近的理论发展倾向于区分说——"法益是刑法保护的对象,规范保护目的则决定法益保护的程度及范围"[30]。仅就法益保护而言,将受贿罪"其他较重情节"理解为"社会危害性的综合评价标准"或者"不法中立的客观处罚条件"进而将人身危险性要素导入其中,无疑更有利于扩大刑法打击范围、实现法益保护。但是,这种非理性的法益保护方式以动摇行为刑法为代价,将引发刑法体系冲突且过分限制公民自由,与现代刑事法治理念不符。所以,受贿罪"其他较重情节"这一规定的规范目的必然有法益保护之外的意蕴。

法谚云,"法律不理琐细之事"。尽管国家工作人员利用职务便利向他人索取微小财物的行为(如索取一包香烟)也符合《刑法》第385条的规定,但是不可能将这类行为认定为犯罪。因为这样做不仅浪费司法资源,更违背刑法谦抑性原则。因此,立法者有必要在《刑法》第385条之外又规定,只有受贿"数额较大或者有其他较重情节的"才值得追究刑事责任。所以说,受贿罪"其他较重情节"的规范目的是将轻微受贿行为排除在受贿犯罪之外,进而实现对职务行为不可收买性的理性保护。根据这一规范目的,受贿罪"其他较重情节"应当发挥表征行为严重性加重的功能。按照行为刑法的基本立场,行为严重性加重是指

---

[28] 参见张明楷:《罪刑法定与刑法解释》,北京大学出版社2009年版,第164~167页。

[29] 参见姜涛:《规范保护目的:学理诠释与解释实践》,载《法学评论》2015年第5期。

[30] 李波:《规范保护目的:概念解构与具体适用》,载《法学》2018年第2期。

不法侵害加重，因此，从规范目的上讲，受贿罪“其他较重情节”的犯罪论体系定位也理应是表征不法加重的不法构成要件要素。

3. 关于主观不法要素的说明

需要注意的是，在不法构成要件要素说内部就“情节严重”这类规定能否包含主观不法要素尚有争议。[31] 故在明确受贿罪“其他较重情节”的体系定位是不法构成要件要素后，还需要对该规定是否包括主观不法要素加以说明。

主观不法要素通常是指故意犯中的故意以及某些犯罪中的目的、动机等。目前，德国刑法理论已经普遍认可主观不法要素，日本刑法理论亦例外地承认目的等主观不法要素，但是，即使承认主观不法要素，也不宜将其纳入受贿罪“其他较重情节”。因为受贿罪“其他较重情节”除了是不法构成要件要素外，还需要承担表征不法加重的功能，而受贿罪的故意不具有此功能，且受贿罪不属于目的犯、动机犯。

就受贿罪而言，故意仅能证立不法，即便区分基于直接故意的受贿和基于间接故意的受贿，二者在侵害职务行为不可收买性这一点上也没有程度差别。同时，目的犯中的目的、动机犯中的动机之所以是主观不法要素，是因为其为法益侵害提供了实质根据，[32] 而受贿罪中行为人出于何种目的、动机受贿并非职务行为不可收买性遭受侵害的必要条件。因此，受贿罪不是目的犯、动机犯。既然受贿的目的、动机与不法无关，就谈不上表征不法加重。

三、非数额情节的内容重构

行文至此，可知受贿罪“其他较重情节”的犯罪论体系定位是不法构成要件要素且承担着表征不法加重的功能。那么，作为受贿罪“其他较重情节”具体内容的非数额情节，也就只能是不法构成要件要素且表征不法加重。不过，只明确体系定位不足以完全回应司法实践需求，在此基础上，还需要重构非数额情节的具体内容。这涉及对《贪贿解释》原规定的删除、保留和补充三个方面。按照上文的

---

[31] 例如，张明楷教授认为“情节严重”只能是客观要素，而王莹博士、王彦强博士认为可以是主观要素。

[32] 认定个罪的构成要件是否包含目的等特殊主观不法要素时，即使持行为无价值二元论，也“只有以追求实现结果无价值为内容的主观要素才能成为不法中行为无价值的组成部分”。参见陈璇：《德国刑法学中的结果无价值与行为无价值二元论及其启示》，载《法学评论》2011 年第 5 期。

论述,删除"曾因故意犯罪受过刑事追究"等四处体现人身危险性要素的规定自不待言。需要进一步说明是,哪些规定应予以保留?可以补充哪些规定?

(一)应予以保留的规定

除了"曾因故意犯罪受过刑事追究"等四类非数额情节,《贪贿解释》还设置了其他非数额情节:"为他人谋取职务提拔、调整""为他人谋取不正当利益,致使公共财产、国家和人民利益遭受损失""造成恶劣影响或者其他严重后果""多次索贿"。这四处规定均属于不法构成要件要素且表征不法加重,应当予以保留。

1. "为他人谋取职务提拔、调整"

根据《刑法》第385条第1款,"为他人谋取利益"是承诺型受贿的行为特征之一。"为他人谋取利益"作为权钱交易后的"履约行为",表明国家工作人员收受的财物与其职务行为之间存在对价关系,是职务行为不可收买性受到侵害的标志[33],具有证立行为不法的功能。

《贪贿解释》规定的"为他人谋取职务提拔、调整"是《刑法》第385条第1款中"为他人谋取利益"的具体情形,所以当然也是权钱交易对价关系的标志,属于受贿罪行为不法的客观表征,即客观不法构成要件要素。同时,"为他人谋取职务提拔、调整"这类卖官鬻爵行为作为根源性政治腐败,表明案件中受贿行为本身严重性增加,因而属于表征行为不法加重的构成要件要素。

2. 两类行为结果

"为他人谋取不正当利益,致使公共财产、国家和人民利益遭受损失"与"造成恶劣影响或者其他严重后果"这两项情节属于行为结果,说明行为人除侵犯受贿罪的基本法益外,又因受贿造成了财产法益等其他法益受损。因此,二者表征受贿行为的不法结果加重,属于表征不法升高的客观构成要件要素。

需要注意的是,这两处规定的表述较为模糊。如果将这里的两类结果情节理解为受贿行为直接造成的结果,那么这两处规定原则上当然属于结果不法构成要件要素。但是,我国司法实践中存在将不法无关结果纳入这类规定的做法。例如,将案件相关人员自杀作为玩忽职守罪中"致使公共财产、国家和人民利益遭受重大损失"这一罪状的具体内容。[34] 根据《贪贿解释》的表述,不排除

---

〔33〕 参见胡东飞:《论受贿罪中"为他人谋取利益"构成犯罪的罪数问题——兼论刑法第399条第4款的性质及其适用范围》,载《中国刑事法杂志》2006年第1期。

〔34〕 参见徐某力等玩忽职守案,内蒙古自治区高级人民法院(2019)内刑再7号刑事裁定书。司法实践中这类案件不少。根据实务部门的思路,只要国家机关工作人员的职务行为不合法,无论该行为是否具有致人死亡的危险,行为人均需对自杀结果承担责任。

司法实践将案件相关人员自杀、自残、精神失常等结果作为受贿罪中“为他人谋取不正当利益，致使公共财产、国家和人民利益遭受损失”“造成恶劣影响或者其他严重后果”的具体内容的可能。但是，这些结果并非受贿行为典型危险的实现，与受贿行为不具有刑法上的因果关系，因而不属于不法构成要素结果。将这类结果导入受贿罪“其他较重情节”虽然不会滑向行为人刑法，但却有结果责任之虞。[35] 是故，在具体认定时要注意避免这类情况的发生。

3 “多次索贿”

按照部分学者对多次犯的理解，[36]“多次索贿”的实体是多次违法反映出的行为人反社会性格，表明行为人再犯可能性更高，属于人身危险性要素。但是，本文认为“多次索贿”与上文所述的人身危险性要素不同。人身危险性要素是纯粹表征再犯可能性而与当下法益侵害无关的事实，其评价重心是行为人的性格特质，关注的是未然之罪；而“多次索贿”与法益侵害相关，其评价重心依然是当下行为对法益造成的侵害，针对的是已然之罪。基于行为刑法的立场，可以将“多次索贿”的法益侵害性理解为：“多次索贿”作为一个整体相较于个别的、单次的、偶发的索贿行为，会更严重地动摇民众对职务行为不可收买性的信赖感。按照这种理解，“多次索贿”就是体现受贿行为本身严重性增加的客观不法要素，表征行为不法增加。

同时，既然“多次索贿”是客观不法要素，就有必要对“多次索贿”作时间间隔限制。将“多次索贿”理解为人身危险性要素的学者，通常主张“多次索贿”中的单次索贿之间无时间间隔要求；因为在其逻辑中，“多次索贿”的评价重心是行为人的内在反规范态度，多个索贿行为之间是否存在时间间隔这类外在情况不重要。[37] 但是，如果要基于行为刑法的立场解释“多次索贿”，特别是考虑到“多次索贿”的法益侵害特征，就有必要对“多次索贿”作时间间隔限制。如果不作时间间隔限制，“多次索贿”就可能由于不具有“频繁性”而不足以表征

---

〔35〕 参见薛文超：《司法裁判结果责任的古今之辨——以〈红楼梦〉自杀事件的解读为例》，载《东方法学》2017 年第 5 期。

〔36〕 参见程兰兰、苗静：《多次犯的立法依据和价值探究——兼评〈刑法修正案（九）〉中多次犯立法》，载魏昌东、顾肖荣主编：《经济刑法》第 19 辑，上海社会科学院出版社 2020 年版，第 38 ~ 47 页。

〔37〕 参见陈伟、熊波：《“多次索贿”犯罪情节的认知及其规范化适用——基于〈关于办理贪污贿赂刑事案件适用法律若干问题的解释〉第 1 条的立法检视》，载《法律适用》2017 年第 13 期。

不法加重。例如,十年内索贿三次与一个月内索贿三次相比,很明显二者对民众的心理冲击不同,将二者同等评价有违实质公正。如果行为人在较大的时间跨度内只有三四次索贿,且受贿总额只是略高于一万元的,就不宜认定为“多次索贿”。

(二)寻求新规定的思路

在建议删除《贪贿解释》所设的某些非数额情节的同时,根据非数额情节的体系定位,本文也试图提出一些新的规定。需要说明的是,妥当的新增非数额情节无疑需要兼顾法理上的正当性与实务上的操作性,但是囿于研究主题,本文无法从经验层面展开论证,因而提出的新的非数额情节更侧重于从方法上给司法实践以启示。

1. 以受贿罪叙明的程度性构成要件要素为指引

如上所述,受贿罪“其他较重情节”中非数额情节的性质是不法构成要件要素,所以新非数额情节的提出可以从刑法已经叙明的受贿罪构成要件要素处获得指引。当然,并非任何一个构成要件要素都具有指引功能;考虑到表征不法加重的功能,应该重点关注受贿罪构成要件要素中那些可作程度性区分的概念。

例如,“国家工作人员”作为本罪叙明的构成要件要素就存在程度性区分的可能,在划分内部层次后可以找到表征不法加重的新非数额情节。首先,刑法上的国家工作人员可以分为四个层次:国家机关工作人员,国有企事业单位、人民团体中从事公务的人员,国有企事业单位委派至非国有企事业单位、社会团体中从事公务的人员以及其他依法从事公务的人员。在这四类人员中,国家机关工作人员掌握立法、行政、司法、监察、军事等核心公权力,相较于其他几类国家工作人员,其职权的影响力更具广度和深度。其次,根据职级和职务,国家工作人员还可以分为领导干部与普通国家工作人员两个层次。二者相比,前者地位高、权力大,是“全面依法治国的关键少数”。“受贿主体在职责、地位上的不同,意味着法律所期待该主体依法履职、廉洁用权的程度也有所不同,这也影响到了定罪的必要性。”[38]从“国家工作人员”的内部层次(或者说程度性区分)来看,相比非国家机关工作人员、普通国家工作人员,社会对国家机关工作人员、领导干部人员的不可收买性、廉洁性有更高的期待。因此,当这两类国家工作人员受贿时,行为的不法程度更高。所以,根据“国家工作人员”这一叙明构成

---

〔38〕 卢建平、赵康:《论受贿罪犯罪门槛的科学设置》,载《北京师范大学学报(社会科学版)》2015年第5期。

要件要素的指引，在考虑职级、职务的角度程度化这一概念后，有理由将职级较高、职权较大者受贿作为新的非数额情节。例如，规定“国家机关工作人员中的领导干部[39]受贿达一万元以上的”属于“其他较重情节”。

2. 以被害人生活质量受到的损害为指引

有学者指出，在以行为的不法程度对行为严重性进行判断时，大部分罪名的构成要件没有规定一个可以比较行为严重性的“序列”（即上文所述的“可作程度性区分的概念”），作为补充，可将被害人生活质量的受损情况作为判断行为严重性的标准。[40] 该理论强调，所谓被害人生活质量受损，是指被害人具体生活遭受的客观损害。“具体生活”遭受的损害，说明对被害人生活质量受损程度的判断需要考虑被害人的具体情况（如身份、收入等），不能认为同样的财产损失对富人和急需救助的穷人而言意义相同。“客观损害”则表明，要以类型化的客观标准判断受损程度，而非个人的价值标准或偏好；换言之，即便某位穷人视金钱如粪土，也不能认为窃取其财物的行为没有损害其生活质量。

根据这一见解，除了考虑“国家工作人员”等受贿罪叙明的程度性构成要件要素外，还可以从被害人生活质量受损情况的角度选定新的非数额情节。例如，以索贿中“被害人”的生活质量受损情况确定新的非数额情节。受贿罪包括被动受贿和主动索贿两种行为类型。在被动受贿的场合，行贿人主动开启犯罪进程，不属于被害人；但是在主动索贿的场合，特别是受贿人采取胁迫程度较高的方式索要贿赂且不为行贿人谋利时，行贿人大致相当于财产犯罪中的被害人。《刑法》第 274 条规定，敲诈勒索公私财物“数额巨大或者有其他严重情节的”，处三年以上十年以下有期徒刑。根据相关司法解释，“对未成年人、残疾人、老年人或者丧失劳动能力人敲诈勒索的”，属于认定敲诈勒索罪“其他较重情节”时应当考虑的因素。[41] 司法解释之所以这样规定，正是因为未成年人、残疾人、老年人等群体在获取经济收入方面困难较多，侵夺其财产的行为会对其基本生活质量，甚至是基本生存条件造成严重影响。既然如此，参考敲诈勒索罪的司法解释，从被害人生活质量受损情况的角度考虑，也可以规定“向未成

---

[39] 可以参考 2019 年修订印发的《党政领导干部选拔任用工作条例》第 4 条设置“领导干部”的界定标准。

[40] 参见赵书鸿：《论犯罪行为严重性的阶层性判断——中德刑法规范的比较性分析》，载《比较法研究》2015 年第 3 期。

[41] 最高人民法院、最高人民检察院《关于办理敲诈勒索刑事案件适用法律若干问题的解释》，法释〔2013〕10 号。

年人、残疾人、老年人或者丧失劳动能力人索贿达一万元以上的”属于“其他较重情节”。

四、结　语

尽管在风险刑法、功能主义刑法思潮下行为人刑法亦存在合理性,但是现代刑法以行为刑法为基本立场这一点并未动摇,“犯罪是行为”依旧是认定犯罪的底层逻辑。在此基本框架下,《贪贿解释》以人身危险性要素这类“行为外内容”充当受贿罪成立定量条件,必然会引起重复评价、间接处罚、与累犯制度不相协调等一系列问题。是故,《贪贿解释》的做法或许照顾到了高压反腐的刑事政策,但却使贯彻刑事政策与推进刑事法治对立了起来。

反思这种现象,固然司法解释的制定者存在认识误区,但是学术研究也未能提供清晰可靠的理论指引。无论是“衡量社会危害性的综合标准”这一传统权威观点,还是罪量要素说、客观处罚条件说,均无法在理论上充分维护行为刑法。受贿罪“其他较重情节”作为对受贿罪部分罪状的概括性规定,在司法适用时需要通过解释对其加以具体化。

因此,“其他较重情节”具体内容的选定必须遵循刑法解释的基本原理和方法。通过文理解释和目的解释,能够肯定其体系定位是不法构成要件要素且承担表征不法加重的功能。据此,人身危险性要素等不法无关内容自然不属于受贿罪“其他较重情节”。同时,在实质违法性提出后,不法不再是单纯的规范违反,而是对利益或法益的侵害。通过合理解释既有规定、具体化叙明罪状中的程度性概念、考虑被害人生活质量受损状况等方法,能够找到表征不法加重的非数额情节,如“国家机关工作人员中的领导干部受贿”“向未成年人、残疾人、老年人或者丧失劳动能力人索贿”等。降低这些受贿行为入罪的数额门槛,既契合高压反腐的刑事政策,也合乎刑事法治原则。

《海商法》海上货物运输诉讼时效的适用及反思

——湖北外运诉武汉中远货物运输合同纠纷案评释

潘億佳*

摘要：

现行法律规定下，国内多式运输合同并非《海商法》的调整对象，因此无法适用其所特别规定的1年诉讼时效及90日的追偿时效。由于一般法缺乏对追偿时效的规定，故对此追偿行为只能参考民法2年（3年）普通诉讼时效予以计算。时效适用上的繁杂与缺陷根源于我国“双轨制”下水路运输“三分制”的现状，应当通过将沿海、内河单式运输纳入《海商法》予以调整改进。追偿时效在起算点规定上存在错误，因此，应当删除相关具文并修改起算点，从而推进我国海商、海事方面的现代化治理。

关键词：

诉讼时效；追偿时效；《海商法》修改；双轨制；法律适用

《海商法》的生效实施，于海运及相关经济发展具有里程碑式的意义。[1]但囿于时代的局限性，《海商法》在起草时，考虑到国际海上货物运输同沿海、内河货物运输之间存在较大差异，且难以协调，[2]因此将后者排除于《海商法》第4章适用之外，并在诸多条文的适用主体上予以明确的限制。这种国际海上、国内水路货物运输“双轨制”的法律调整模式，[3]在《海商法》出台之初，或许符合

---

* 北京大学法学院2021级硕士研究生。

〔1〕 参见胡正良：《〈海商法〉海上货物运输合同起草中焦点问题的回顾》，载《中国远洋航务公告》2003年第7期。

〔2〕 参见司玉琢、胡正良：《我国〈海商法〉修改的必要性》，载司玉琢主编：《中国海商法年刊》第13卷，大连海事出版社2002年版。

〔3〕 参见张文广：《中国海商法学发展评价》，载《国际法研究》2015年第4期。

我国当时的经济状况,然时至今日,这套所谓"双管齐下"的运作模式早已有捉襟见肘之感,迭生了各种疑难问题,譬如此中的诉讼时效规定也因"双轨制"体例下的部分趋同而产生适用上的困惑——各类不同的单式运输及多式联运在依据上是否有异?由于海事诉讼时效制度是《海商法》同一般民法规定最为密切相关的内容之一,[4]因而二者之间应当如何衔接,须斟酌再三。

鉴于此,本文拟选取历经三级三审的中外运湖北有限责任公司、武汉中远海运集装箱运输有限公司海上、通海水域货物运输合同纠纷案(以下简称湖北外运诉武汉中远货物运输合同纠纷案)作为分析对象。[5] 在研究进路上,本文先从本案的基本案情中切分出核心问题,而后结合《海商法》及其他民法规范加以评析,并挖掘疑难"病灶"所在。本文试图论证说明国内多式联运合同在《海商法》中的适用问题,并就本案争论所在的诉讼时效及追偿时效的相关问题予以阐明。此外,在"一带一路"倡议及"长江经济带"发展规划背景的推动之下,与水运相关的贸易,必将成为我国未来经济发展的重头戏。而原有的制度存在某些缺憾,为避免挂一漏万的窘境,在我国《海商法》行将修改以及《民法典》新时代到来之际,本文亦意图为使《海商法》的调整范围及追偿时效的规定臻于完善而提出相关的立法建议,以促使《海商法》在适用上的与时俱进,从而完善治理的现代化。

一、案例梳理与问题整理

(一)基本案情和法院观点

原告湖北外运与凌云公司于2013年10月1日签订《内贸集装箱水路货物运输合同》,凌云公司委托湖北外运运输指定货物由凌云公司至海南海口。同年11月12日,凌云公司货交湖北外运,后者经陆路运输至武汉阳逻港,湖

---

[4] 参见胡正良、孙思琪:《论〈民法总则〉对〈海商法〉修改之影响》,载《中国海商法研究》2018年第1期。

[5] 参见中外运湖北有限责任公司、武汉中远海运集装箱运输有限公司海上、通海水域货物运输合同纠纷案,最高人民法院(2018)最高法民再457号民事判决书。本文中,湖北外运指中外运湖北有限责任公司,凌云公司指凌云科技集团有限公司,武汉中远指武汉中远海运集装箱运输有限公司,泛亚公司指上海泛亚航运有限公司,新大陆公司指深圳市新大陆国际物流有限公司,武汉人保指中国人民财产保险股份有限公司武汉市直属营业部。

北外运遂委托被告武汉中远装箱订舱及全程运输。2013 年 11 月 27 日及 29 日，武汉中远组织泛亚公司通过船舶两次运输 2 个集装箱至深圳蛇口港；2013 年 12 月 2 日，又组织新大陆公司以拖车运输货物至海口；然 12 月 4 日，新大陆公司运输案涉集装箱的拖车于运输途中在海口当地与限高架碰撞，致货物一角洞穿集装箱地板。12 月 5 日，货抵海口项目部，凌云公司卸货开箱发现货损。经武汉人保委托查勘定损，货损原因系车辆颠簸致货物碰撞、挤压，但不排除水路运输、水陆转运环节所致损失，事故属保险责任。2014 年 4 月 28 日，武汉人保向凌云公司赔付 129,587.45 元，取得代位求偿权。2016 年 12 月 3 日，武汉海事法院判决湖北外运向武汉人保赔偿理赔款 129,587.45 元及利息，嗣后双方调解。2017 年 6 月 1 日湖北外运向武汉人保赔付 12 万元(系调解后赔偿额)，后于 2017 年 9 月 26 日将武汉中远诉至一审法院，要求武汉中远支付货物损失 12 万元及利息。基于前述，提取与本案原被告争议相关的时间点如图 1 所示：

图 1　与本案争议相关的重点时间点

一审武汉海事法院认为本案涉国内港口间货运合同纠纷，应适用《民法通则》(现已失效)2 年普通时效规定而非《海商法》第 257 条；二审湖北高级人民法院认为本案系海上、通海水域货物运输合同纠纷，属海事海商案件，应适用《海商法》的特别规定。湖北外运不服二审判决，以湖北高级人民法院法律适用错误为由向最高人民法院申请再审。

(二)最高人民法院判决思路

最高人民法院再审撤销了二审法院的判决，维持了一审法院的判决，其判决思路如下：

1. 本案双方系多式联运合同当事人而非代理关系,且货损原因无法查明,故本案应适用《合同法》(现已失效)第321条及《海商法》第2条第2款,本案不能适用《海商法》第4章"海上货物运输合同"的规定,应按《合同法》第17章"运输合同"的规定确定损害赔偿责任。

2.《海商法》第2条第2款、第257条及《沿海、内河时效批复》仅规定了在海上、沿海、内河货物运输中,[6]托运人与承运人赔偿请求权的诉讼时效为1年,而本案是包含了内河运输、沿海运输与陆路运输的多式联运,已超出《海商法》的调整范围,故不得适用之,而应以原《民法通则》的普通时效规定拘束之。[7]

3. 湖北外运于2017年6月1日向武汉人保赔付,该日之于湖北外运而言,应当视为已知自身权利受到损害之日,故应以之作为时效起算点。故湖北外运于2017年9月26日向一审法院起诉仍在诉讼时效期间之内。

是故,在适用原《民法通则》的时效规定的情况下,被告武汉中远应当向原告湖北外运履行债之清偿的义务。

由此可见,最高人民法院认为不含国际海上货物运输的这一国内多式联运合同与《海商法》的规定存在出入,因而无法适用《海商法》的规定,只能弃特殊而采一般,以原《民法通则》为解决之道。然而在法律关系的认定上,最高人民法院仅仅将原被告之间的关系视为多式联运经营人和区段承运人的关系,似乎有所缺失:一方面,原告湖北外运作为缔约人与货方凌云公司缔结的是国内多式联运合同,在该合同中,凌云公司为托运人,湖北外运为多式联运经营人,而武汉中远则为合同之外的"大区段承运人";另一方面,湖北外运接收凌云公司货物后,将其委托给武汉中远运输,双方订立的亦为国内多式联运合同,其中湖

---

〔6〕《沿海、内河时效批复》指最高人民法院《关于如何确定沿海、内河货物运输赔偿请求权时效期间问题的批复》,法释〔2001〕18号,2001年5月24日发布。除此之外,最高人民法院在其他文件中也对沿海、内河货物运输赔偿请求权适用1年时效规定表明过相同态度。参见最高人民法院《关于津龙翔(天津)国际贸易公司与南京扬洋化工运贸公司、天津天龙液体化工储运公司沿海货物运输合同货损赔偿纠纷一案请示的复函》,〔2001〕民四他字第7号,2001年8月10日发布;参见最高人民法院《关于青岛口岸船务公司与青岛运通船务公司水路货物运输合同纠纷一案中赔偿请求权诉讼时效期间如何计算的请示的复函》,〔2002〕民四他字第13号,2002年6月25日发布。

〔7〕判决书中另有注明,因原告起诉时《民法总则》(现已失效)尚未施行,故本案中于其3年诉讼时效权且不予适用。

北外运为托运人,而武汉中远则为多式联运经营人,泛亚公司及新大陆公司则为合同之外的“小区段承运人”。[8] 简言之,本案相当于一个大多式联运合同内嵌另一小多式联运合同。因此,原被告之间除了多式联运经营人与区段承运人的关系外,同时也应当是托运人与多式联运经营人的关系。前述两类合同中实际的法律关系应如图 2 所示:

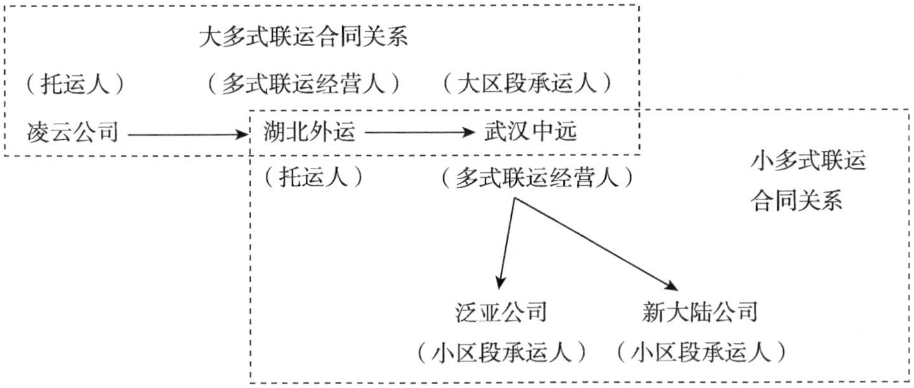

图 2 案涉大、小多式联运合同法律关系示意

(三)问题整理

本案的争议点在于相对货方而言的多式联运经营人对外(货方)赔偿后,向最终责任人也即大区段承运人追偿的问题。而其关键在于,当案涉的多式联运仅包含内河、沿海水路运输及陆路运输,而并无国际海上运输区段时,在货损原因不能查明的情况下,多式联运经营人先行赔付后向区段承运人追偿时,后者能否依照《海商法》第 257 条的相关规定,主张 1 年诉讼时效及 90 日追偿时效抗辩以实现其追偿权?

以最高人民法院的裁判理由为根据,由该案中可整理出下述两个问题:

第一,不包含国际海上运输的国内多式联运合同能否适用我国《海商法》的相关规定?

第二,原告起诉时是否业已超出法律规定的诉讼时效?

与此相关,如若本文之于案件的分析仅仅停留在对上述两个具体问题的一一解答上的话,不免流于表面,见之未深。对本案背后原理的剖析,尚需透过树

---

[8] 需说明的是,“大区段承运人”及“小区段承运人”并非《海商法》中已有的法律概念,系笔者为方便论述而使用。具体至本案而言,此“大”“小”之差在于依各自合同所产生的负有运输义务的运程长短上的不同,也即实际上存在委托和转委托的关系。

木以见森林。易言之,由上述纷争归纳可知,我国现行《海商法》第257条及《沿海、内河时效批复》中1年诉讼时效与90日追偿时效的规定是否能同等适用于包含国内水路货物运输在内的多式联运合同,即关乎此特别时效的适用边界问题,才是本案所应再加思虑之处。

二、本案诉讼时效适用与《海商法》特别诉讼时效制度反思

(一)本案争议问题之分析及结论

1.关于国内多式联运合同能否适用《海商法》的问题

追根溯源,本案争议的发生缘由在于我国对水路货物运输合同采用"双轨制"的调整模式——依照现行《海商法》第2条以及《国内水路货物运输指导意见》第1条的规定,[9]国际海上货物运输主要适用《海商法》第4章,辅之以其他民法一般性规定,而沿海、内河货物运输等国内水路货物运输则运用原《合同法》、原《民法通则》、原《民法总则》及《国内水路货物运输指导意见》等一般民法调整。另者,再如游离于水路运输之外的其他货物运输关系,除各自领域中的特别法调整外,在未予规定的情况下,在司法实践中通常也适用于一般的民法规定。

对于沿海、内河货运能否适用《海商法》的问题,学界与司法实践中素有争议。赞同适用的观点认为,既然航运技术的趋精已经逐渐消弭了国际海上运输同沿海、内河运输之间的风险差异,因而,从风险与回报的价值来看,昔者根据风险大小"重外海、轻内水"的区别对待方式已经丧失了合理根基。另外,从经济现实来看,近年我国国内水路运输迅速崛起,跃居主要运输方式,具有重大发展潜力,[10]在促进"中国海上运输和经济贸易"中同样发挥着重要作用。[11] 鉴于此,沿海、内河运输应当被归入特殊的国内水运之范畴,与国际海运共同受《海商法》调整。

本案中的二审法院即为上述赞同派的拥趸。其在判决书中直截了当地表

---

〔9〕《国内水路货物运输指导意见》指最高人民法院《关于国内水路货物运输纠纷案件法律问题的指导意见》,法发〔2012〕28号,2012年12月24日发布。

〔10〕参见黄晶:《我国〈海商法〉对国内水路货物运输的适用》,载《上海海事大学学报》2018年第1期。

〔11〕参见侯伟:《关于将内河货物运输纳入〈海商法〉调整范围的立法建议》,载《中国海商法研究》2017年第3期。

明"本案为海上、通海水域货物运输合同纠纷,属于海事海商案件",[12]虽说理稍显粗糙,但也不免合乎情理。毕竟,抛开现状不谈,单从对条文的文义解释来看,《海商法》第2条仅仅限制了国内水路货物运输对《海商法》第4章的适用,而非一股脑地将其排除于整部《海商法》之外。具言之,譬如时效规定在该法第13章,严格按照文义来看,即便不做扩张解释,本案中内河与沿海的货物运输也仍有周旋之余地。关于此,最高人民法院民事审判第四庭所发布的《涉外商事海事审判实务问题解答(一)》第167条也明确答复"可适用该法其他章节的规定"。因而,本案中的国内多式联运合同,虽然不包含国际海上运输区段,但是其确乎同时具备沿海及内河运输的事实。因此,单以其未在海上进行运输为由便将本案完全排除于《海商法》的调整范围之外,似乎难以令人信服。

然需注意的是,《海商法》条文体系的特殊性在于,《海商法》所指向的多式联运合同是狭义上的多式联运合同。[13] 细言之,《海商法》第4章所指多式联运系指限定组合的包含国际海运航段的多式联运,[14]这是立法者基于《海商法》整体架构而做出的特殊限制。[15] 而本案的特殊性则在于其完全无涉国际货运,因而其从概念本身就不符合《海商法》的基本要求。换言之,本案所涉合同确乎是包含水运程段的多式联运合同,但其仅仅是原《合同法》中的广义的多式联运合同中的一种,这种运输方式不具备成为《海商法》调整对象的特殊性。

但无论如何,一言以概之,就我国现行《海商法》的规定而言,在货损缘由不清晰的前提下,本案中的国内多式联运合同显然难以适用其中的特殊规定。自然,这样的一种立法现状,加之原《国内水路货物运输规则》的废止,直接导致了目前国内多式联运合同在纠纷发生时无法可循的困境,有亟待解决之必要。

2. 关于本案的时效问题

本案系多式联运经营人向保险公司先行赔付后,转由向特定区段的实际承

---

[12] 参见湖北省高级人民法院民事判决书,(2018)鄂民终第263号。

[13] 所谓"狭义意义上的多式联运",即指依《海商法》第102条规定,运输方式为两种以上且其中一种必须是海上运输方式的组合运输模式。基于此,下文所述"广义意义上的多式联运"则指运输方式为任意不限定种类的两种以上的组合运输模式。

[14] 参见周灵、刘水林:《"一带一路"背景下我国国际多式联运责任制度的完善》,载《上海财经大学学报》2019年第5期。

[15] 参见杨运涛:《为构建现代化的多式联运立法体系贡献智慧》,载《中国远洋海运》2019年第12期。

运人追偿所生之争讼。湖北外运系与凌云公司订立货运合同的当事人,系承运人,而在该合同中,根据债之相对性,武汉中远系合同之外的第三人。承运人向第三人提起的追偿之诉,本质上即为损害赔偿之诉,[16]也即以恢复或填补他人所受伤害为标的之债。[17] 从案情上来看,本案同时涉及追偿时效的运用问题。

我国《海商法》第257条规定了1年的诉讼时效期间以及90日的追偿期间,但须明确的是,诉讼时效同追偿时效虽存在相似性,但二者亦有不同。诉讼时效是案件当事人向司法机关起诉的有效期限,[18]是法律所赋予的一种法定权利与抗辩,[19]而追偿时效,顾名思义,则是指赔偿责任人在履行赔偿责任后,若不在法定期间内通过诉讼抑或仲裁向其他责任人追偿,则其将丧失法律强制力保护的期间。

(1)本案诉讼时效的适用问题

依前文所述,本案所涉之国内多式联运合同并非《海商法》中载明的可予调整的客体,因此,从理论上而言,其也难以适用《海商法》第257条所规定的时效期间。但是否能够认为《沿海、内河时效批复》的补充性规定,系另辟蹊径,为本案适用《海商法》的时效规定提供了可能性?笔者认为,就本案而言,答案应当是否定的。

综观《海商法》第257条、《沿海、内河时效批复》以及其他复函的表述便能看出,最高人民法院所支持的在内河、沿海货物运输中适用1年诉讼时效的情形,仅仅限于承运人与托运人之间的货运合同纠纷。换言之,沿海、内河货物运输所生纠纷要适用《海商法》的特殊时效规定,须满足以下两个要素:

其一,纠纷案由须为沿海、内河货运行为纠纷,请求权基础应为基于运输行为所生契约之债的请求权。而包括侵权在内的其他请求权基础,并不能成为适用1年诉讼时效的缘由。[20] 如最高人民法院认为,当请求权存在竞合时,当事

---

〔16〕 参见李辉滨、赵爱丽:《论海商法追偿时效期间第二个起算点的完善》,载《中国律师2004年海商法研讨会暨中华全国律师协会海商海事专业委员会年会论文集》,第163~168页。

〔17〕 参见史尚宽:《债法总论》,中国政法大学出版社2000年版,第287页。

〔18〕 参见杨剑波:《财产保险中常见的几种时效》,载《保险研究》1994年第5期。

〔19〕 参见王晋卿、王伟:《评承运人的请求权时效》,载司玉琢主编:《中国海商法年刊》第10卷,大连海事出版社1999年版。

〔20〕 参见杨召南:《海上货物运输"一年时效"规定的探讨》,载司玉琢主编:《中国海商法年刊》第7卷,大连海事出版社1996年版。

人于一审中主张侵权之诉或合同之诉的，二审不得变更诉请，亦不得以一审未予主张的请求权来确认时效。[21] 由此可知，纵使纠纷都系海商、海事案件，但请求权不同，在时效的适用上亦存在些许差异，也即并非所有与沿海、内河货物运输合同相关的请求权均被涵摄在内。

其二，案涉诉讼当事人必须在承运人与托运人、收货人或提单持有人之间，无涉其他当事人。若严格依照文义解释来看，《海商法》第 257 条规定的 1 年诉讼时效所规制的，是因国际海上货物运输所导致的赔偿问题，因而承运人的相对方应当为对货物有用益或者与承运人订立托运合同的当事人。而根据《沿海、内河时效批复》和《无正本提单交货若干规定》，[22] 托运人、收货人以及提单持有人这三类主体向承运人的索赔请求适用 1 年的诉讼时效。在此基础上，《承运人赔偿请求权时效批复》[23] 增加了承运人反过来向该三类主体追偿的时效适用情形，使得 1 年诉讼时效的规定由单向适用转为双向适用。但尽管适用主体范畴得以延伸，适用情形依旧是有限并可得穷举的。

当然，对于《沿海、内河时效批复》的规定，仍余些许疑虑：这一批复中的沿海、内河运输是仅指单式运输，还是指包含沿海、内河运输在内的国内多式联运？显然，对于这一概念的不同解释，在本案的法律适用上许有天壤之别。因为《海商法》第 4 章所指向的多式联运，虽然仅指狭义的多式联运，但其显然不排除包含内河、沿海甚至陆运等在内的国际多式联运的情形。因此，若以其为参照进行类比，单从文义解释来看，似乎认为《沿海、内河时效批复》所指向的应为包含内河、沿海货物运输在内的国内多式联运合同的观点亦无可指摘之处。最高人民法院在判决中对此寡于说明，显然是论证的不充分之处。就此问题，笔者认为，原《合同法》在第 17 章第 3 节与第 4 节并列规定了货运合同与多式联运合同，而《海商法》则是在第 4 章海上货物运输合同中包含性地对多式联运合同进行规定，从体系结构来看两者存在巨大差别。而这

---

〔21〕 参见最高人民法院《关于津龙翔(天津)国际贸易公司与南京扬洋化工运贸公司、天津天龙液体化工储运公司沿海货物运输合同货损赔偿纠纷一案请示的复函》,〔2001〕民四他字第 7 号,2001 年 8 月 10 日发布,第 2 条。

〔22〕 《无正本提单交货若干规定》指最高人民法院《关于审理无正本提单交付货物案件适用法律若干问题的规定》,法释〔2009〕1 号,2009 年 2 月 26 日发布。

〔23〕 《承运人赔偿请求权时效批复》指最高人民法院《关于承运人就海上货物运输向托运人、收货人或提单持有人要求赔偿的请求权时效期间的批复》,法释〔1997〕3 号,1997 年 8 月 5 日发布。

样的立法架构同时也表明,《海商法》具有调整上的特殊性,在这一点上,其与国内多式联运相区别。此外,《沿海、内河时效批复》仅是针对法律实践中沿海、内河的单式运输纠纷发布的。考虑到我国素来对国内水运是否应当并入《海商法》一道调整的意见慎之又慎,因而若从限制性的立法目的解释的角度出发,应当认为《沿海、内河时效批复》所指向的是单纯的单式运输,而非包含国内多式联运在内。

是故,就本案而言,虽然原被告之间是托运人与承运人的关系,并且所涉纠纷系因货运合同而生之纠纷,但原告诉的利益并非因为原被告之间的合同产生,而是因为湖北外运赔偿武汉人保的行为,使得武汉中远由此受益。细言之,对于凌云公司而言,武汉中远在运输中的财产侵权,是其向湖北外运主张违约之诉或侵权之诉的依据。而湖北外运向武汉人保的赔付行为,则导致终局责任人武汉中远暂时免遭非难与财产的赔付。因此,武汉中远同湖北外运之间是民法中的不真正连带关系,本案亦即为不真正连带债务人对外清偿后内部的追偿问题,究其性质而言,冠之以货物运输行为所生之纠纷,不免失之偏颇。一言以蔽之,本案不符合1年诉讼时效适用的基本要件,故即便存在《沿海、内河时效批复》的规定,也无用武之地。

(2)本案追偿时效的适用问题

追偿时效系特别诉讼时效。[24] 从《海商法》第257条的条文表述来看,追偿时效的适用情形为"被认定为负有责任的人"向"第三人"提起追偿请求。因而,若案涉当事人系承运人、托运人、收货人抑或提单持有人中的任一种,则在其赔偿非因本人直接过失所造成的损失时,其向第三人予以追索可得适用90日的规定。因此,从条文规定的整体性出发,90日的追偿时效应当在满足前半款的前提下,方可适用。加之《沿海、内河时效批复》等文件中仅仅规定了承运人同货主之间1年诉讼时效适用的内容,而并未对追偿时效是否也可得类推适用做出说明。虽民法并不反对类推,但考虑到《海商法》对具体海事请求权的时效规定是基于体系性、海上特殊风险性及海商争议技术性的考虑,因此不宜对此任意作类推或目的性解释。[25] 所以,本案所涉的国内多式联运合同因不具备适用《海商法》第257条的要素,而无法以特别的追偿时效规范之。

---

〔24〕 参见付俊洋:《论海商法的追偿时效》,载司玉琢主编:《中国海商法年刊》第10卷,大连海事出版社1999年版。

〔25〕 参见吴胜顺:《〈民法总则〉对海商法诉讼时效制度的影响与协调》,载《中国海商法研究》2018年第1期。

在特别法不能调整的情况下，只能转求民法上的一般性规定。当然，或有学者认为即便对《海商法》应当规定但未有规定的海事诉讼领域的争议，也不宜直接适用民法的一般性规定，[26] 否则会有违《海商法》的自体性。[27] 但笔者认为，《海商法》的自体性固然需要捍卫，但《海商法》现行体系中的缺漏也不可忽视。依照现行体例及时定分止争，才是法律存在的意义。自体性的维护，是立法修缮时所需厘清的问题，但争讼的尘埃落定，则是法律人依照解释论所需当即直面的问题。鉴于此，在当时的诉讼环境下，适用民法的一般规定是唯一出路。但其时我国原《民法通则》中仅规定了 2 年的诉讼时效，并未规定追偿时效的内容。即便是嗣后出台的原《民法总则》，对追偿时效也未有提及。因而，就本案而言，似乎武汉中远同湖北外运之间的法律关系，只能大而化之地适用 2 年的追偿时效。故若以原《民法通则》第 135 条为进路，则湖北外运向武汉人保履行赔偿义务之日，也即 2017 年 6 月 1 日，即为"应当知道权利被侵害"的起算日。故在湖北外运起诉之时，仍未过诉讼时效。

需肯定的是，因原《民法通则》及后续取代之的原《民法总则》未对追偿时效进行相应规定而不得不退而用诸 2 年时效的做法，确乎有违诉讼公平。因为 90 日的追偿时效本身就是为了敦促责任人及时行使追偿权，但因为《海商法》在适用范围上的狭窄导致本案中武汉中远无法以湖北外运的诉求已罹于诉讼时效为由主张抗辩，由是致使其相应处于一个不利的诉讼地位，此结果不免失之偏颇。

（二）水路货物运输诉讼时效"三分制"之现状与反思

1. 现行诉讼时效"三分制"体例之概述

由本文对诉讼时效适用问题的分析可知，归根结底，本案缘起于国际海上运输货物合同与国内水路货物运输合同实体"双轨制"体例下诉讼时效的部分趋同而引发的三级法院的两种不同观点。而这一看似简单的法律争议点却出现两种背道而驰的观点，恰恰暴露出我国在诉讼时效立法上所存在的漏洞。我国既然在水路货物运输上采以"双轨制"的做法，相应地，对与之相配套的法律规定也应当一并予以平行规定。但在这方面，我国目前的立法显然是短缺的。即使最高人民法院通过发布包括《沿海、内河时效批复》在内的文件对诉讼时效的实践适用进行"补丁"，但此毕竟非长远之计，对于法律关系复杂且特殊的案

---

〔26〕 参见郭瑜：《海商法的精神——中国的实践和理论》，北京大学出版社 2005 年版，第 89 页。

〔27〕 参见向明华：《民事诉讼时效规则并入海事诉讼法律问题研究》，载广州市法学会编：《法治论坛》第 54 辑，中国法制出版社 2019 年版。

件,难免左支右绌。

现阶段,就现有的法律及规定来看,国际海上与沿海、内河"双轨制"的运作方式在诉讼时效及追偿时效的适用上体现出"三分制"的特点,具体如表1所示:

表1 "双轨制"下的诉讼时效、追偿时效

运输种类	诉讼时效	追偿时效
国际海上货物运输合同(包括国际多式联运合同)	1年特别规定	90日特别规定
沿海、内河单式运输合同	1年特别规定	普通民事诉讼时效
包含沿海、内河的国内多式联运合同及其他国内水路货物运输合同	普通民事诉讼时效	普通民事诉讼时效

2. 根源——"双轨制"去留之思

货物运输的"双轨"或"单轨"运作是诉讼时效适用与修正的前提,划清适用与不适用《海商法》的情形,亦有利于当事人明确与其相适应的诉讼时效规定,从而在后续诉讼中采用符合自身最大利益的诉讼策略。《海商法》适用范围的严苛与逼仄,是"双轨制"及"三分制"产生的根源所在。交通运输部在2020年年初报送国务院的修改送审稿〔28〕中虽然并未修改《海商法》第2条"海上运输"的概念范畴,但却在第4章中新增了"国内水路货物运输合同"作为第7节,同时也将原先章名"国际海上货物运输合同"中的"国际"二字删去,从表面上来看似乎已经决意构建将沿海、内河货物运输并入《海商法》一同调整的体系。〔29〕但实际上,在交通运输部一并提交的起草说明中即可知,因为沿海货物运输已大幅缩减了同国际货物运输的差异,故而可以"悦纳";相反,内河运输由于单独立法短期内难以实行且《民法典》亦疏于对其作具体规定,加之内河同沿海素来共用一套规则的历史事实,故而不得不一并被纳入《海商法》中。换言之,立法者实则尚未跳出《海商法》的调整对象须与"海"相关的思想桎梏,只是碍于实践需要而做出让步。也正因如此,修改送审稿第119条才会采以列举式的方法明确

〔28〕 修改送审稿指交通运输部《关于提请审议〈中华人民共和国海商法(修改送审稿)〉的请示》,交法发〔2020〕10号,2020年1月7日提交。

〔29〕 须注明的是,此前2018年11月公布的《海商法》修订征求意见稿中将第2条"海上运输"的范围扩展至"海上或者与海相通可航水域"的空间范围,但在修改送审稿中又保留了原《海商法》的条文。从这一点上也可以印证立法者对国内水路货物运输仍然谨慎,因而避免在总则中采用可能扩大其适用的表述。

国内水路货物运输可以适用的《海商法》条文，而无一例外地，这些条文被拘于第4章的界限内。

另者，修改送审稿第132条已明确多式联运合同可得适用该送审稿第315条的1年诉讼时效，也即与国际海上、国内水路相同，因而从表面上来看似乎已然补缺，然而吊诡的是，第132条对时效适用采以与该送审稿第131条同步的网状责任制的做法，故从结果上来看亦无可避免地导致多式联运诉讼时效的适用因货损区段不同而分裂，即在多式联运合同中，货损发生于海运区段或水路区段以及不明区段（修正网状责任制推定其发生于海运区段）的适用《海商法》1年的诉讼时效，而发生于其他区段的则适用普通民事诉讼时效。笔者认为，这样的规定，就《海商法》而言，不利于其在体系上的一致性。

故而笔者认为，修改送审稿的规定对于类如本案的国内多式联运时效问题的解决，难免劳而无功。时效制度的完善之于《海商法》与《海事诉讼特别程序法》的意义直接表征为对海商事案件的法律适用之上，对此无需赘言；此外，这一制度的完善实际上也有利于襄助《民法典》构建更为系统和逻辑自洽的时效制度体例。有鉴于此，笔者以为，既然现下《民法典》施行未久，暂无修订的契机，而《海商法》则正值修改之际，故而可以先对后者入手，对其可做如下完善：对内河单式运输应当准允入法，并扩大其适用空间；对组成复杂的国内多式联运与除沿海、内河之外的其他国内水路单式运输则可姑且不予入法。

如此规定的合理性在于，首先，究本究源，包括追偿时效在内的诉讼时效在水路运输实践中的适用难题缘于“双轨制”所带来的时效制度“三分”。而在此之中，最为诡怪的即是“一只脚”踏在《海商法》特别1年诉讼时效规定中，而另“一只脚”则陷在原《民法通则》2年（《民法典》为3年）普通民事诉讼时效规定中的沿海、内河单式运输。因而，将内河单式运输一并纳入《海商法》，至少能使得“三分制”转为“两分制”，并与“双轨制”在结构上重合，直观地降低因“双轨”“三分”产生的零乱感。其次，从责任承担形式上来看，内河单式运输在货损发生时所依据的是内河区段的约定或法定赔偿标准，无出其外，单一而准确。即便不能适用国际海上货运的免责事由，也不会影响赔偿与追偿问题。但包含沿海、内河运输的国内多式联运合同在货损区段不明时，若机械单一地类推适用国际多式联运的修正网状责任制模式，显然有悖常理，对托运人不利。因而其在责任承担上，最终需转回原《合同法》以溯求解决之径。显见，与其如此增加法律适用的负累，倒不如一开始就将其摒除在《海商法》之外。最后，因《沿海、内河时效批复》等法律文件已经为沿海、内河单式运输借用《海商法》的诉讼时效规定做了一定的铺垫，所以，即便沿海、内河单式运输扩张适用追偿时效的特别规定,在司法实践中也不会产生突兀的感觉。反之,若将国内多式联运合同及其他国内水路单式运输合同贸然一并纳入《海商法》,难保法院及其他海商、海事当事人不会产生措手不及之感。须知"合抱之木,生于毫末",操之过急、一蹴而就的立法态势显非便宜之举。

综上所言,笔者认为,纵然"双轨制"在短期内并不会被消除,但对其做适度的变更则是必要的,即以国际海上、沿海、内河单式运输与国际多式联运为一轨,而以包含沿海、内河运输在内的国内多式联运以及除沿海、内河之外的其他国内水路单式运输为另一轨。示意图如图3所示:

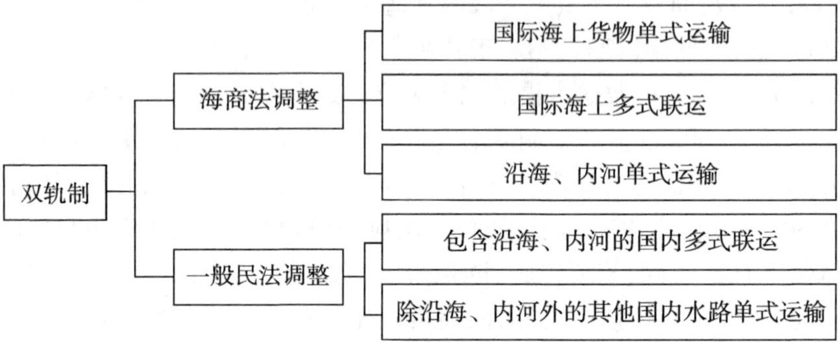

图3　经调整的双轨制示意

三、延伸讨论:《海商法》海上货物运输追偿时效的适用机理及完善

如前所述,追偿时效非同于诉讼时效,而本案的源生及纷争点,无非是《海商法》第257条规定的追偿时效得否在包含沿海、内河运输的国内多式联运合同中予以适用的疑问而已。如若法律对因国际海上及国内水路运输合同行为所生纠纷在时效上予以清晰了然的厘定,本案及与之相关的案件,便不会再存在含混不明、各执一词的情形,当事人亦可结合实际情况选择最有利于自身的诉讼策略。由是可知,我国在追偿时效上立法技术的不足,定然会在实践中因此而衍生争议。鉴于此,笔者意图在下文对追偿时效的相关规定再延伸探讨一二。

(一)追偿时效的立法来源与立法价值

我国对于追偿时效的规定,来自1968年《海牙-维斯比规则》修正书中的第1条第3款,以及1978年《汉堡规则》的第20条第5款,显然,我国将其写入

《海商法》中的初衷，是基于对追偿人的合理时效的保护。[30] 追偿权在民商事法律关系中并不罕见，而在海商海事活动中，由于所涉及的主体往往众多，捋清各个主体之间的法律关系便显得吃力。因此，受损方往往会直接以合同违约为由向相对方主张赔偿。此时，追偿的意义就在于原责任人本应承担的责任可以由此合法转嫁给直接损失的责任人。[31] 此外，《海商法》对于追偿时效的规定也是对前半款诉讼时效在起算上采用客观标准的一种补足。原《民法通则》第137条及其后的原《民法总则》、《民法典》第188条均采用"知道或者应当知道"权利受害的主观标准，而《海商法》对于诉讼时效则采用了"交付或者应当交付货物"的客观标准，因而，若不对其作补充性的规定，可能会导致追偿人因交付的客观行为而产生追偿上的不利。所以，"追偿时效至少是在一般时效基础上的加长时效，绝不是缩短已有的一般时效"，[32] 其意义恰在于为先行清偿的责任人提供了额外的时效富余，使其在谨慎稳妥处理完与求偿方的纠纷后，再向"始作俑者"予以问责。

（二）我国追偿时效规定的现存缺陷

在《海商法》出台之前，我国未有任何一部法律规定过类若《海商法》第257条的90日的短期追偿时效。《海商法》对于追偿时效的规定确乎存在重要意义。但无可否认的是，尽管我国吸纳国际法上通行惯例的做法是与国际接轨的明智抉择，但随着时代的发展及货运模式的复杂化，我国对于时效的规定早已显得滞后。这在诸多方面都可得体现。

首先，理论上，在正常情况下，当海事诉讼时效制度无法自足时，必须辅以相应的民事诉讼时效规定。[33] 但我国一直未曾在任何一部足以对整个民法体系起统摄作用的法律中，正式地对追偿时效进行系统性的规定。而这亦是本文所涉案例所陷入的啼笑皆非的困境——一方面，由于案涉国内多式联运合同及双方的身份不符合《海商法》追偿时效的适用前提，因故不得不转头求

---

[30] 参见邹涛、季雅林：《论〈海商法〉第257条的立法不足及修改建议》，载《天津航海》2005年第4期。

[31] 参见倪学伟：《对〈海商法〉第257条追偿时效的思考》，载《珠江水运》2006年第10期。

[32] 参见朱清：《对〈海商法〉第257条追偿时效的修改建议》，载司玉琢主编：《中国海商法年刊》第13卷，大连海事出版社2002年版。

[33] 参见向明华：《中国海事诉讼时效制度的国际接轨与本土化的冲突及其解决》，载《政治与法律》2019年第9期。

之于原《民法通则》的一般规定;而另一方面,原《民法通则》仅仅对诉讼时效予以宽泛的规定,而对与诉讼时效存在差异的追偿时效的适用则未有定论,导致本案实际陷入无法可依的窘状,最终不得不退而求其次,以2年的时效予以适用。而90日的追偿时效同2年的诉讼时效之间,显见存在鸿沟。

其次,原《民法总则》中对诉讼时效的修改,实际上已经与《海商法》中的规定产生了冲突。原《民法通则》第141条“法律对诉讼时效另有规定的,依照法律规定”的规定,原《民法总则》已对此进行剔除,仅仅保留了时效起算方式有另外规定的适用优先性。而这一变更意味着,允许其他法律另设特别时效及时效中止、中断、延长等机制已被禁止运用。[34] 由此,对特殊时效进行规定的《海商法》,似乎与原《民法总则》相抵触。当然,此间亦存在“上位法优先于下位法”“特别法优先于普通法”“新法优先于旧法”这三个原则中何者为先的争论。在不同原则的适用下,原《民法总则》这一变更所带来的影响效果似乎不同,但无论如何,不可否认的是,这一变化势必迫使《海商法》领域对此进行解释,以达成二者之间的相互协调。[35]

最后,从《海商法》自身来看,第257条这一条文在表述上就存在龃龉之处。现行《海商法》规定,追偿时效的起算点为“时效期间内或者时效期间届满后”,其中,“时效期间内”的规定,不仅多余,还有可能在实施过程中产生歧义和混乱。[36] 如前文所述,90日的追偿时效应当为责任人在1年诉讼时效基础上的延长时效,而“时效期间内”的规定则会产生如下困境:在1年诉讼时效未满时,责任人已经履行赔偿义务,此时追偿时效开始计算;如若追偿时效届满后,1年诉讼时效仍未届至,第三人岂不是得以以追偿时效业已届满为由来抗辩责任人的追偿请求。此时,与其将追偿时效的规定奉为对无辜责任人的一种救济,倒不如称其为权利行使的障碍来得更为贴切。[37] 至于“时效期间届满后”的规

---

〔34〕 参见罗书臻:《最高法院颁布适用民法总则诉讼时效司法解释》,载《人民法院报》2018年7月19日,第1版。

〔35〕 须声明的是,《民法典》在诉讼时效的相关规定上延续了原《民法总则》的做法,因此,在《民法典》生效后,这一问题自然转化为《海商法》同《民法典》之间的解释、调和问题,对此自不待言。

〔36〕 参见朱曾杰:《初论实践与海事立法的关系(下)》,载《中国远洋航务》2006年第10期。

〔37〕 参见陈朝霞:《关于〈海商法〉中追偿时效的思考——兼论对〈海商法〉第257条的修改》,载司玉琢主编:《中国海商法年刊》第9卷,大连海事出版社1998年版。

定,鉴于追偿时效本身就是对 1 年诉讼时效的额外延长,因此这一规定实属具文,将其载明于条文中不过是增加冗余而已。除此之外,自"收到受理对其本人提起诉讼的法院的起诉状副本之日起计算"的规定,似乎也与追偿之诉的本质相背离。因为追偿的前提是自身受损害,而收到法律文书并不直接导致责任人财产减损,对其造成不利。因此,这一规定事实上违反了"实际损失是追偿之诉前提"的法理。[38]

(三)追偿时效制度的修改建议

在我国现行法律框架之下,虽然追偿时效乃至诉讼时效的规定存在种种问题,但考虑到追偿时效的存在价值是为承运人之利益,避免其承受无妄之灾,故笔者认为,对于追偿时效的内容,应当在《海商法》中予以保留。基于前文所述内容,时值我国《海商法》修订之际及《民法典》之新时代,笔者提出如下修改建议:

1. 修改起算点的相关表述

一者,修改送审稿第 315 条将关于时效期间届满的表述修改为"无论前款(修改送审稿将诉讼时效和追偿时效拆分为两款)规定的时效期间是否届满"的做法,略显画蛇添足。如前所述,基于追偿时效的性质,本就无需谈论时效期间届满与否的问题。二者,对于法律文书的相关规定,修改送审稿仅仅增加了仲裁的情形,而并未觉察到法律文书的收到与否同利益是否受损之间并无实质联系。概而言之,这一条文的两处修改都未击中问题要害。

相较之下,笔者认为去年公布的征求意见稿在这一条文上的修改更为直截了当、切中要害。申言之,征求意见稿径直删去了与期间届满相关的内容,使之简洁又不阙漏;同时,其将关于法律文书的规定变更为"收到法院、仲裁机构认定其承担赔偿责任的生效法律文书之日",[39] 亦抓住了利益损害存在作为追偿前提的这一关键。故而笔者认为,征求意见稿之于追偿时效起算点的修改是贴合实际的。

2. 恢复对于特殊时效的适用保留

在各式追偿行为数见不鲜的民商法领域,原《民法通则》及后继者原《民法总则》虽未在条文中对追偿时效予以特别规定,但因其所采用的是主观起算标准,因此自然可以避免对追偿人的不利影响,即对于追偿时效,其即使不作特别

---

〔38〕 参见袁斌:《论海商法追偿时效期间第二个起算点的完善》,载《上海海运学院学报》2003 年第 3 期。

〔39〕 参见 2018 年 11 月发布的《海商法(修订征求意见稿)》第十五章第 15.1 条。

规定亦不会产生问题。笔者认为,原《民法总则》乃至嗣后的《民法典》值得更改之处,在于恢复原《民法通则》第141条对于诉讼时效例外适用的保留规定。如此,无论是依照新法优先、上位法优先还是特别法优先的原则,《海商法》对于诉讼时效的规定终究不会与总括性的民法规定产生冲突。

结　语

就我国现行规定来看,包括本案在内的国内多式联运合同无法经由《海商法》的特别诉讼时效及追偿时效予以调整,只能转求民法的一般规定。但尴尬的是,一般法却又未对追偿时效予以统摄规定,以至国内多式联运合同无法可依,只能落入退而求诸诉讼时效的境地。不言自明,诉讼时效及追偿时效的适用是海事领域不可回避的问题,而我国目前的国际海上与沿海、内河"双轨制"的运作方式无可避免地将诉讼时效及追偿时效的适用"三分",在适用上非常复杂。对此,有必要别除复杂的国内多式联运与除沿海、内河之外的其他国内水路单式运输这两大类,将内河单式运输纳入《海商法》的适用,以便实现适用上的明晰。同时,由于现行法律在诉讼时效上的规定本就存在缺陷,因此,有必要删去条款中的具文,并对起算点进行符合通过追偿以弥补损害这一实质目的的修改。

中国目前是世界上海事审判机关、海事法官及海事案件数量最多的国家,[40]未来随着"一带一路"及国内各经济带发展政策的逐步推进,与水路货运相关的贸易必然成为促进国家经济发展的重头戏。因此,完善《海商法》及与之相关联的《民法典》的规定,厘清各自的适用范畴,相互补足、协调,充分发挥特别诉讼时效、追偿时效在复杂的海事、海商纠纷中的调节作用,从而完善具有中国特色的法律体系制度,方能贯彻海洋强国的重要思想,为我国治理的现代化铺平道路,为法治中国的建设添砖加瓦。

---

〔40〕 参见张文广:《雇佣救助的性质及其法律适用——以"加百利"轮海难救助合同纠纷再审案为视角》,载《国际法研究》2018年第5期。

个人信息含义的刑民法秩序一元化构建
——基于对侵犯公民个人信息罪裁判文书的分析

张 萌*

摘要：

由于前置法的缺失，侵犯公民个人信息罪的保护法益自设立以来便存有争议，导致个人信息含义不清、与个人隐私关系不明等问题，加之司法解释采取了较为扩大化的立场，导致司法实践认定标准难以统一。通过裁判文书抽样分析可知，侵犯公民个人信息刑事案件司法裁判在法益认识、论证程度、内容把握、分类保护等方面均存在困境。作为新生效的前置法，《民法典》关于个人信息的规定对上述问题进行了回应，其明确了个人信息的人格权保护法益，并厘清了个人信息的含义及其与个人隐私的关系。在刑法中，应回归信息的"可识别性"标准，根据信息的"公开性"和"私密性"对个人信息进行科学分类，根据个人信息的不同类别实施分类保护，构建个人信息的刑民法秩序一元化保护体系。

关键词：

侵犯公民个人信息罪；个人信息；法秩序一元化；可识别性；分类保护

前 言

当下，信息网络的发展在一定程度上改变了社会公众传统的生活方式。与此同时，越来越多与个人有关的信息也开始在网络中存储和传播。与公民个人有关的信息被非法获取或者被信息掌握者非法贩卖和提供，严重损害了信息主体的有关权益。例如，2020 年 11 月，圆通快递公司员工与外部不法分子联合倒

---

* 中国人民大学刑事法律科学研究中心研究人员，中国人民大学法学院刑法学专业 2021 级博士研究生。

卖个人信息,涉案信息数量超过40万条,涉案金额达到120余万元。[1] 针对上述问题,我国有关法律和政策制定机构出台多部法律文件以加强对个人信息的保护。[2] 其中,侵犯公民个人信息罪的设立从“狭义的法律”层面给予了个人信息独立的法律保护,对个人信息的安全保障发挥了重要作用。

经过数年发展,该罪在理论和实践中均仍存在一些值得讨论的问题,其中重要的一点便为对个人信息含义的理解。个人信息是侵犯公民个人信息罪的保护对象,其内容和范围的划定无疑会直接影响犯罪是否成立和犯罪情节的严重程度等构成要件。但由于我国对于个人信息保护采取了“刑法先行”的做法,作为后置法的刑法无法对个人信息进行具体定义,司法解释等法律文件也互有差异,这便引起了学理方面的广泛争议,也导致了司法实践在认定侵犯公民个人信息罪时的无所适从。

目前,该问题得到化解的契机便为《民法典》的出台及生效。《民法典》中关于个人信息的专门规定为刑法中个人信息的含义解读提供了新视角。应当关注前置法与刑法之间概念的相互照应,以促进个人信息保护法律体系的协调。因此,本文立足于《民法典》生效之初的时间节点,并通过分析侵犯公民个人信息罪的裁判文书,关注刑法中个人信息含义的现状及问题,以刑民法秩序一元化的视阈试图寻求确定个人信息内容和范围的准确方法,实现对个人信息含义的合理合法构建。

一、个人信息刑法含义解读的既有问题分析

随着科技发展和对个人信息保护重视程度的提高,法律视角下个人信息的概念一直处于变动当中。[3] 因此,为厘清刑法中个人信息的含义,有必要以动态的视角,对从罪名设立至罪名运用中存在的理论争议和实践探索进行研究。

---

〔1〕 参见柴春元:《防范信息泄露,就是防范违约风险》,载《检察日报》2020年11月18日,第4版。

〔2〕 例如,2007年6月公安部联合国务院多部门发布《信息安全等级保护管理办法》,2012年12月全国人民代表大会常务委员会通过《关于加强网络信息保护的决定》(以下简称《2012年决定》),2013年7月工信部公布《电信和互联网用户个人信息保护规定》(以下简称《2013年规定》)。

〔3〕 参见李迎寒:《侵犯公民个人信息罪中“公民个人信息”的界定——以手机APP收集并使用公民个人信息为切入点》,载《湖南警察学院学报》2019年第3期。

（一）罪名设立之初个人信息认定标准阙如

受制于立法的现实情况，我国对个人信息的法律保护采取“刑法先行”的做法。虽然初期刑法提前介入个人信息保护领域能够起到震慑作用，但由于前置法的缺失，“刑先民后”的立法模式在一定程度上造成了侵犯公民个人信息罪保护法益的模糊性，导致了个人信息的认定标准阙如。[4]

1. 对侵犯公民个人信息罪的保护法益的争议较大

对具体犯罪构成要件的理解，必须以该罪的保护法益为指导。[5] 因此，明确侵犯公民个人信息罪的保护法益，是正确解释该罪中“侵犯个人信息”含义的重要前提。但遗憾的是，侵犯公民个人信息罪的保护法益一直存在较大争议。学界关于该罪不仅存在法定犯与自然犯的分野，还存在个人法益说、超个人法益说、二元法益说等多种观点。

在该罪的性质是法定犯抑或自然犯的讨论中，由于对自然犯与法定犯的分类标准原本便存在不同观点，[6]因此不同学者认定该罪性质的观点和理由均存在差异：有观点认为，该罪欠缺典型的法益侵害性，因此属于行政犯（法定犯）；[7]还有观点认为，该罪成立以“违反国家有关规定”为基础，因此属于较为典型的法定犯。[8] 然而，持反对意见的观点认为，“违反国家有关规定”只是提示性的规定，不能对该罪自然犯的性质造成影响；[9]还有观点认为，该罪在刑法分则中所处的章节位置决定了其应当为自然犯，但也不能否认该罪也具有“法定犯的气质”。[10] 可见，学界对于侵犯公民个人信息罪的性质存在较大分歧。

基于对侵犯公民个人信息罪性质的不同认识，学界关于该罪的保护法益也

---

〔4〕 参见于冲：《侵犯公民个人信息罪中“公民个人信息”的法益属性与入罪边界》，载《政治与法律》2018 年第 4 期。

〔5〕 参见张明楷：《实质解释论的再提倡》，载《中国法学》2010 年第 4 期。

〔6〕 参见张明楷：《自然犯与法定犯一体化立法体例下的实质解释》，载《法商研究》2013 年第 4 期。

〔7〕 参见孙靖珈：《侵犯公民个人信息罪的犯罪属性及对刑罚边界的影响》，载《海南大学学报（人文社会科学版）》2019 年第 6 期。

〔8〕 参见张勇：《APP 个人信息的刑法保护：以知情同意为视角》，载《法学》2020 年第 8 期。

〔9〕 参见自正法、韩铁柱：《流通知情权与侵犯公民个人信息罪的法益及其刑事保护边界》，载《内蒙古社会科学》2020 年第 5 期。

〔10〕 参见刘艳红：《侵犯公民个人信息罪法益：个人法益及新型权利之确证——以〈个人信息保护法（草案）〉为视角之分析》，载《中国刑事法杂志》2019 年第 5 期。

莫衷一是。认为该罪是自然犯的学者大多认为该罪的保护法益是个人权益,但其中有信息自决权、[11]隐私权[12]和财产权[13]等不同观点。认为该罪是法定犯的学者大多认为该罪是由于被害人的群体性而非个体性才具有刑法保护的必要性,[14]因此有学者认为该罪的客体具有“超个人法益”的性质,因而将保护法益确定为公共信息安全。[15] 还有学者持“二元法益说”,如有学者认为该罪保护个人法益和在其基础上的社会公益、国家安全等“超个人法益”,[16]还有学者认为该罪的保护法益为人身权利和财产权利的结合。[17] 综上所述,学界对于侵犯公民个人信息罪保护法益的争议尤为突出,不同法益观的采取必然对该罪各构成要件,包括对个人信息的理解产生重要的影响,而上述争议的缓和有赖于个人信息含义这一基础性问题的厘清。

2. 个人信息与个人隐私的概念之争

在刑法设立罪名之时,尚无关于个人信息的专门立法,民法、行政法等也没有关于其含义的规定,对其含义的理解只能参考散落于不同层级和部门的规范性文件。[18] 然而,各文件的规定不仅对个人信息与个人隐私的关系语焉不详,而且规定的内容存在较大的差异。[19] 进一步分析可知,比较法中对个人信息所

---

[11] 参见刘艳红:《民法编纂背景下侵犯公民个人信息罪的保护法益:信息自决权——以刑民一体化及〈民法总则〉第111条为视角》,载《浙江工商大学学报》2019年第6期。

[12] 参见薛培等:《侵犯公民个人信息罪的理解与适用》,载《检察日报》2016年7月13日,第3版。

[13] 参见余筱兰:《信息权在我国民法典编纂中的立法遵从》,载《法学杂志》2017年第4期。

[14] 参见王肃之:《被害人教义学核心原则的发展——基于侵犯公民个人信息罪法益的反思》,载《政治与法律》2017年第10期。

[15] 参见皮勇、王肃之:《大数据环境下侵犯个人信息犯罪的法益和危害行为问题》,载《海南大学学报(人文社会科学版)》2017年第5期。

[16] 参见曲新久:《论侵犯公民个人信息犯罪的超个人法益属性》,载《人民检察》2015年第11期。

[17] 参见李明鲁:《侵犯公民个人信息罪的理论认定与适用空间》,载《西安电子科技大学学报(社会科学版)》2018年第3期。

[18] 参见王成:《个人信息民法保护的模式选择》,载《中国社会科学》2019年第6期。

[19] 例如,《2012年决定》将“公民个人信息”(公民个人电子信息)界定为“能够识别公民个人身份”和“涉及公民个人隐私”的电子信息;而《2013年规定》的第4条却将“公民个人信息”(用户个人信息)的含义表述为“能够单独或者与其他信息结合识别用户”的信息和“用户使用服务的时间、地点”等信息。

采取的截然不同的保护模式,也是上述问题产生的原因之一。

外国立法一般将个人信息称为"数据保护"(data protection)或"数据隐私"(data privacy),这两种术语虽然在学术研究中互换使用,却代表了"欧盟保护模式"和"美国保护模式"对于数据保护的不同的地域文化和立法经验。[20] 在"欧盟模式"下,个人数据保护从根本上是为了保护个人"受到尊重"的权利,其核心价值在于维护"个人的形象、姓名和声誉"等权利。[21] 1995 年《数据保护指令》和 2018 年《通用数据保护条例》(GDPR)的立法目的都是为个人对自己数据的控制权提供法律依据,体现了个人数据的人格权特性。[22] 而在"美国模式"下,个人受到的保护主要是基于隐私方面的风险考虑。[23] 数百部联邦和各州法律对医疗、教育、金融、视频租赁等领域的数据隐私进行规制。[24] 例如,2018 年生效的《加利福尼亚消费者隐私法》可以实现对特定行业的禁止和限制,从而更有效地影响商业行为和实现消费者保护。[25] 综上可见,欧盟通过立法明确数据信息属于人格权,而美国则将个人信息纳入隐私权保护,[26]二者的个人信息保护模式和理论基础存在较大的差异。

回归至国内刑法,在侵犯公民个人信息罪设立阶段,学界对个人信息与个人隐私的关系也存在不同的观点。例如,有学者将个人信息与"个人信息隐私"混同使用,认为个人信息与个人隐私的含义相同;[27]有学者认为,个人信息的含

---

〔20〕 See S. J. Kobrin, *Safe Harbours Are Hard to Find: The Trans-Atlantic Data Privacy Dispute, Territorial Jurisdiction and Global Governance*, 30 Review of International Studies, p. 111 - 131(2004).

〔21〕 See S. Diorio, *Data Protection Laws: Quilts Versus Blankets*, 42 Syracuse Journal of International Law and Commerce, p. 485 - 513(2015).

〔22〕 See B. Koops, *The Trouble with European Data Protection Law*, 4 International Data Privacy Law, p. 250 - 261(2014).

〔23〕 See L. A. Bygrave, *Data Privacy Law: An International Perspective*, Oxford University Press, 2014, p. 119.

〔24〕 See V. Krishnamurthy, *A Tale of Two Privacy Laws: The GDPR and the International Right to Privacy*, 114 AJIL Unbound, p. 26 - 30(2020).

〔25〕 See L. Determann, *Adequacy of Data Protection in the USA: Myths and Facts*, 6 International Data Privacy Law, p. 244 - 250(2016).

〔26〕 参见来小鹏:《数据信息法律保护模式思考》,载《中国审判》2017 年第 3 期。

〔27〕 参见王学辉、赵昕:《隐私权之公私法整合保护探索——以"大数据时代"个人信息隐私为分析视点》,载《河北法学》2015 年第 5 期。

义较为广泛,包含“具有隐私属性的信息”;[28]有学者认为,个人隐私的范围更为广泛,目前我国法律保护个人信息权是为了实现对隐私权益的进一步保护;[29]还有学者认为二者属于交叉关系。[30] 有学者认为,个人信息的特点是“可识别性”,因此与个人隐私并不必然产生联系,因为后者的基础是信息的“私密性”。[31] 可以看出,合理界定个人信息的含义、划分个人信息和个人隐私的关系是正确适用侵犯公民个人信息罪的必然前提。但由于语言差异、词语理解等原因,个人信息和个人隐私等词语的意涵在我国法律体系内并没有得到统一界定,从而导致了个人信息与个人隐私关系的模糊性和个人信息含义的不确定性。

(二)司法解释对个人信息的扩大化解读

在刑法将相应行为规定为犯罪之后,我国对于该问题的法律探索之路并没有停止。2017年6月起施行的《网络安全法》对先前法律和规范性文件进行总结,完善了个人信息保护体系,[32]成为认定犯罪成立时应当参照的、具有较高权威性和影响力的前置法。[33]《网络安全法》第76条第5项明确个人信息应当具有“身份识别性”,包括“单独识别”和“与其他信息结合识别”两类,并且明确列举了多种表现形式。有观点认为,该定义以“识别性”为标准,属于“狭义标准”;[34]也有观点认为,“直接识别”和“间接识别”都被纳入信息范围,属于“广义识别说”。无论持有何种观点,他们均肯定个人信息的判断要点在于“可识别性”。[35]也即,“可识别性”标准应当成为处理侵犯个人信息犯罪案件时认定某信息是否属于个人信息的核心准则。

---

〔28〕 参见赵秉志:《公民个人信息刑法保护问题研究》,载《华东政法大学学报》2014年第1期。

〔29〕 参见丁晓东:《个人信息私法保护的困境与出路》,载《法学研究》2018年第6期。

〔30〕 参见张新宝:《从隐私到个人信息:利益再衡量的理论与制度安排》,载《中国法学》2015年第3期。

〔31〕 参见马啸、狄小华:《公民个人信息刑法保护界限问题研究》,载《江海学刊》2019年第2期。

〔32〕 参见齐爱民:《论大数据时代数据安全法律综合保护的完善——以〈网络安全法〉为视角》,载《东北师大学报(哲学社会科学版)》2017年第4期。

〔33〕 参见张新宝:《〈民法总则〉个人信息保护条文研究》,载《中外法学》2019年第1期。

〔34〕 参见刘伟:《刑法视阈中的“公民个人信息”解读》,载《社会科学家》2020年第7期。

〔35〕 参见刘艳红:《网络爬虫行为的刑事规制研究——以侵犯公民个人信息犯罪为视角》,载《政治与法律》2019年第11期。

在《网络安全法》生效(2017 年 6 月 1 日)的同一时间,最高人民法院、最高人民检察院公布的《关于办理侵犯公民个人信息刑事案件适用法律若干问题的解释》(以下简称 2017 年解释)也开始施行。2017 年解释主要针对数年来侵犯公民个人信息罪法律适用问题的争议,[36] 包括对个人信息含义的解释。将 2017 年解释第 1 条与《网络安全法》进行对比可以发现,二者既存在相同之处,也存在区别。二者的共同之处主要在于:承认可识别性、肯定广义的"可识别性"、肯定电子存储形式的信息类型、列举的信息内容存在部分重合;二者的区别主要在于:2017 年解释涵盖的信息范围更广,在信息类别方面还包括"反映特定自然人活动情况的各种信息",在罗列的信息种类方面也更多。

对于 2017 年解释将个人信息的范围扩充至"活动情况信息"的现象,有学者指出其与《网络安全法》并不矛盾。如果对《网络安全法》进行扩大解读,个人信息便可以包括更为广义的信息内容。[37] 但实际上,如上文所述,《网络安全法》注重关注信息的"可识别性"。而"可识别性"是指信息与信息主体的关联性与专属性及足以将信息主体从多数个体中辨认出来的特性。[38] 就"活动情况信息"而言,其难以具有对特定自然人"识别"的功能。因此,这体现了对个人信息的扩大化解释。退一步而言,若有有关信息主体足够详细和大量的"活动情况信息"能够将信息主体身份辨别出来,则将"活动情况信息"也认定为个人信息具有一定合理性。然而对于 2017 年解释明确列举的"账号密码、财产状况"而言,其虽然与信息主体有较大的关联性,但通过这些信息几乎难以确定信息主体的身份,无法对于信息主体进行识别。因此,2017 年解释将"账号密码、财产状况"等信息也作为个人信息的典型表现形式,在一定程度上突破了"可识别性"的限制,有学者甚至认为这是一种"令人费解"的做法。[39]

实际上,最高司法机关的上述做法体现了其对侵犯公民个人信息罪保护法益的理解。据有关负责人解读,如果信息主体的"账号密码"信息或者"财产状

---

[36] 参见缐杰、宋丹:《〈关于办理侵犯公民个人信息刑事案件适用法律若干问题的解释〉理解与适用》,载《人民检察》2017 年第 16 期。

[37] 参见喻海松:《〈民法典〉视域下侵犯公民个人信息罪的司法适用》,载《北京航空航天大学学报(社会科学版)》2020 年第 6 期。

[38] 参见叶良芳、应家赟:《非法获取公民个人信息罪之"公民个人信息"的教义学阐释——以〈刑事审判参考〉第 1009 号案例为样本》,载《浙江社会科学》2016 年第 4 期。

[39] 参见李怀胜:《公民个人信息保护的刑法扩展路径及策略转变》,载《江淮论坛》2020 年第 3 期。

况”信息被非法获取,则非常有可能引发财产犯罪。有学者赞成上述观点,其指出有关个人信息的违法犯罪会对多种下游犯罪产生引发关系,[40]经常会与敲诈勒索、绑架等人身犯罪或盗窃罪等财产犯罪共同出现。[41] 因此,对上述“活动信息”和“账号密码、财产状况”等个人信息进行保护的目的是加强对自然人其他人身、财产权利的保障。综上可见,2017年解释对侵犯公民个人信息罪中个人信息的解释采取了扩张方式,使得“可识别性”不再为个人信息唯一的认定标准。这种解释方式虽然可以扩大侵犯公民个人信息罪的保护范围,在形式上看似划定了个人信息的范围,但在实质上没有明确个人信息的本质属性,容易导致司法实践在对现实中纷繁复杂的信息进行认定时产生困惑和混乱。

(三)司法实践对于个人信息的认定争议

经检索,截至2020年12月31日,以“侵犯公民个人信息罪”为案由的一审判决文书共计7246份。[42] 其中,于2017年解释生效(2017年6月1日)前做出判决的有568份,在其生效后做出判决的有6649份。由于个案数量较多,因此本研究采取分层抽样结合系统抽样的方法对样本进行抽样,缩小样本规模,以达到对研究对象更为细致地分析的目的。本研究共抽取个案数量128个,除去3个不公开案件后,剩余有效样本数125个,其中2017年解释生效前的个案数为10个,生效后的个案数为115个。本研究将通过该125份侵犯公民个人信息罪刑事判决书,对司法实践中对个人信息的理解进行考察。

1. 对侵犯公民个人信息罪的保护法益认识不同

司法机关在实际案件中对个人信息的判断仍立足于对侵犯该罪保护法益的理解。在被抽样的个案中,有3个案件采取了刑事附带民事诉讼的方式,由检察机关担任公益诉讼起诉人。[43] 审理法院认为,上述行为不仅损害了不特定公民的人格权利,而且危害不特定公民的生命财产安全,对社会公共利益具有

---

[40] 参见周加海等:《〈关于办理侵犯公民个人信息刑事案件适用法律若干问题的解释〉的理解与适用》,载《人民司法(应用)》2017年第19期。

[41] 参见韦尧瀚:《侵犯公民个人信息罪在司法认定中的若干问题研究——兼评〈刑法修正案(九)〉第十七条》,载《北京邮电大学学报(社会科学版)》2016年第1期。

[42] 检索通过“中国裁判文书网”进行,网址为https://wenshu.court.gov.cn/。

[43] 详见曾某柱侵犯公民个人信息案,广东省深圳市罗湖区人民法院(2020)粤0303刑初452号刑事附带民事判决书;刘某侵犯公民个人信息案,湖北省汉川市人民法院(2020)鄂0984刑初183号刑事附带民事判决书;朱某松侵犯公民个人信息案,上海市杨浦区人民法院(2020)沪0110刑初1310号刑事附带民事判决书。

危害,因此检察机关作为法律规定的机关,是适格的诉讼主体。可以看出,在这3个案件中,司法机关采取的态度是侵犯公民个人信息罪的法益仅涉及个人权利,而侵犯个人信息的行为又具有侵害个人法益之外的社会危害性,因此才有必要采取公益诉讼的方式对公共利益进行维护。如果按照这种理解,对绝大多数该类犯罪均应当一并提起民事公益诉讼,但实践中采取上述操作的仅为少数案件,这说明其他大多数司法机关认为该罪的法益可以涵盖社会公共秩序,从而无需通过公益诉讼对侵犯个人信息行为进行重复评价。

2. 对涉案个人信息内容论证不足

在所有抽取的样本案件中,在裁判文书中表明个人信息具体内容的案件有72个,占样本总量的59.2%。在剩余的51个案件中,裁判文书仅提到行为人以非法获取或购买等方式获得了个人信息,并没有具体论述个人信息的内容。这种现象在2017年解释颁布前尤为明显。在2017年解释颁布前的10个样本案件中,仅有2个对个人信息的内容进行了列举,其余8个案件仅对个人信息进行了简单概括,使人无法获知上述案件中行为人究竟侵犯了何种个人信息。分析其原因,可能为在2017年解释颁布前,并没有非常权威的刑事规范指引司法实践认定个人信息,司法机关对个人信息的内容也并未特别重视。其一般以案件引发了后续诈骗等违法犯罪活动为由而直接将涉案信息概括认定为个人信息。在2017年解释颁布后,司法机关提高了对个人信息的说明程度,但部分案件对个人信息的说明仍然较为概括。例如,部分裁判文书将个人信息表述为"车辆信息""贷款客户信息""住宿信息"[44]等,通过裁判文书并不能获知个人信息的具体内容。这种做法不利于判断犯罪行为的"严重程度",也将直接影响罪名认定的准确性。

3. 对个人信息内容把握不准确

根据分析整理,在72个对个人信息进行说明的案件中,信息主要可以分为身份信息、财产信息和其他信息三种。在所有信息种类中,"户籍信息"的数量最多,占比达到79.2%,其他数量较多的信息种类为"其他身份信息""车辆信息"和"房产信息"等。案件所包含的个人信息具体情况如表1所示。[45]

---

[44] 详见李某根等侵犯公民个人信息案,江苏省东海县人民法院(2019)苏0722刑初478号刑事判决书;马某辉侵犯公民个人信息案,重庆市渝北区人民法院(2017)渝0112刑初1456号刑事判决书;刘某某等侵犯公民个人信息案,湖南省湘潭市雨湖区人民法院(2017)湘0302刑初35号刑事判决书。

[45] 由于部分案件涉及多种"公民个人信息",因此"案件数量"总数大于72个。

表1 司法实践案件中个人信息的种类与内容

信息类别		信息内容	案件/件
身份信息	户籍信息	姓名、性别、身份证号码、地址	57
	其他身份信息	联系电话、单位/学校/专业、学生证/毕业证	22
财产信息	车辆信息	车辆牌号、发动机号、车驾号、抵押情况	15
	房产信息	面积、成交金额、购房时间	9
	账号密码	银行卡、支付宝、微信	5
其他信息	活动信息	住宿信息、出入境信息	3
	违法犯罪信息	犯罪在逃信息、违法犯罪记录、吸毒记录	2
	企业工商信息	企业名称、地址、法定代表人	2

可以看出,在认定个人信息时,司法实践中存在的信息内容较2017年解释更为广泛,除了2017年解释明确规定的"可识别性身份信息"和"活动情况信息"外,还包含部分企业工商信息、违法犯罪记录信息等。例如,在张某华案中,司法机关将"企业名称、地址"也视为个人信息。[46] 在黄某伟案中,司法机关将"吸毒记录、网上逃犯"等信息也视为个人信息。[47] 上述做法能够加强对与公民有关信息的保护力度,但是存在扩大范围之嫌。有的案件甚至为了惩治有关犯罪行为,几乎完全突破了"可识别性"标准,将完全无法识别特定自然人的信息也纳入了规制范围。例如,在陈某君案中,行为人以付费使用微信账号为由,在骗取被害人的微信登录账号和密码后将被害人微信绑定的手机号进行解绑,并更换为其预先准备好的不记名虚拟手机号,同时将被害人的微信密码修改,从而让被害人无法找回其微信账号。司法机关认为,行为人上述行为所获取的微信账号和密码属于个人信息,因此构成犯罪。然而深入分析可知,与手机号解绑并被修改过密码的微信账号和原来的信息主体已不存在身份关联,通过该微信根本无法再次识别信息主体。行为人虽然将上述微信账号出售至实施诈骗犯罪的下游行为人,行为具有违法性,但因其获取并出售的对象为微信账号便视其为个人信息,从而以侵犯公民个人信息罪对行为人定罪,这种做法的妥

[46] 详见张某华侵犯公民个人信息案,陕西省宝鸡市渭滨区人民法院(2016)陕0302刑初293号刑事判决书。

[47] 详见黄某伟侵犯公民个人信息案,安徽省巢湖市人民法院(2017)皖0181刑初565号刑事判决书。

当性值得探讨。

此外,对于同一类信息,司法实践中存在截然不同的认定结果。例如,对于手机号码而言,在王某某案中,司法机关认为单纯的手机号码无法反映出个人身份,因此行为人的销售行为不构成犯罪。[48] 然而大部分案件中的司法机关将其认定为个人信息。例如,在张某案中,虽然辩护人提出辩护意见认为手机号码不具有识别身份的可能性,因此不属于公民信息的范畴,但司法机关认为手机号码已实行实名制,因此可以与其他信息结合识别自然人身份,属于个人信息。[49] 综上所述,司法实践认定个人信息的范围有进一步扩大的趋势,并且部分司法机关并没有较好地把握个人信息的本质特征,从而产生了对个人信息认定合理性的质疑。

4. 个人信息分类保护效果欠佳

由于不同个人信息的价值与意义并不相同,因此侵犯不同类型信息的社会危害性也不相同,2017 年解释第 5 条设置了"情节严重"标准,体现了将个人信息的类型与数量相结合进行分类保护的思想。[50] 但通过分析司法实践中的裁判文书可知,该分类标准对实践中合理认定案件情节严重程度、正确处理案件的帮助甚微。小部分案件所涉及的信息数量巨大,无需对个人信息进行分类认定便可做出"情节特别严重"的判断,大部分案件直接通过行为人违法所得数额进行了"情节特别严重"的认定,仅有极少部分案件对个人信息进行了分类。然而,在上述对个人信息进行分类处理的案件中,也存在一定问题,部分案件的分类标准并没有参考 2017 年解释。例如,在赵某东案中,司法机关将涉案信息分为"交易类个人信息"和"普通类个人信息",但并没有论述二者的具体区分标准。[51] 还有部分案件对个人信息进行了"财产类个人信息"与"一般类个人信息"的区分,但是不同司法机关对同一信息的认定标准表现出较大的差异。例如,对于房产信息而言,在刘某案中,司法机关认为行为人所获取的信息仅包含

---

〔48〕 详见王某某等侵犯公民个人信息案,安徽省亳州市谯城区人民法院(2018)皖 1602 刑初 82 号刑事判决书。

〔49〕 详见张某等侵犯公民个人信息案,湖北省黄石市黄石港区人民法院(2019)鄂 0202 刑初 132 号刑事判决书。

〔50〕 参见石聚航:《侵犯公民个人信息罪"情节严重"的法理重述》,载《法学研究》2018 年第 2 期。

〔51〕 详见赵某东等侵犯公民个人信息案,江苏省东台市人民法院(2018)苏 0981 刑初 22 号刑事判决书。

房屋坐落地址、购买人姓名和电话、房屋面积等内容,其行为并未使财产所有人的人身、财产安全陷入高风险状态,因此将上述信息认定为“一般类个人信息”。[52] 但在郑某仙案中,公诉机关和审判机关均直接将业主房产的房号、建筑面积等信息认定为“财产类信息”。[53] 根据2017年解释,侵犯“财产信息”与“普通信息”构成情节严重的信息数量标准差距很大,因此对信息是否属于财产信息的判断将会对该罪入罪标准产生非常大的影响,但显然财产信息等个人信息的分类标准在司法实践中的理解没有达到统一,从而具有同案不同判的风险。

综上所述,在刑事领域中,侵犯公民个人信息罪的保护法益尚未明确,个人信息与隐私的关系也存在争议,这导致司法解释在对个人信息进行解读时,不可避免地对其内容进行了扩充,进而导致了司法实践中对个人信息理解的矛盾和认定的混乱。虽然不断扩大个人信息的范围有利于强化对公民有关信息的保护,但也容易导致将本不构成犯罪的行为入罪化处理等问题,有阻碍信息技术发展的风险。有学者认为,侵犯公民个人信息罪的设立为正在兴起的数据产业蒙上了一层阴影。[54] 甚至还有学者认为,个人信息的范围如黑洞般不可遏制地蔓延,最终可能导致自身的毁灭和塌陷。[55] 因此,在刑事立法与司法无法给予个人信息的含义合理解答时,需要跳出部门法的限制框架,从整体法律体系的角度探求个人信息的真正意涵。

二、个人信息《民法典》标准的可采性检视

于2021年1月1日生效的《民法典》是我国改革开放四十多年民事立法的集大成者,是我国最为重要的民事法律规则。[56] 在《民法典》中有多处关于个

---

〔52〕 详见刘某侵犯公民个人信息案,辽宁省沈阳市于洪区人民法院(2019)辽0114刑初154号刑事判决书。

〔53〕 详见郑某仙侵犯公民个人信息案,浙江省建德市人民法院(2019)浙0182刑初247号刑事判决书。

〔54〕 参见高富平、王文祥:《出售或提供公民个人信息入罪的边界——以侵犯公民个人信息罪所保护的法益为视角》,载《政治与法律》2017年第2期。

〔55〕 参见李怀胜:《公民个人信息保护的刑法扩展路径及策略转变》,载《江淮论坛》2020年第3期。

〔56〕 参见姜博胧:《个人信息法律保护的路径探析》,载《沈阳干部学刊》2020年第1期。

人信息以及"隐私"的规定,因此有必要对《民法典》中关于个人信息的规定进行研究,探究其应用于刑事领域的合理性和可能性,以实现对侵犯公民个人信息罪中个人信息的合理解读。

(一)个人信息的《民法典》标准化解了理论争议

根据上文分析,目前我国刑法关于个人信息存在争议的主要原因为侵犯公民个人信息罪的保护法益不明确和个人信息与"隐私信息"的关系模糊。《民法典》关于个人信息的规定使上述两个方面的问题都得到了回应。

1.《民法典》确立了个人信息的人格权保护

与欧盟以人格尊严保护个人信息的做法类似,我国《民法典》对个人信息采取了人格权保护体系。[57] 我国《民法典》于第四编单设人格权编,通过51个条文构建了完善的人格权保护体系,是我国《民法典》体系的重大创新[58]。具体而言,《民法典》第1034条第1款实现了个人信息人格权保护的确认。虽然目前民法学界还存在个人信息的属性为权利还是权益之争,[59]但不可否认的是,其蕴含的首要价值是对自然人个体利益的维护。如果忽视个体利益而空谈社会秩序或公共秩序,则会导致个人信息保护沦为利益相关方互相打击的工具,从而损害社会整体福利。[60] 《民法典》与《刑法》对个人信息的表述虽然存在"自然人的个人信息"和"个人信息"的微小差别,但其本质都是实现个人信息的保护。《民法典》有助于明确侵犯公民个人信息罪的法益基础。对于刑法而言,个人法益应当成为该罪保护的首要法益。

2.《民法典》明确了个人信息与"隐私信息"的关系

《民法典》于人格权编第1032条第1款确认了隐私权的权利属性,第2款既是对"隐私"的定义,也是关于"隐私"的分类。[61] "隐私"具体包括三类,其中一类被称为"私密信息"。"私密信息"也属于信息的一种,因此可能与个人信息具有关联。进一步探究《民法典》第1034条第3款可以发现,《民法典》对

---

〔57〕 参见王利明:《彰显时代性:中国民法典的鲜明特色》,载《东方法学》2020年第4期。

〔58〕 参见王叶刚:《民法典人格权编的亮点与创见》,载《中国人民大学学报》2020年第4期。

〔59〕 参见程啸:《论我国民法典中个人信息权益的性质》,载《政治与法律》2020年第8期;王春晖:《个人信息权是公民的基本民事权利》,载《检察日报》2017年4月20日,第3版。

〔60〕 参见程啸:《民法典编纂视野下的个人信息保护》,载《中国法学》2019年第4期。

〔61〕 参见王洪亮:《〈民法典〉与信息社会——以个人信息为例》,载《政法论丛》2020年第4期。

“私密信息”和个人信息的关系予以说明,认可了个人信息与“隐私”的交叉关系,二者的重合部分为具有私密性的个人信息,这便解答了刑法在个人信息认定时的部分疑惑。某些信息虽然不具有私密性,但也有可能成为个人信息,因此“信息是公开的”并不是否认个人信息成立的充分理由。某些信息虽然属于“隐私”,但也不能全部认定为个人信息,应当将“私密空间”和“私密活动”排除于个人信息之外,只有“私密信息”才有成立个人信息的可能性。

(二)《民法典》标准的采纳有利于罪刑法定原则的实现

罪刑法定作为我国刑法的基本原则,既包括形式的侧面,也包括实质的侧面。其中,禁止类推解释属于形式的侧面,刑罚法规的明确性原则属于实质的侧面。[62] 而借鉴个人信息的《民法典》标准对罪刑法定上述两方面内容的贯彻均有所裨益。

1. 降低对个人信息进行类推解释的风险

2017年解释对个人信息的界定不仅包括“识别特定自然人身份”的信息,还包括“反映特定自然人活动”的信息。通过上文分析可知,该范围较《网络安全法》的规定更广,具有一定偏离个人信息首要属性即“可识别性”的倾向。[63] 在司法实践中,信息种类复杂繁多也使得个人信息的内容不断拓展,个人信息有被扩张化解读的趋势。《民法典》对该种趋势发挥了纠偏的作用。《民法典》第1034条第2款明确规定,个人信息是能够“单独或者与其他信息结合识别特定自然人”的信息,并且列举了自然人“姓名”“出生日期”等九项典型的个人信息的内容。将其与2017年解释的规定相比可以发现,个人信息的《民法典》标准并没有突出2017年解释所强调的“活动情况信息”和“账号密码、财产状况”等内容。而《民法典》标准是与《网络安全法》等国内法律规定和世界各国对个人信息保护的立法趋势相一致的,其也会对刑法解释论产生影响。[64] 因此,个人信息的《民法典》标准降低了刑事司法对侵犯公民个人信息罪中个人信息进一步扩张解读甚至类推解释的风险,在一定程度上促进了个人信息判断标准的合理化回归。

---

〔62〕 参见张明楷:《罪刑法定与刑法解释》,北京大学出版社2009年版,第26、46页。

〔63〕 参见陈希:《大数据时代公民个人信息民法保护的制度构建——兼评〈民法总则〉第111条》,载《河南师范大学学报(哲学社会科学版)》2019年第3期。

〔64〕 参见刘艳红:《民法编纂背景下侵犯公民个人信息罪的保护法益:信息自决权——以刑民一体化及〈民法总则〉第111条为视角》,载《浙江工商大学学报》2019年第6期。

2. 提高侵犯公民个人信息罪的明确性程度

明确性原则也是罪刑法定原则的主要内涵之一，有学者认为，其包括犯罪构成要件和法律效果均力求明确两方面内容。[65] 对于侵犯公民个人信息罪而言，个人信息成立与否的判断会对罪与非罪造成影响，信息类型的判断与犯罪情节严重程度具有联系。因此，通过《民法典》使得个人信息的含义及类型得到明确既有利于提高侵犯公民个人信息罪犯罪构成的明确性，也有利于提高该罪法定刑的明确性。具体而言，首先，《民法典》强调了个人信息的"可识别性"标准，使得不具有可识别性的信息被排除于个人信息范围之外；其次，《民法典》通过第 1032 条至第 1036 条对个人信息进行了分类并规定了不同类别信息的处理规则，明确了合法行为与违法行为的界限；最后，《民法典》对个人信息所采取的公开信息、非公开信息和私密信息的分类标准，较 2017 年解释对个人信息的分类更具有可操作性，使得对侵犯公民个人信息罪的情节认定更为简单和合理，缓和了司法实践对个人信息难以定性、造成根据信息种类进行情节严重判断的标准被虚置的困境。综上所述，《民法典》中个人信息标准的提出对侵犯公民个人信息罪犯罪构成和法定刑的明确性都具有正向的促进作用。

（三）刑民协调是推进法秩序一元化进程的必经之路

个人信息需要构建"领域法"保护框架，使得宪法、民法、行政法、消费者法、刑法等各个部门法相互配合，共同提供协调有效的法律责任机制，[66] 最终搭建完整系统的法律保护体系。[67] 保证刑法和民法关于个人信息的规定能够呼应协调，是推动个人信息系统化保护的关键环节，也是实现法秩序统一性的重要步骤。

1. 促进用语含义在法律体系中的统一性

在《民法典》生效前，我国关于个人信息保护的法律虽然数量较多，但立法较为分散，各个法律之间也存在一些矛盾之处。2017 年解释虽然对刑法中侵犯公民个人信息罪的争议问题进行了回应，但其关于个人信息的概念解读与《网络安全法》等法律并不相同。有学者认为，由于侵犯公民个人信息罪的设立早

---

[65] 参见林书楷：《刑法总则》（第 5 版），台北，五南图书出版股份有限公司 2020 年版，第 20 页。

[66] 参见王锡锌：《个人信息国家保护义务及展开》，载《中国法学》2021 年第 1 期。

[67] 参见张文亮：《个人数据保护立法的要义与进路》，载《江西社会科学》2018 年第 6 期。

于《网络安全法》的制定,因此对个人信息的解释不需要与《网络安全法》保持一致,[68]但该观点的合理性值得商榷。刑法对个人信息首先进行规制是相关前置法处于不健全阶段的被迫做法。2017年解释的法律等级效力显然低于《网络安全法》等法律,因此无论其制定时间早晚,在个人信息的词语意涵上都有必要与更高位阶的法律保持一致。《民法典》的制定为上述"刑先民后"不当局面的调整提供了机会,因此侵犯公民个人信息罪中个人信息的含义也应当及时调整至与前置法保持一致。[69] 保持个人信息含义的部门法统一是刑法回归其本源地位的最为关键的做法,[70]也是构建个人信息保护法律体系的基础。

2.保障刑法与民法法益保护的梯度性

作为最后法和保障法,刑法并不创设新的法益,其对于社会关系的保护需要以民法等前置法为基础。具体而言,为与个人信息民法典人格权保护相协调,刑法也应当将个人法益作为侵犯公民个人信息罪的首要法益。然而,除了保护个人信息权益外,如果认为侵犯公民个人信息罪的保护法益还包括人身或财产权利,则易使该罪沦为相关人身与财产犯罪的危险犯,[71]有突破刑法谦抑性的可能,因此,该罪的法益在个体方面应当仅限于信息权益。在此基础上,仍需讨论该罪是否兼具"超个人法益"保护的二元属性。根据犯罪的定义,任何犯罪都具有一定危害社会的特点,[72]如果过于泛滥都会对公共秩序造成侵害,因此不能以侵犯个人信息行为的多发性认为侵犯公民个人信息罪应当具有"超个人法益"保护的功能。实际上,根据目的解释,该罪的保护客体为公民对个人信息享有的权利,[73]个人法益不能因数量之多而发生质变,[74]因此该罪的法益仍

[68] 参见喻海松:《侵犯公民个人信息罪司法适用探微》,载《中国应用法学》2017年第4期。

[69] 参见喻海松:《〈民法典〉视域下侵犯公民个人信息罪的司法适用》,载《北京航空航天大学学报(社会科学版)》2020年第6期。

[70] 参见李怀胜:《公民个人信息保护的刑法扩展路径及策略转变》,载《江淮论坛》2020年第3期。

[71] 参见张忆然:《大数据时代"个人信息"的权利变迁与刑法保护的教义学限缩——以"数据财产权"与"信息自决权"的二分为视角》,载《政治与法律》2020年第6期。

[72] 参见张明楷:《刑法学》(第5版),法律出版社2016年版,第86页。

[73] 参见王爱立主编:《中华人民共和国刑法解读》(第5版),中国法制出版社2015年版,第595页。

[74] 参见冀洋:《法益自决权与侵犯公民个人信息罪的司法边界》,载《中国法学》2019年第4期。

应当理解为公民的个人信息权益。综上,无论是刑法还是民法,均应当将对个人信息的保护落脚于个体的信息权益,由前置法规制侵犯个人信息的一般违法行为,由刑法处罚具有严重危害性的犯罪行为,促进具有梯度性的法律位阶和协调统一的法律保护体系的形成。

三、个人信息刑民法秩序一元化发展的实现路径

基于法秩序一元化的原理,在保护目的相同时,刑法与民法应具有相同的法律评价取向。民法中的合法行为在刑法中不能被认定为违法行为。[75] 为防止个人信息刑民保护秩序的错位,有必要对个人信息的含义进行刑民一体化构建。《民法典》有关个人信息的规定化解了侵犯公民个人信息罪保护法益和保护对象的争议,因此对于刑法而言,应当参考个人信息的《民法典》标准,并探究与民法协调共进的路径,实现保护个人信息的刑民法秩序一元化目标。

(一)回归个人信息的"可识别性"判断标准

个人信息是刑法和民法等法律共同保护的对象,因此明确个人信息的含义和范围是构建完整法律保护体系的基础。更确切而言,应当研究利用"可识别性"认定个人信息的操作方法。

1. 将"可识别性"作为个人信息的核心要义

将"可识别性"作为个人信息核心内涵并不是我国首创,而是借鉴他国立法经验的结果。例如,GDPR 第 4 条便明确突出了"可识别"属性。[76] 通过考察各国立法可以发现,大多数国家均认可"可识别性"对个人信息认定的核心作用。[77] 在此背景下,《民法典》第 1034 条第 2 款对个人信息的定义也突出了"可识别性"标准,这是符合法理和世界立法趋势的做法。对于国内立法而言,《网络安全法》第 76 条和《个人信息保护法》第 4 条均采纳了"可识别性"标准,[78] 因此

[75] 参见陈兴良:《民法对刑法的影响与刑法对民法的回应》,载《法商研究》2021 年第 2 期。

[76] See Regulation (EU) 2016/679 of the European parliament and of the council of 27 April 2016 on the protection of natural persons with regard to the processing of personal data and on the free movement of such data, and repealing Directive 95/46/EC [2016] OJ L119/1 art. 4.

[77] 参见赵忠东:《可识别性是公民个人信息的根本特性》,载《检察日报》2018 年 7 月 8 日,第 3 版。

[78] 参见《网络安全法》第 76 条和《个人信息保护法》第 4 条。

采取该标准也有利于民法与包括个人信息保护专门法律在内的其他部门法相互协调。在与个人有关的信息已经被频繁传播、流通的当今社会,如果采取“关联性”标准,将所有与个人存在关联的信息都视为个人信息进行规制,则不仅不具有可操作性,还会将个人信息的范围拓宽至相当泛化的不合理的程度。因此,刑法也应当转向“可识别性”标准,对2017年解释中的个人信息含义进行适当限缩。对其所规定的“活动情况信息”,应当坚持“可识别性”的前提,如果某活动信息仅仅能反映不特定人的行踪,无法达到与个人相对应的程度,或者经过匿名化处理而不具备可识别性,则不应当被视为个人信息,而应当允许其自由流动,鼓励信息共享,〔79〕从而保证公民个体权益保障和信息技术流通发展的平衡。

2. 区分“直接识别”信息与“间接识别”信息

“直接识别”和“间接识别”都具有“可识别性”的特点。“直接识别”即“单独识别”,指通过信息本身便可以定位到特定自然人身份的信息,如身份证号码、指纹等;“间接识别”是指具有一定识别性,但需要与其他信息相结合才能识别信息主体的信息,如出生日期、住址等。〔80〕有学者主张,只有具备“直接识别”性的信息才能被纳入个人信息的范围。〔81〕但实际上,具有“直接识别”性的信息数量远少于具有“间接识别”性的信息,〔82〕如果仅对具有“直接识别”性的个人信息进行保护则会使个人信息保护的范围过于狭窄。美国等外国法学界也逐渐意识到“间接识别”信息的值得保护性,〔83〕因此“间接识别”信息也应当被纳入个人信息的范围。我国《刑法》和《民法典》均采取了上述立场,肯定个人信息包括“间接识别信息”。然而,只要与足够充足的信息相结合,任何具有

〔79〕 参见吕炳斌:《个人信息权作为民事权利之证成:以知识产权为参照》,载《中国法学》2019年第4期。

〔80〕 参见高秦伟:《个人信息概念之反思和重塑——立法与实践的理论起点》,载《人大法律评论》2019年第1期。

〔81〕 参见高富平、王文祥:《出售或提供公民个人信息入罪的边界——以侵犯公民个人信息罪所保护的法益为视角》,载《政治与法律》2017年第2期。

〔82〕 参见晋涛:《刑法中个人信息“识别性”的取舍》,载《中国刑事法杂志》2019年第5期。

〔83〕 See P. M. Schwartz & D. Solove, *The PII Problem: Privacy and a New Concept of Personally Identifiable Information*, (2011) 86 Social Science Electronic Publishing, p. 1814 - 1894.

“间接识别”性的信息最终都能指向具体个人,甚至有学者认为用户于网络空间留下的一切痕迹都具有“间接识别”性。[84] 若将具有“间接识别”性的信息全部纳入个人信息的范畴,则又会使个人信息的范围过于广阔,对数据的流动与共享造成阻碍。因此,对于某一信息是否属于个人信息的认定应判断其是否具有“直接识别”性,如果持肯定答案,则可直接认定其为个人信息;如果持否定回答,则需以“相对性”的原理对该“间接识别信息”进行进一步考察,从而准确框定个人信息的范畴。

3. 把握“间接识别”信息的“相对性”特点

如果认为能够与其他信息相结合便能够识别信息主体身份的所有“间接识别”信息均属于个人信息,则几乎会将所有与自然人有关的信息均纳入个人信息的保护范围。例如,某条信息即使经过了匿名化处理,但只要与身份证号码信息相结合,便具有识别性,即使与姓名、出生日期、住址、职业等足够多的其他“间接信息”相结合,也足以使匿名化信息具有“可识别性”。[85] 在此种情况下,个人信息范围过大,数据流动几乎被阻断,因此该种个人信息判断标准显然过于泛化,需要正视“间接识别信息”的“相对性”而对信息属性进行判断。

“间接识别信息”的“相对性”体现在识别主体具有“相对性”和识别能力具有“相对性”两方面。例如,在新冠肺炎疫情防控期间,各地均会公布匿名化的确诊病例及密切接触者的行踪轨迹信息,对于普通公众而言,获知该类信息并无法得知信息主体的身份,但对于与信息主体关系密切的亲属同事等人而言,则具有识别出信息主体的较大可能性。再如,如果向普通公众告知他人车牌号码信息,一般情况下无法对车主身份进行识别,但如果向公安系统工作人员告知车牌号码信息,则其不仅可以识别出具体自然人,还能获知该人姓名、身份证号码、车辆情况等其他信息。也就是说,“间接识别信息”的“可识别性”由于识别主体和识别能力不同而具有“相对性”。[86] 因此,对于不具备“直接识别”性的其他信息而言,不能一味肯定或否定其属于个人信息,而应当根据识别主体的身份和能力进行具体认定。也就是说,并不一定同一类别的信息便属于相同的种类,在“可识别”性和“间接识别”具有“相对性”的标准下,个人信息不存在

---

〔84〕 参见宋亚辉:《个人信息的私法保护模式研究——〈民法总则〉第 111 条的解释论》,载《比较法研究》2019 年第 2 期。

〔85〕 参见谢琳:《大数据时代个人信息边界的界定》,载《学术研究》2019 年第 3 期。

〔86〕 参见杨楠:《个人信息“可识别性”扩张之反思与限缩》,载《大连理工大学学报(社会科学版)》2021 年第 2 期。

完全确定的边界,[87]个人信息种类的确定也不能依靠列举,而需要逐案进行实质判断。

(二)合理划分个人信息的种类

2017年解释第5条规定了侵犯公民个人信息罪"情节严重"的认定方法,其中第3项至第5项分别根据信息类别的不同而设置了不同的入罪信息条数标准。信息的社会危害性越大,则其构成犯罪的标准应当越低,因此该条应当被视为司法解释试图对个人信息设置分类处理标准与方法的举措。然而由于2017年解释本身对个人信息的定义便存在尚未完善之处,加之上述分类标准的界限较为模糊,导致在实践中运用2017年解释第5条第3项至第5项认定"情节严重"的案件数量很少。有学者也对此提出批评,指出2017年解释规定的该种信息列举式分类方法对个人信息所进行的排序并没有逻辑性和合理性,其仅仅是对社会中出现的违法现象的"靶向治疗"。[88] 为了防止"头痛医头、脚痛医脚"的弊端,需要融合《民法典》关于个人信息的规定,对个人信息进行更合理和更具可操作性的分类。

1. 区分"公开信息"与"非公开信息"

由于信息的不同种类会影响信息的合法处理规则,不同处理规则实际上反映了个人信息的重要程度,抑或信息被侵犯后的社会危害性程度,因此根据不同处理规则对个人信息进行分类是一种科学的做法。根据《民法典》第1035条和第1036条对信息处理规则和免责事由的规定可以总结出,个人信息可以划分为"公开信息"和"非公开信息"。例如,在接受记者采访中所公布的信息应视为"公开信息",但在如微信朋友圈等非公开性社交平台内公布的信息则应当视为"非公开信息"。[89] 也就是说,信息是否公开应当以社会一般公众在当今社会条件下所能获取的资源为判断标准,将已经能为社会一般公众所获知的信息认定为"公开信息",其余的则为"非公开信息"。

2. 区分"私密信息"与"非私密信息"

由于"非公开信息"的范围较大,因此还应当对其进一步细化。根据《民法典》第1034条第3款,除法律规定或权利人明确同意,任何人将他人"隐私信

---

〔87〕 参见王利明:《数据共享与个人信息保护》,载《现代法学》2019年第1期。

〔88〕 参见高楚南:《刑法视野下公民个人信息法益重析及范围扩充》,载《中国刑事法杂志》2019年第2期。

〔89〕 参见程啸:《论我国民法典中的个人信息合理使用制度》,载《中外法学》2020年第4期。

息”公开均构成侵犯他人隐私权,因为“隐私信息”在一般情况下是不公开的,也就是说,“隐私信息”应当属于“非公开信息”的一部分。在此基础上,对于“非公开信息”可以根据其“私密程度”进而划分为“私密信息”与“非私密信息”。“私密信息”是个人信息中涉及“隐私”的部分,例如个人宾馆开房记录等。[90]“非私密信息”是“非公开信息”但与“隐私”无关,几乎不会影响个人生活安宁和生活秘密,[91]例如未公开的个人邮箱账号等。基于上述分类方法,个人信息便得到了清晰且合理的分类:首先,可以划分为“公开信息”与“非公开信息”;其次,“非公开信息”可以进一步划分为“非私密信息”和“私密信息”,这便为个人信息的分类保护奠定了基础(见图1)。

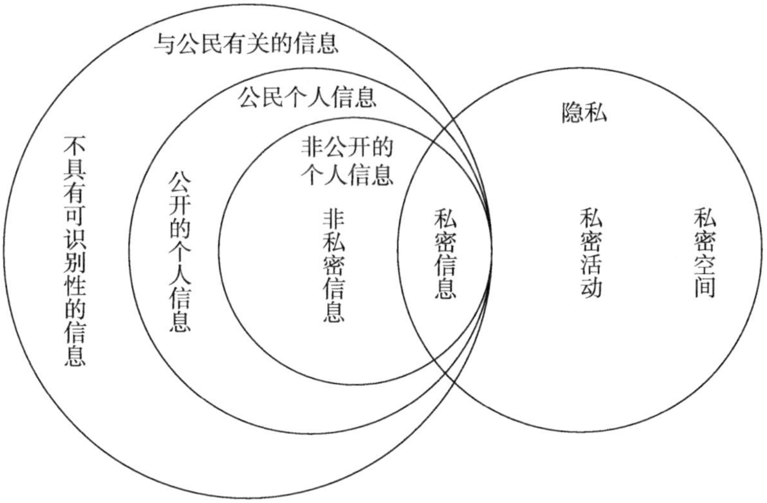

图1　刑民法秩序一元化标准下个人信息的分类

(三)完善个人信息的刑法分类保护模式

对个人信息进行科学分类的最终目的是实现个人信息的合理保护,达到在保障个人信息安全的前提下对信息数据最大限度利用的目的。根据各国理论研究,“告知同意原则”能够成为侵犯公民个人信息罪的不法阻却事由。[92] 该

---

〔90〕 参见王利明:《数据共享与个人信息保护》,载《现代法学》2019年第1期。

〔91〕 参见董悦:《公民个人信息分类保护的刑法模式构建》,载《大连理工大学学报(社会科学版)》2020年第2期。

〔92〕 参见江海洋:《论大数据时代侵犯公民个人信息罪之告知同意原则》,载《湖北社会科学》2020年第9期。

原则是指信息处理者充分告知信息主体信息处理的情况,在取得同意后才可以处理信息的原则,[93]其可以成为对个人信息进行合法处理的前提。但随着个人信息范围的不断扩大和类型的细化,“告知同意”原则的局限性逐步显现,[94]其适用范围以及“同意”的方式都应当根据个人信息的类型而有所调整。《民法典》颁布后,“告知同意原则”具有了可操作性较强的参考标准,应当及时更新原则内涵,明确个人信息合法处理的规则,为侵犯公民个人信息罪提供较为明确的认定准则,从而完善对于个人信息的分类保护。

具体而言,《民法典》针对“私密信息”、“非私密信息”和“公开信息”设置了不同的“告知同意”处理标准。“私密信息”处理权的获得要求较高,需要信息主体“明确同意”。[95] 对于除“私密信息”之外的信息,应当遵循“同意”原则,当信息主体“同意”他人使用时,其个人信息便可以被合理使用。[96] “同意”与“明确同意”的含义存在较大的不同之处,“明确同意”必须是信息主体所做出的清晰、明确的允许单独处理该个人信息的意思表示。[97] 有学者使用软件隐私政策条款进行举例,其认为将收集个人信息的条款隐藏于隐私政策条款冗长繁杂的条文中,使得软件使用者不会真正阅读而直接点击“同意”的行为,有符合“同意”原则的可能性,但难以符合“明确同意”的原则。[98] 因此,如果信息处理者将“私密信息”的获取条款放置于内容过多过长的隐私政策条款中,则具有非法获取个人信息的嫌疑。

在此基础上,《民法典》对“公开信息”设置了比“非私密信息”更为宽松的处理门槛。对前者的处理无需得到“同意”,只要信息主体没有明确表示拒绝,便可合理利用。[99] 由于刑法是民法的保障法,所以民事合法行为不可能构成犯

---

[93] 参见齐爱民:《信息法原论:信息法的产生与体系化》,武汉大学出版社2010年版,第76页。

[94] 参见张新宝:《个人信息收集:告知同意原则适用的限制》,载《比较法研究》2019年第6期。

[95] 参见《民法典》第1033条第5项。

[96] 参见《民法典》第1035条。

[97] 参见程啸:《我国〈民法典〉个人信息保护制度的创新与发展》,载《财经法学》2020年第4期。

[98] 参见喻海松:《〈民法典〉视域下侵犯公民个人信息罪的司法适用》,载《北京航空航天大学学报(社会科学版)》2020年第6期。

[99] 参见《民法典》第1036条。

罪。[100] 也就是说,如果行为人处理的是"公开信息",只要行为人合理使用且没有侵害信息主体的重大利益,信息主体也没有明确表示拒绝,则不属于侵犯公民个人信息罪中的"违反国家有关规定",不能成立犯罪。在《民法典》颁布后,司法实践中已有注重利用《民法典》中"公开信息"的处理规则裁判的案件,对合理利用"公开信息"的行为人进行了出罪化处理,取得了较好的司法效果。[101]

综上,根据个人信息的性质与分类,构建个人信息刑法分类保护模式需要分为三步走,具体路径如下:首先进行"可识别性"判断。若某条信息具有"直接识别性"或"间接识别性",则属于侵犯公民个人信息罪的保护对象;否则,应当排除该罪的成立。其次进行"公开性"判断。如果个人信息是"公开信息",则应当按照"合理使用"原则认定信息处理的合法性;如果是"非公开信息",则仍需进一步判断。最后对"非公开信息"的"私密性"进行判断。如果"非公开信息"不具有"私密性",则应当按照"同意"原则认定信息处理的合法性;如果是"私密信息",则应当按照"明确同意"原则认定信息处理的合法性。(见图2)

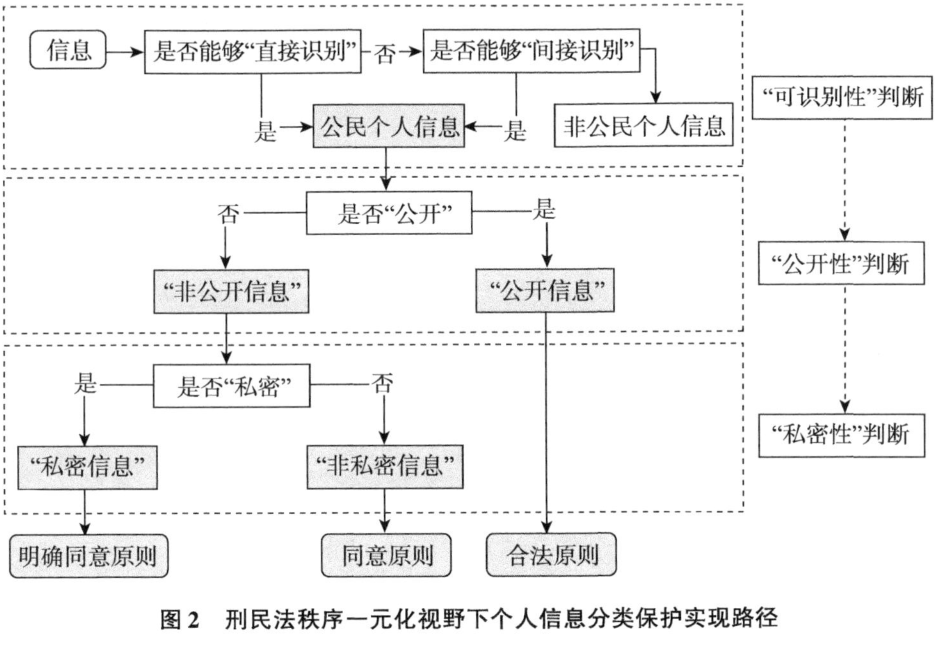

图2 刑民法秩序一元化视野下个人信息分类保护实现路径

---

〔100〕 参见张明楷:《实体上的刑民关系》,载《人民法院报》2006年5月1日,B01版。

〔101〕 参见卢志坚:《出卖公开的企业信息谋利 检察机关认定行为人不构成犯罪》,载《检察日报》2021年1月20日,第1版。

上述方式不仅能够实现个人信息的准确界定,还能合理划分侵犯信息行为的社会危害程度,科学认定侵犯公民个人信息罪的成立条件,保障在整个法律体系框架内实现个人信息安全与数据流动共享的平衡。

结　语

我国法律在探索个人信息保护制度时,采取了“刑法先行”的做法。侵犯公民个人信息罪的设置对个人信息保护起到了正面效果,但个人信息认定标准的缺失导致了对其范围进行扩大化解释的倾向。这造成了司法解释和司法实践对个人信息认定的混乱和不足。《民法典》的颁布对上述情况起到了缓和效果,应当参考个人信息的《民法典》标准,对个人信息的含义、范围、分类等一系列要素进行调整。聚焦个人信息的“可识别性”标准,并通过判断信息的公开性、私密性程度进一步实现对个人信息的类型划分。采取上述方法既能够助力司法实践充分论述信息属性,推动侵犯公民个人信息罪的正确适用,又能够促进刑法与民法保护的协调衔接和刑民法秩序一元化的实现。在此基础上,通过推进其他部门法和专门立法积极参与和发挥作用最终形成对个人信息的整体保护,构建科学系统的个人信息保护法律体系。

域外法域

担保法、形式主义与第九编*

[美]格兰特·吉尔摩** 著　张梦奇*** 译

摘要：

不移转占有的动产担保交易被普通法定性为欺诈交易且无效。实践中为规避实体法的禁止性规定催生了各类纷繁复杂的动产担保融资手段。其中，信托收据、存货担保与应收账款融资逐渐发展为最具形式主义色彩的动产担保手段，并因其高度专业化成为垄断行业，进而阻碍了动产担保融资的便捷与效率。美国《统一商法典》第九编采用功能方法，以"担保权益"的一元化概念将各类动产担保手段整合，逐步瓦解了动产担保法中的形式主义，进而得以打破行业垄断，促进动产融资的快速发展。

关键词：

动产担保法；形式主义；担保权益

在美国，动产担保法发展的历史就像一场持久的游击战。通常我们认为，债务人以其动产担保借款，不移转担保物的占有且在担保期间内可以充分利用担保物，这种交易要么是不怎么光彩的，要么就是完全不诚实的，而在它无法被清晰界定时尤是如此。这些人还会把这类备受质疑的交易推定为"欺诈"，即便事实并非如此。一旦人们把某件事贴上"推定欺诈"的标签，对此更进一步的理性探讨也就戛然而止了。

---

* 原题为"Security Law, Formalism and Article 9"，原载于《内布拉斯加州法律评论》第47卷第4期(1968年)，第659～677页。本文同样见于1967年由Bobbs-Merrill公司出版的*The Proceedings of the Mississippi Law Institute*第241页。此处由上述出版商重印。1967年11月8日，本文以演讲形式在内拉斯加州大学法学院做出。摘要与关键词均由译者添加。本文的翻译与发表均获得《内布拉斯加州法律评论》(Nebraska Law Review)的授权许可，在此表示感谢。

** 芝加哥大学法学院Harry E. Bigelow法律教授。

*** 中国海洋大学法学院民商法专业2019级博士研究生。

在过去的150多年里——这也是我们的主题所能追溯的最为久远的时间,由司法机关所领导的建制派法袍飘扬,厉兵秣马,与由在动产上设定担保的人们所组成的游击队展开斗争。大量的司法文献如同鸿篇巨制的檄文,将表面看起来合法的交易中所蕴含的推定性欺诈因素揭示得一览无余。而对于交战双方而言,这场游击战最糟糕的地方就在于它连绵不绝。游击队时不时占领阵地,建立桥头堡,并在无足轻重的领地上安营扎寨——这是因为建制派偶尔被更为重大的事件分散精力,又或是因为游击队更为机智地将自己掩饰在正义之名下;从长远来看,则是因为最英勇的护卫也会有虚弱之时。

我们已经十分熟悉这场百年战争所涉及的重点战役了。其中有关于嗣后取得财产条款以及它声名狼藉的孪生兄弟未来贷款条款的斗争;有关于存货抵押以及其他类型的存货融资的战役;同时也有关于应收账款融资的短暂而残酷的暗战,如此云云。[1]

当然,试图在动产上设定担保的人们终归有自己的办法,但长期以往的结果是,这些办法复杂、迂回,甚至十分隐蔽。尽管经过一段时间后,依据嗣后取得财产条款和未来贷款条款,在全国范围内当事人都可以通过在存货和应收账款上设定担保来进行融资,但是根据美国《统一商法典》之前的法律,想要简洁行事却没有可能。

事实上,动产担保领域的每一次扩张都要克服长期的抵制,并且伴随着普遍的质疑。我们可以把19世纪后期以及20世纪初出现的几种新型担保协议视为融资"手段"(device),信托收据(trust receipt)、代销商留置(factor's lien)以及存货担保(field-warehousing)协议均是如此。由此而言,"手段"一词的通用并非无关痛痒。这个词有创造性、智慧甚至狡诈的含义;而法律意义上的"手段"则意味着对实体法禁止性规定的规避。当前所有的新型担保都是如此——通过把被禁止的交易冠以新的称谓,新型担保的支持者们试图把先前被认定为无效的交易转化为有效的交易。然而他们的努力总是被法院所挫败,只有信托收据偶尔能够取得成功。

同时,各类动产担保的涌现营造了一种令人不安的欺诈氛围,这也便解释了为何担保法在当前阶段或者法典颁布之前的阶段会如此复杂。一个新的担保类型即便在某种程度上得到了司法的承认也会十分的勉强。得以共识的是,

---

〔1〕 我的著作中已经详细探讨了下文涉及的诸多问题,见 G. Gilmore, *Security Interests in Personal Property* (2 vols. 1965)。我不准备在本文中写明所有的内容,有兴趣的读者可以自行查阅该书中的相关章节。

即使存在诸如“信托收据”之类的协议,其适用也会被限定在尽可能狭小的范围内。其适用边界会被清晰地标注,即便最轻微的越界也会导致灾难——对于粗心的担保权人而言,其不幸之时便是债务人的其他债权人的欢腾时刻。每一种新型担保都迅速发展出了其适用的惯例以及形式上的复杂体系。

因此,在 20 世纪,动产担保法演变为有记载以来最具形式主义色彩的法律。普通法中这种以形式大于实质为特点的形式主义仅在流通票据法中可循踪迹,甚至有过之而无不及。但是,形式也并不总大于实质,实质有时会披着形式化的外衣并以最恰当的方式展现出来。流通票据法中形式主义的建构要比担保法早了大半个世纪。两相比较,若同因便可同果是一种合理的假设,那么在两部法律中,若其形式主义都趋于瓦解(事实上正是如此),则其瓦解的原因也会相近甚至一致。〔2〕

在担保法中,有关文件签署的形式化要求最早可追溯至动产抵押法。所有的签名必须被确认或证实的要求或许仅仅出于对严格惯例的遵守,而这早已成为不动产交易中的传统。但值得注意的是,后期才被承认的动产抵押在早些时候被认为是一种欺诈性财产转让。因此,动产抵押权人被要求对其诚信和无欺诈意图进行庄严的宣誓——这种早期的通用的诚信誓言,毫无疑问是有效的。

随着后期担保类型的发展,这种对形式或是惯例的要求与遵守远远超过了签署文件的范畴。

转移所有权的货物买卖可以用来融资,而普通法中信托收据的基本条款就是用来调整这类交易的。货物的所有权在从 A(出口商,制造商或者其他卖方)转移至 B(银行或其他融资机构)再到 D(最终买方)的过程中,并没有转移至 C(受托人、经销商、经纪人或其他中间商)的手中。若 C 享有货物的所有权,则信托收据会被视为伪装的动产抵押而无效。基于此,在美国少许沿海的州,信托收据演变为一种进行短期融资的有效手段,并用之于货物进口。然而,到了 20 世纪 20 年代,信托收据在美国被用于大规模的汽车分销时却陷入了困境,其主要原因在于 C(汽车经销商)必须享有货物的所有权。这些被迫进行汽车分销融资的金融销售公司寄希望于正在编纂的法律——《统一信

〔2〕 我并不打算在本文中深入探讨流通票据法中形式主义的缘起与当前的瓦解。对形式主义在该领域中类似的发展过程,有不同观点的讨论,见 Gilmore, *On Statutory Obsolescence*,39 U. Colo. L. Rev. 461 (1967)。

托收据法》(1933),[3]而该法随即得到广泛的适用。该法删除了普通法中信托收据融资时“C不得享有所有权”的形式化要件,并在“何为信托收据交易和信托收据”(《统一信托收据法》第二章)的章节中写明了适用该法的形式化要件。读者们或许会忽视学习该法第二章中相关条款的重要性,若是如此,那我要恭喜你们——学习那些条款简直愚蠢至极。但这部法律中关于信托收据体系的阐述不可思议地增加了更多的适用障碍,远甚于普通法。不过,有一点我们将在适当的时候再谈:无论是普通法还是制定法,它们在某些领域的成效还是十分显著的。

作为存货融资的一种可选择的方式,虽然存货担保几乎与信托收据同时发展,但其在刚刚出现之时却并未被称为新的“手段”。相比而言,存货担保更像是传统普通法中的质押。也有质疑者并没有被其外在所迷惑,因此为了得以适用,当事人不得不对存货担保进行“手段”式的伪装。具体而言,信托收据的形式主义强调教条式的教义——所有权转移等,而存货担保的形式主义因其发展背景有些许不同,其更加强调仪式性——就像魔术表演中的仪式表演。

美国联邦最高法院的两个判决为存货担保的发展带来突破。1905年,联邦最高法院认为破产管理人无权宣布银行在仓储担保公司签发的仓单上的质权无效。[4] 而在1907年,基于相似的事实和同一公司签发的仓单,联邦最高法院却认定仓单无效且存货质押是一种欺诈性财产转移。[5] 虽然后者声称并未试图推翻先例,但其判决结果却暗示了存货担保有“好”“坏”之分。可无论是霍姆斯(Holmes)大法官在第一个判决中的意见,还是佩卡姆(Peckham)大法官在第二个判决中的意见,它们都没有暗示这两个案子之间有什么显著的区别。

未受不利环境的影响,存货担保迅速催生出了一个庞大且繁荣的行业。霍姆斯式的“好的存货担保”与佩卡姆式的“坏的存货担保”之间的区别似乎体现在惯例之中。但无论如何,惯例的作用还是被夸大了——租约、签名、铁丝网笼、“独立的管理人”(independent custodians)以及其他常见的标志都使得正常运营的存货担保与欺诈性财产转移有所区别。由于缺少联邦最高法院进一步的指令,低级别法院只能继续将惯例看得极为重要。值得注意的是,与信托收

---

[3] 《统一信托收据法》于1933年由美国统一州法委员会颁布。至1940年,该法已被10个州所采纳适用,包括加利福尼亚州、伊利诺伊州、马萨诸塞州和纽约州。在被美国《统一商法典》第九编取代前,该法已在38个州适用。

[4] Union Trust Co. v. Wilson,198 U.S. 530 (1905).

[5] Security Warehousing Co. v. Hand,206 U.S. 415 (1907).

据一样,存货担保的这些形式性内容也卓有功效。如果你通读一遍1910年至1950年的略显枯燥的存货担保诉讼目录便会发现,到20世纪40年代,存货担保的不当运营几乎消失了,劳伦斯仓储公司(Lawrence Warehouse Company)以及它的竞争者已经成为了遵守这些棘手惯例的老手,毕竟它们曾是这些惯例的首创。但是,存货担保的正常运作并不等于说在需要之时货物就会在仓库里——这是接受豆油以及其他有趣的商品担保的债权人通常熟知的状况。

几十年后,存货担保的发展经历在应收账款融资领域中得以再现。这次仅以联邦最高法院的判决为指导且进行应收账款融资的人们要比之前从事存货担保的人们更快地汲取经验。这或许是因为他们善于从经验中学习。

在Benedict v. Ratner[6]*一案中,法院要对如下融资行为的效力做出裁判:转让人从应收账款债务人(未得到转让通知)手中持续收取应收账款并将之用于日常的经营活动,也未向受让人说明。基于布兰代斯(Brandeis)大法官的意见,法院认为,该行为对转让人的破产管理人而言是无效的,因其按照纽约州的法律属于欺诈性财产转移。无论布兰代斯大法官对纽约州法律的解读正确与否,在Benedict案中所确立的规则很快就得到了普遍适用。除了马萨诸塞州和密歇根州根据其州法未予适用,其他所有地方的法院,无论是州法院还是联邦法院,都将布兰代斯大法官对纽约州法律中欺诈性财产转移的解读奉为圭臬。

1925年,在Benedict案做出判决之时,该案所处理的这类融资方式并没有得到广泛的适用。若不考虑当时特殊的历史环境,学生在读完布兰代斯大法官决绝的意见后很可能会认为本案会对这类融资行为给予致命的打击。但在该案判决后的十年里,这种应收账款融资的数量呈现急剧的增长,转让人不仅不通知应收账款债务人其转让应收账款的行为,他们甚至还将应收账款用于其日常的经营活动。

可以想到的是,立马制定出符合Benedict规则的融资模式是十分困难的。布兰代斯大法官认为该案中的融资行为有一个重要的问题,就是转让人对账款

---

[6] 268 U. S. 353 (1925).

* 本案中,某地毯公司向法院提交破产申请。Ranter声称该公司在破产申请之前4个月将其现有以及将有的全部应收账款转让给自己以担保某笔借款,故向法院主张收取尚未给付的账款。Benedict作为破产管理人,声称此类应收账款转让违反纽约州法律,属于欺诈性财产转让故而无效,并要求Ranter返还已收取的账款。根据当时纽约州的法律,不移转占有的动产抵押被认为是欺诈性财产转移且无效;而该规则是否适用于应收账款的转让却无明确规定。布兰代斯大法官最终支持了Benedict的请求。——译者注

的“自由支配”。显然,对于受让人来说,主张实际“支配”转让人持续收取的账款是解决这一问题的办法。其实这类融资的关键在于,只有当转让人能够改善财务状况或者能够偿还贷款时,其所收取的收益才能用于日常的经营活动。据此,符合 Benedict 规则的融资行为应是转让人将收取的全部账款汇于受让人,之后受让人立刻将该款项再“重汇”给转让人。这种“支配”显然就不违背融资活动的基本要求了。Benedict 案中的融资行为所催生的另一个惯例是维持贷款余额与应收账款总值之间的固定比例。如果应收账款价值低于约定比例,则转让人必须清偿贷款直至恢复比例;若应收账款价值超过比例则转让人可以申请更多贷款。在 Benedict 案之后的应收账款融资中,循环贷款(revolving credit)得到普遍适用,而简单的定期贷款逐渐消失。仅从逻辑出发,似乎很难解释为何循环贷款会立刻得到普及;即便间接地从布兰代斯大法官在 Benedict 案中的意见里也难觅理由。不过,从形式层面而言,循环贷款的条款可以视为受让人坚决主张支配其担保权益的又一例证;从实践层面来看,对指定账户中的账款价值与贷款之间的比例进行反复审查的要求既保证了受让人对转让人状况的密切监管,也使受让人变得好似警察一般。

联邦最高法院在做出第一个关于存货担保的判决后,一如既往地没有就此问题再度着墨。低级别的法院在审理之后的案件时也遵循先例,认为只要履行了形式上的要求便可使债权人免遭欺诈性财产转移的损害。如前文所述,存货担保不当运营的情形自 1940 年起便消失了,而应收账款融资中违背 Benedict 规则的情形甚至消失得更早。

目前为止,我们已经回溯了三个有关存货和应收账款领域中教条主义或是形式主义的显著的、快速的发展。每一个案件中引发争论的融资行为都在奄奄一息后重新焕发活力。在本文继续下去之前,我们要探讨一下形式主义对法典出台之前的融资实践产生了何种的影响。

我认为它导致了两个十分重要的结果。

第一个重要的结果是,形式主义导致这些融资领域高度专业化。只有专业人士才能应对存货担保中棘手的形式要件,或者懂得如何遵循 Benedict 规则,抑或处理信托收据中那些令人难以理解的形而上学的内容。相较而言,寡妇、孤儿以及乡镇的银行通常被建议远离这些晦涩的事物,事实上他们也对此敬而远之。在一段时间里,这些融资活动几乎被几家大型融资企业垄断——也只有它们在经历了惨痛教训后掌握了必备的专业知识与技能。以存货担保为例,通过案例报告我们得知,早些时候有大量的企业从事存货担保以及票据签发业务。到 1960 年,整个存货担保业务几乎只由六家大公司[7]运营。而 1960 年之后,其中一家公司也日渐式微。信托收据在进口融资业务中的适用早已被几家最大的城市银行所垄断——它们也是国际信用证的独家签发人。很明显,信托收据在进口业务中的收益源于先前的信用证业务。当信托收据被逐渐适用于汽车及装备分销领域时,几十年内只有少数几家早已拓展此类业务的全国性金融销售公司成为了从业者,它们也是这期间仅有的与《统一信托收据法》打交道的实践者。不仅如此,这些金融销售公司还在 20 世纪 30 ~ 40 年代凭借对 Benedict 规则的娴熟运用,依靠商业应收账款融资丰富、拓展了其商事业务。

法律中的形式主义不可避免地导致了这种专业化,而专业化又反过来促使形式主义发挥功效。只要将非专业人士拒之门外,只让专业人士从事这些业务,那么相关的规则即便有些棘手,也算是精确可查的。在我们所讨论的这些领域内,也确实有一些交易在专业人士涉足后不尽如人意。专业化可谓一把"双刃剑":有害的一面在于,人们必须谨小慎微地去了解这一复杂、笨拙且成本高昂的形式体系;有益的一面在于,他们是为数不多的了解这些的人,因此可以尽享垄断带来的利益。当垄断的利益十分可观时,非专业人士也想分得一杯羹,而崩溃瓦解之处就在于此。这些非专业人士急匆匆地东施效颦,可能会在一夜之间打破这个领域历经千辛万苦所建立并维持住的精妙平衡。

第二个重要的结果在担保法中,也与上文所述相关。正如我所说的,形式主义在存货以及应收账款融资中发挥到了极致。当一家企业需要更多的运营资金时,它或许会通过银行或者其他金融机构寻求贷款,也会通过公开发行债券进行融资。无论哪种情况,该企业都会在其部分或全部资产上为贷款或债券设定担保,可以用来提供担保的资产主要是厂房、设备、存货以及现有的和将有的应收账款。通过案例报告可知,1920 年前后,以上述资产进行质押或抵押的行为已经十分普遍了。在 1920 年之后,尤其是在 1929 年大萧条之后,这一模式有了显著变化。企业不再用存货和应收账款,而是用厂房和设备作为担保物进行长期融资。这一变化产生的原因不难理解,提供长期资金的机构或者个人根本无力应对存货以及应收账款担保活动中形式主义的要求,即便这些要求是为了防止损害而设置的。此外,随着法院的判决,Benedict 规则所显现的最无力的一点是,即便是极少价值的担保最轻微地违反了这一规则,整个担保交易也

---

[7] Comment, *Financing Inventory Through Field Warehousing*, 69 Yale L. J. 663, 681 - 82 (1960).

会因此全部无效。[8] 例如,5000 万美元的贷款由价值 1 亿美元的厂房和设备以及几美元的应收账款一并提供担保,如果应收账款担保的设定没有严格遵循 Benedict 规则,则整个担保将会无效。在这种情况下,起草公司的多方契约和贷款协议的专业人士很快懂得仅以厂房和设备作为担保物进行担保,并将存货和应收账款担保视为单独的融资方式,交由这一领域新兴的专业人士来处理。由此,在处理这些融资活动的工作领域中也就出现了两类专业团体。以企业固定资产进行长期融资的活动与以企业流动变化的资产——存货和应收账款进行融资的活动,二者逐渐分离。

无论起初的理由多么含糊或者荒谬,这种分离其实是十分有道理的。一方面,存货和应收账款具有持续流动的特质,它们很容易受到突然的周期性变动以及市场波动的影响。当一个濒临破产的企业无计可施时,要么通过明显的欺诈行为,要么通过低价出售,存货和应收账款会以令人不安的速度消失。另一方面,存货和应收账款融资是一种高风险的融资方式。如果债权人足够明智,他们会想尽办法掌控或监管债务人的财务状况,而这种行为在稳定的固定资产融资领域里并无必要甚至令人感到奇怪。起初,对两种融资方式的区分或许只是对复杂的信托收据教义以及落后的 Benedict 规则纯粹的法律上的回应。但是在实务领域中,这种区分可以不顾法律形式主义的束缚而大书特书,而专业人士对此也逐渐有所领会。

20 世纪 40 年代后期,美国《统一商法典》第九编的起草人(我也是其中之一)高举"精简化"的旗帜开启了他们的工作。这样做毫无疑问是正确的,担保法近百年来发展的结果是,受担保的债权人可以在其债务人现有的和将有的全部动产之上设定担保,这一点几乎在全国范围内都可适用。基于此,起草人得出了一个值得探讨的结论:精简化就是做他们应当做的工作。他们认为,动产担保法展现出来的显著的复杂性,以及其精妙的教义和形式,都只不过是这场"百年战争"的残留物罢了,这些关于早先战场的纪念碑理应被销毁。担保法不应再是专业人士的自留地,而应成为一个向所有人开放的天地——包括小地方的从业者,乡镇银行,甚至寡妇和孤儿。当事人应当尽可能简便甚至轻而易举地在动产上设定担保并获取权益。但这样做会有什么后果?

如前文所述,因法典之前复杂的担保法所获益的人主要是那些专业人士——大城市的银行、金融公司以及那些能够获取专业建议的人,只有他们知

[8] Lee v. State Bank & Trust Co. ,38 F. 2d 45 (2d Cir. 1930),本案成为 Benedict 规则在这一方面适用的先例。

道如何进行操作。因此有人认为,法典起草人这种精简化的编纂方式会引起这些专业人士的极力反对。令我印象深刻的是,在《统一商法典》第九编起草工作前期,我们在与大型银行以及金融公司进行商讨时的确产生了一些分歧。但最终他们大多数人都成为了法典与第九编的支持者,并且也成功说服了他们的客户。这教导我们,人不能仅靠食物或逻辑而活。此外,所有的律师,即便是那些致力于抢夺各种利益的律师,在他们凶残的外衣下也会因公众利益而产生恻隐之心。当然,他们愿意把简化的法律与公共利益相联系,或许也是出于私利。

我们坚信一些想法或者观点总有出头之日,当那一天到来时,它们就会所向披靡。在这一点上,我们应当注意,第九编绝不是编纂简洁化担保法的首次尝试。统一州法委员会会议(Conference of Commissioners on Uniform State Laws)早已起草了一系列担保法律。其中,《统一信托收据法》虽不能被称为简洁化的法律,但就其颁布适用的州的数量而言,它是唯一取得成功的立法,且其成功源于很多特殊的条件。《附条件买卖法》(1918)仅在少数几个州适用,随及也被废除。《动产抵押法》(1927)从未得到适用,但它的失败令人十分感兴趣,因为它所采用的结构以及基本原理简直与第九编如出一辙。可以说,经过大致的编纂后,担保法的简洁化并未在1930年实现,而是在1960年才姗姗来迟。对此我们也无须多言。

前文已经指出,担保法中极致的形式主义与其专业化密切相关,并且通过案例报告可知,专业人士接手之后,出于各种实际的目的,违反规定的以及非专业的交易的确消失了。这种情况似乎在20世纪40年代才开始出现,1950年之后判例法的一个显著特点是关于非专业化交易的诉讼的再现,而这类诉讼自20世纪二三十年代起就难觅踪迹了。〔9〕很明显的是,非专业人士在二战之后跃跃欲试,他们主要是小型的或者乡镇的银行以及金融公司,且之前都未曾涉足存货以及应收账款融资。一种合理的假设是,在二战期间,当私人融资无法满足军工生产,并且联邦政府准备承担所有损失时,这些放贷者便机敏地发现了参与这类融资活动从而盈利的可能性。虽然这种对银行十分有利的局面不应也并未持续太久,但是,二战期间存货和应收账款作为担保物的可能性,在战后催生了大量相关的融资行为。可无论是债权人还是债务人(大多是小型的、缺少

〔9〕 关于这类案件,可参见G. Gilmore, *Security Interests in Personal Property* 中第4章(信托收据)、第5章(代销商留置权)、第6章(存货担保)和第8章(应收账款融资)中对近期案件的探讨。无论是州法院还是联邦法院关于新罕布什尔州的一系列案件的判决,都十分值得注意。

资金的企业),抑或出谋划策的律师,他们对法律的程序以及司法实践的了解并不准确。即便没有出现明显的经济衰退,1950年后涉及担保交易的诉讼数量之多也令人吃惊。而从专业的角度来看,这些交易都是在无知和无能中孕育出来的。若是出现了明显的经济衰退,又有谁知道会发生什么呢。

如前文所述,法律形式化体系的维持赖于专业化。当非专业人士加入后,这个体系就会瓦解;这些封闭、严格的规则会被更加宽泛和松散的规则所取代。若想维持体系,就要对破坏规则的人予以惩罚——在我们讨论的情形中,债权人的担保权应归于无效,而且只要偶尔出现不符合规定的情形,法院就可以这样判定。但是,当非专业化的交易越来越多时,法院的态度就要缓和一些了——即便债权人对复杂的《统一信托收据法》第二章或 Benedict 规则存在明显误解,他们的担保权也不会被彻底判定无效。在瓦解这一体系的过程中,确定性以及可预见性的牺牲也是不可避免的,而对通晓该体系的人们而言,其最大的优点正是确定性与可预见性。

我认为,对20世纪50年代以及60年代初法典之前的判例法的准确解读正是体系瓦解的过程——起码是开始,这一点我早已有所推论。但这缺乏科学的甚至法律上的证据,没有足够的案例可以让所有人(即便是法学教授)去侃侃而谈这一过程的变化、走向甚至趋势。我认为,的确有大量的非专业债权人没有像三十年前他们前辈那样,仅仅因为违反法律就受到惩罚,担保权被判定无效。这些情况当然可以归咎为对司法的无知,或许法官和银行均是如此,但对司法的无知恰恰是推动法律进步的重要因素。

我认为在不考虑第九编的前提下,过往二十年的这些判例法所能带给我们的经验是,担保法本身正变得更为简洁、纯粹,其形式化的体系也处于一种自发的瓦解过程。如果这一过程在20世纪60年代至70年代仍能继续的话,按照我们的假设,它或许会迎来圆满的结局。但第九编和法典的普遍适用却突然终止了这个过程。不过,我们在20世纪50年代数量惊人的判例法中所发现的那种推动力在第九编中也能发现,只不过两者表述方式有所差异。当瓦解先前形式化体系的时代到来时,只有通过综合性的编纂而非随意无序的判例法改造,才能将这一工作进行得更加彻底。无论以何种方式,这个工作必须完成,这也是那个时代的宗旨。幸好,第九编在最需要它的时候及时出现。

第九编和二战之后的这些发展其实并无关联。我可以作证,起草人或是专业的建议人都没能做出相关的预测。或许起草人对即将到来的事物的情况并没有准确的理解,毕竟未来是难以预知的,而如果足够幸运的话也完全可以歪打正着。或许那些专业人士要比他们自以为的更加明智,毕竟他们所支持的简洁化的担保法与他们固有的利益看起来背道而驰。对于借助综合性的编纂运动而开始的担保法简洁化运动在20世纪60年代而非20世纪30年代开始的奇特事实,我们或许还无法给出一个有力的解释。

为了完成所谓的简洁化任务,起草者们必须从历史中寻求出路,毕竟他们没有窥视未来的眼力。在法律层面,他们所能做的就是理解旧有的案例以及现有的法规,并且简化历史使之更为有序。对第九编最恰当的描述就是针对过去40年中最有名的担保法争议问题的分类汇编,存货融资以及由此产生的担保类型、应收账款融资和Benedict规则,这些都被第九编详细地收录。当然,争议较小的问题也没有被忽略,如关于嗣后取得财产以及未来贷款效力的问题。[10] * 为了更好地理解第九编,人们要明白几乎所有的具体内容、这五十个章节的细节以及措辞都是对历史原型的拷贝,其中并没有什么新鲜内容。

之前提到过,根据现行的担保法,债权人可以在债务人全部现有以及将有的财产上设定担保。基于这一前提,第九编的起草人得出结论,新的法规应当以最为简洁的风格完成该款规定的表述。这种要求使他们采用了十分新颖的方式,起码从结构和语言上看是这样的。所有的担保类型如质押、抵押、附条件买卖、信托收据、代销商留置等都被废除了,它们全被一个统一的概念"担保权益"(security interest)所替代。[11] 因此突然之间,所有关于附条件买卖、信托收据交易或是其他交易的本质的那些形而上学的推测都变得毫无意义。第九编不需要仿照《统一票据法》第二编的可怕的复杂形式——《统一商法典》颁行之前一系列法规确立了六种不同的登记系统,它们根据不同的理由,要在不同的机构由不同的行政人员登记在不同的登记簿上,而"担保权益"这个统一的概念自然也导致简洁统一的登记系统对其取而代之。毫无疑问,这是第九编对担保法简洁化所做出的两个主要贡献。

起草人也在着手去除他们认为在应收账款融资和存货担保领域中蔓延的毫无意义的形式主义。在应收账款领域起草人成功了,但在存货担保领域他们遭遇了该行业从业人员的有力阻挠并吞下败果。

---

〔10〕 除了农产品和消费品外,美国《统一商法典》第9-203(3)条规定:"担保协议中的担保财产无论何时取得,均可担保本协议中的全部债务"。第9-204(5)条规定:"担保协议中的债务可以包括未来贷款或其他价值,无论贷款或其他价值是否系根据承诺提供。"

* 该两款规定已经修改,最新表述见《美国统一商法典》,潘琪译,法律出版社2018年版,第539页。——译者注

〔11〕 美国《统一商法典》第9-102条。

从形式层面来看,美国《统一商法典》第9-205条彻底废除了Benedict规则。受让人必须以某种方式对转让账款主张支配权的要求已经不复存在。尽管转让人对账款的支配是绝对的,但法典所谓的担保权益并不因应收账款债务人向转让人汇款或未计算应收账款收益而改变。但是,有人试图保留该规则中实质性的一面,以区别该规则的形式化内容。由此,依据法典第9-306(4)条的规定,在债务人破产时,那些根据历史悠久的Benedict规则而对债务人的状况进行监管的受让人有权获取账款收益,而未予监管的受让人则无权做出如此行为。值得注意的是,极力支持对Benedict规则进行改革的,正是为起草人提供建议的应收账款融资领域的专业人士。

起草人同样被建议废除存货担保中的一些形式化惯例。为了做到这一点,就要像对待其他存货融资一样去对待存货担保,并要求进行登记以完善担保权益。由于登记就能满足完善的要求,因此仓储的一些运作细节就不再具有任何法律意义了,尽管它们看起来有巨大的实践意义。事实上,没有任何存货担保企业的代表参与第九编的起草工作。当他们得知自己营造的神秘性要被打破时,便表示激烈的反对,这也起到了一些效果。存货担保业务中的专业人士们对其在普通法中质权人角色的神秘热忱,或许是他们没有参与起草工作而造成的。可能因为没有被教化或洗脑,其他领域的专业人士对第九编的建议出人意料地予以支持,而存货担保的专业人士则对其地位以及暂时的利益表现出自然的防御性反应。经过长时间的争议后,草案提议的登记要求被删除,取而代之的是在最终的第九编草案中加入的一条严厉的告诫,其实质是本编不应写入任何规定来“放宽”普通法中对存货担保协议的效力认定。[12]

没能将存货担保从其自制的枷锁中解救出来使得我们处于一种未来的历史学家会感兴趣的境地。一如第九编的制定,使得法典之前的形式主义中历史悠久的严格性被保留了下来。我们之前假设,即便没有第九编,法典之前的形式主义终究也会逐渐趋于瓦解。而存货担保的情况恰恰受到第九编的影响,因为依据法典,法院被告诫要保留形式主义,并且要对那些不具备劳伦斯仓储公司的优秀水准却贸然经营存货担保业务的业余人士进行处罚。在大约20年内我们将会看到法院如何行使一项奇怪的立法委任权,它们如同在大自然中反其

---

[12] 美国《统一商法典》第9-205条(第二句)。该条第一句是对Benedict规则的废止。该条两句放在一起理解,可解读为即便Benedict规则在其他交易中已被废止,但其在存货担保交易中仍有效力。

道而行之地开辟一个形式主义的后花园。基于此，自 1950 年出现的大量存货担保诉讼所引发的新问题在早期并未得到人们的关注，而当时唯一的关注点仅在于形式惯例是否得到遵守，[13] 这种现象也就不足为奇了。当然也有可能，存货担保的专业人士摒弃他们传统的做法，在 20 世纪 70 年代接受他们在 20 世纪 50 年代所排斥的简洁化的法律，但这种猜测无需再进一步。

尽管没有屈服于政治压力，第九编的起草人在实现其所追求的简洁化道路上也并非一帆风顺，他们偶尔也会搬起石头砸自己的脚。这一点明显地体现在他们对财产的分类上，他们不仅把货物分为四类，[14] 还把无形财产分为六类，[15] 而回顾历史我们不难发现，如此精细化的分类其实没有必要。此外，起草人似乎也被自己的热情带入歧途，他们声称第九编的优先次序条款不仅能解决现实世界中存在的优先次序问题，还能解决更多仅仅存在于设想中的问题，而这一部分也不缺少精致的复杂性。[16]

因此，即便就其本身而言，第九编也没能将担保法设计为人尽皆知的水平，喜欢处理法律中疑难问题的律师们会发现该法中仍有大量挑战他们智力的内容。此外，在第九编定稿的最后 15 年里，除了一些细节问题，大量事件也使其不堪重负，我之前就提到过第九编的具体内容必然是源于过去的。如今，我们也开始遇到很多起草人当时无法预见的争议问题。在过去几年里，产生了大量关于顺位协议和否定性条款的争议。[17] 尽管大量的问题涌现，但唯一清楚的是其答案并不在第九编之中，并且将来还会出现其他无法预见也本就无法预见的问题。

在其短暂的生命中，第九编早就被发现了一些不足之处，但法典其他各编或先前的制定法亦是如此。其实，法典的成功编纂很大程度上受到所谓的制定

---

[13] 关于最近的存货担保诉讼的讨论见 G. Gilmore, *Securiti Interests in Personal Property* §§6.5–6.8.2 (1965)。

[14] 美国《统一商法典》第 9–109 条（“消费品”“设备”“农产品”“库存”）。

[15] 美国《统一商法典》第 9–105 条（“动产契据”“单据”“票据”）；第 9–106 条（“账款”“合同权利”“一般无形财产”）。

[16] 总体而言，美国《统一商法典》第九编第三章（第 9–301 条至第 9–318 条）就是用于解决优先次序问题的。其核心是第 9–312 条。

[17] See Coogan, Kripke & Weiss, *The Outer Fringes of Article 9: Subordination Agreements, Security Interests in Money and Deposits, Negative Pledge Clauses, and Participation Agreements*, 79 Harv. L. Rev. 229 (1965).

法过时原则(statutory obsolescence)的影响。[18] 换言之,绝大部分的制定法在其颁布的时代都是过时的。尽管现实瞬息万变的特点不可避免,但这种表面上令人感到不悦的事实(制定法过时)却使得我们能够与这些制定法共存,并且不会被历史的细节压得喘不过气来。第九编所无法解答的50年前的问题将留给类似的判例法解决,因此现在就断定这种情况是否会持续下去,或在这半个世纪里编纂的制定法是否像制定法过时原则所说的那样要通过不断地修改而保持更新,还为时过早。

尽管本身仍有复杂性且不可预知的变化也会增加其复杂性,第九编也应当因其实现了担保法的简洁化而受到赞扬。毫不夸张地说,依据第九编,债权人可以轻松地在其债务人全部现有的以及将有的财产上设定担保。由此我们也回到了先前还未解答的问题:在顺利设定担保之后究竟会发生什么?

我倾向于认为当事人会引火烧身。人们越是屈服于利用第九编宽松条款的诱惑,越容易遭受引火烧身的危险。交易越简化也就越安全,除非有一些令人信服的理由去说明为何要在担保协议中写入嗣后取得财产条款或未来贷款条款,抑或以存货或者应收账款作为担保物,否则我最佳的建议是,不要这样做。对于这个多少令人有些沮丧的建议,有以下几个绝佳的理由可予以解释。

第一,第九编仅把法律的概念以及形式予以了简化,蕴含在高风险融资活动中的危险始终存在。如果当事人想操控存货或者应收账款这类富有争议的担保,他们就必须认真研习并练习专业人士掌握的控制和监管的技能。现在并无迹象表明,专业人士对法典之前掌握的这些技能有所懈怠。

第二,嗣后取得财产条款、未来贷款条款以及包含存货或者应收账款的担保协议会让当事人面临优先次序条款适用的问题。如前文所述,该条款也充斥着复杂性。通过避免适用我刚刚所提及的复杂的条款可以避免大多数优先次序问题。如果当事人不这样做,那么他们就最好在今后的一两年里留出一段时间,让自己成为第九编的专家。

第三,这些复杂的条款会使当事人陷入州法与联邦法的不一致所造成的冲突之中。依据第九编完全有效且被适当完善的担保协议,可能会因为《破产法》第60条或顺位协议而无效;除此之外,联邦税收留置权以及《美国修订法规》(1878)第3466条规定的非留置联邦索赔,即所谓的优先次序规定(priority

---

[18] 我已经对这一观点进行了详细阐述。See Gilmore, *On Statutory Obsolescence*, 39 U. Colo. L. Rev. 461 (1967).

statute)也会造成相同的结果。*

关于第九编和联邦《破产法》交叉适用所引发的问题，迄今为止还未见于诉讼，[19]但已有相关的令人印象深刻的文章。主要的问题是《破产法》第 60 条是以法典前的语言而非第九编的语言所表达的，其最近一次修改是在 1950 年。有论者称，两者仅具有语义上的差异；也有论者(一些令人尊敬的律师)认为其差异不仅仅是语义，也在于第九编中不止一个条款因为与联邦《破产法》的主要政策相冲突而无效。例如，第九编中经常遭受批评的一个条款是第 9－108 条，**该条规定嗣后取得财产之上的特定担保权益必须获得新的对价(new value)。相关的批评指出，第 9－108 条试图将针对先前债务的给付行为(transfer)***转化为针对当前交易的给付行为的规定是徒然的，因为联邦法律对此类事项做出了自己的规定，所以该条款在联邦法的诉讼中是无效的。国家破产委员会正在研究把第九编和《破产法》调和适用的提议。若能成功，则大量没必要的质疑和疑惑将偃旗息鼓。不过这些质疑和疑惑至少要伴随我们未来几年的时间。

关于联邦债务和税收支付请求权的优先次序问题，我们有一个全新的法案——1966 年的《联邦税收留置法》(值得注意的是，该法并未提及《美国修订法规》第 3466 条规定的联邦优先次序规则)。该法起草人的一个主要目的是为几种特定类型的担保融资提供保障，以对抗 1950 年后最高法院根据先前的《联

---

* 根据《美国修订法规》第 3466 条的规定，当联邦政府的债务人破产或者因财产减少而资不抵债时，联邦政府在清偿时享有第一顺位。——译者注

[19] 一个广泛讨论的案子，见 Portland Newspaper Publishing Co., 271 F. Supp. 395 (D. Ore. 1967)。

** 根据该条的规定，如果债务人通过正常经营活动或者在新对价给付后的合理时间内通过买卖合同获得担保物，那么所设定担保的全部或者部分嗣后取得财产必须获得新的对价(贷款)，且不能用以担保在先的债务。修订后的法典已经删除了第 9－108 条之规定。——译者注

*** 美国破产法中的“给付行为”(transfer)具有广泛的定义。根据《破产法》第 101(54)条的规定，转让行为包括了：(A)创设担保；(B)保留所有权作为担保权益；(C)取消债务人的赎回权；(D)任何处分或放弃财产或财产利益的行为，无论是直接或间接、绝对的或附条件的、自愿的或非自愿的。对于债务人带有欺诈意图的给付行为，《破产法》规定了欺诈撤销规则，允许债权人或者破产管理人予以撤销。对欺诈撤销规则的概述以及债务人财产给付行为的介绍，参见[美]查尔斯·J. 泰步：《美国破产法新论》(第 3 版)(中册)，韩长印、何欢、王之州译，中国政法大学出版社 2017 年版，第 631～639 页。——译者注

邦税收留置法》和《美国修订法规》第3466条构建的具有绝对效力的联邦优先次序规则。在语言的晦涩程度和概念的复杂程度上,这部法律与《统一信托收据法》不相上下。[20] 在另一部法律中的一个条款,[21]同样被设计用来给予那些承诺提供未来贷款的出借人一定程度的保护,使其可以对抗联邦的留置权,但其效果似乎并没有达到预期。联邦的起草人似乎并不完全了解第九编中更为晦涩的优先次序条款,因此可能使得《国内税收法典》(1954)产生适得其反的效果。

作为结论,对这些联邦法律的简短介绍表明担保法中令人困惑且十分复杂的因素可能是其天然存在的,且第九编的简洁化在各个州被接受可能仅仅是虚幻的胜利或稍纵即逝的插曲罢了。或许漫长的游击战并未结束,现在只不过是战线的调整,就像过往多次发生的一样,要为争夺新的领地而战。但无论如何,可以合理推测的是,未来担保法的发展将一如既往地古怪且难以预测,一如既往地让法律史学者着迷,也一如既往地令实务工作者感到备受挑战。

---

〔20〕 关于《联邦税收留置法》的一个令人赞扬的探讨,见 Plumb, *Federal Liens and Priorities-Agenda for the Next Decade*, 77 Yale L. J. 228 (1967)。

〔21〕 1954年的《国内税收法典》第6323 (c) (1) (B)条。

《中山大学青年法律评论》稿约

一、《中山大学青年法律评论》简介

《中山大学青年法律评论》是由中山大学法学院学生独立运作的，由法律出版社公开出版的法学学术性出版物，创立于 2017 年。本评论致力于为青年法学人才搭建一个学术成果的交流平台，活跃学术研究氛围，开阔法学研究视野。

二、征稿对象及范围

1. 本评论面向国内外知名法学院校在校学生征稿。

2. 本评论奉行一切从学术出发的宗旨，对来稿不限制主题和体裁。来稿篇幅以 1 万 ~1.5 万字为宜，原则上不超过 2 万字。

3. 本评论尤其欢迎细致的制度分析和案例研究，亦欢迎选题良好的翻译稿件，不接受无问题意识的空泛议论或简单介绍，也不接受无深度的表面化评论。

4. 若为翻译稿件，请译者于投稿时附上原文及作者授权证明。

5. 本评论欢迎专稿专投，反对一稿多投、一稿多发。

三、格 式 体 例

1. 来稿请在正文前加列“目次”、“摘要”和“关键词”，无需英文标题和英文摘要。“摘要”为稿件核心观点的凝练，字数不超过 300 字。“关键词”不超过 5 个。

2. 来稿须符合学术规范，注释体例参照《法学研究》，推荐使用《法学引注手册》进行引注。注释是否符合本评论体例要求不影响稿件评价，但注释是否符合学术规范将影响稿件采用。

四、选稿评审规则

为公正选稿,本评论实行匿名三审制。一审为学科编辑独立审稿;二审为文章责任编辑独立审稿与审稿委员会集体表决审稿相结合;三审为知名法学院校专家审稿,采末位淘汰制。

为加快稿件处理速度,本评论实行快速审稿和审稿意见及时反馈制度。自投稿起一个月内未获任何通知,请作者主动联系编辑部,以免遗漏或耽误用稿。

五、投 稿 方 式

1. 本评论唯一工作邮箱:sysuyouthlaw@163.com。来稿请勿发送至包括主编在内的任何工作人员。

2. 投稿请以 Word 文档形式通过附件发送。Word 文档标题只需填写论文题目,无需填写作者信息,Word 文档正文内亦无需包含作者个人信息,保证匿名审稿。

3. 作者个人信息及论文题目请在邮件正文中列明,建议投稿邮件标题格式为“投稿+作者姓名+论文题目”,以便编辑部及时准确回复邮件。

六、特 别 提 醒

本评论不以任何形式向作者收取审稿费、版面费等费用,也从未授权任何机构或个人代理投稿事宜。所有投稿事宜仅在工作邮箱处理。未尽事宜,请直接通过本评论编辑部工作邮箱进行联系。

更多信息可关注本评论微信公众号“青年法律评论”(微信号为:sysuyouthlaw),或查阅中山大学法学院官网:http://law.sysu.edu.cn/。

《中山大学青年法律评论》编辑部

2021年7月